Horst Petri

Das Drama der Vaterentbehrung

HERDER spektrum
Band 5217

Das Buch

„Ein neuer Blick auf die Rolle der Väter" (DIE ZEIT). Horst Petri, berühmter Analytiker und Autor macht deutlich, welche Auswirkung es hat, wenn Kinder ohne Vater aufwachsen – und benennt Möglichkeiten, wie diese Entbehrung aufgefangen werden kann. Immer mehr Kinder und Jugendliche wachsen ohne Vater auf – Tendenz steigend. Horst Petri zeigt die dramatischen Folgen und Auswirkungen dieser Entwicklung für die Betroffenen und das Gefüge unserer Gesellschaft. Vaterentbehrung ist für Töchter und Söhne ein Trauma, sie leiden unter dieser Entbehrung, oft bis ins Erwachsenenalter. Doch Vaterlosigkeit hat nicht nur dramatische Auswirkungen für die Betroffenen, sondern auch für die Gesellschaft als ganze. Ein aufrüttelndes Plädoyer für die Rolle der Väter. Ein Buch nicht nur für Eltern, sondern auch für erwachsene Menschen, die ohne Vater aufwuchsen.

Der Autor

Professor Dr. med. Horst Petri, geb. 1936, Arzt für Neurologie und Psychiatrie sowie Kinder- und Jugendpsychiatrie. Er arbeitet als Psychoanalytiker in eigener Praxis, lebt in Berlin. Zahlreiche Publikationen, u. a. Guter Vater – böser Vater. Psychologie der männlichen Identität; Geschwister – Liebe und Rivalität. Die längste Beziehung des Lebens; Verlassen und verlassen werden. Angst, Wut, Trauer und Neubeginn bei gescheiterten Beziehungen. Zuletzt bei Herder: Der Verrat an der jungen Generation. Welche Werte die Gesellschaft jungen Menschen vorenthält.

Horst Petri

Das Drama der Vaterentbehrung

Chaos der Gefühle – Kräfte der Heilung

FREIBURG · BASEL · WIEN

Gedruckt auf umweltfreundlichem,
chlorfrei gebleichtem Papier

2. Auflage

Alle Rechte vorbehalten – Printed in Germany
© Verlag Herder Freiburg im Breisgau 1999
www.herder.de
Herstellung: fgb · freiburger graphische betriebe 2003
www.fgb.de
Umschlaggestaltung und Konzeption:
R·M·E München / Roland Eschlbeck, Liana Tuchel
Umschlagfoto: © Hartmut W. Schmidt – Fotografie
Autorenfoto: © Peter Compart, Berlin
ISBN 3-451-05217-2

Inhalt

Einleitung 9

I. Die „Vaterlose Gesellschaft" – ein Phantom 15

II. Warum brauchen Kinder einen Vater? 23

   1. Die Macht des inneren Vaterbildes 23

   2. Die Entwicklung der Vater-Kind-Beziehung 30

     Das Dreieck Mutter-Vater-Kind –
     Die Triangulierungsphase 30

     Großer Vater – kleines Kind –
     Die erste ödipale Phase 33

     Das Vatervorbild in der Pubertät –
     Die zweite ödipale Phase 39

III. Ein Vater kann auf verschiedene Weise
verlorengehen 47

   1. „Ich habe meinen Vater nie gekannt" –
   die Vaterlosigkeit 47

   2. Der Vaterverlust zwischen früher Kindheit
   und Pubertät 54

     Nur noch eine einzige Erinnerung –
     Vaterverlust in den ersten drei Lebensjahren 55

     Zwischen Unterwerfung und Rebellion –
     Vaterverlust in der ersten ödipalen Phase 59

     „Wer bin ich?" – Identitätskrise und Vater-
     verlust in der Pubertät 64

3. Warten auf das Wiedersehen – Formen der
Vaterabwesenheit 69

IV. Wie die Umwelt die Bewältigung der Vaterentbehrung hemmen oder fördern kann 81

1. Welche Rolle spielt die Veranlagung? 82

2. Das schwierige Los der Mütter 85

3. Geschwister – Bollwerk gegen Einsamkeit
und Konkurrenten 96

4. Die Licht- und Schattenseiten von Stiefvätern 103

5. Ersatzväter helfen bei der Entwicklung der
eigenen Identität 111

6. Verwandtschaft – ein Netz mit Löchern 120

7. Arm oder reich – ein großer Unterschied 125

8. Ohne Freunde geht es nicht 129

9. Verwickelte Verhältnisse in Liebesbeziehungen
und Partnerschaft 134

V. Die Folgen der Vaterentbehrung 149

1. Was ist ein Trauma? 149

2. Seelische und soziale Auswirkungen 157

Die Entwicklung der Intelligenz............ 159

Gewissen und Moral................. 160

Das Gefühl für die eigene Weiblichkeit und
Männlichkeit.................... 162

Wie man sich in der Gesellschaft bewegt....... 163

3. Vom Trauma zur Kreativität............. 165

4. Die gesellschaftliche Dimension der
Vaterentbehrung 174

    Ein kritischer Blick auf das Spiel mit den Zahlen . . 174
    Die Weitergabe des Traumas von Generation
    zu Generation 177

VI. Die Heilung des Traumas 185
    1. Entwurf eines neuen Geschlechtervertrages 185
    2. Allgemeine Rahmenbedingungen 193
        Die Umstrukturierung der Arbeitswelt 193
        Jedes Kind hat ein Recht auf beide Eltern –
        Das „Neue Kindschaftsrecht" 197
        Mediation, Beratung, Therapie, Selbsthilfe 201
    3. Erziehung, Bildung, Arbeit –
       wohin geht der Weg? 206

Persönlicher Abschluß 213

Anmerkungen 217

Literatur 221

Einleitung

In dem mehrfach preisgekrönten Film „Little Criminals" des Kanadiers Stephen Surjik von 1995 hat die Welt für den Helden der Geschichte Des ihre Konturen verloren. Er macht das Beste daraus. Dank seiner Schlauheit, Vitalität und unerschöpflichen Erfindungsgabe wird er zum Regisseur seiner Umwelt, indem er zu einem Teufel in Kindsgestalt mutiert. Er stiehlt sich die Tasche voll, verhökert das Diebesgut an einen Hehler, donnert mit geklauten Autos und Motorrädern durch die Gegend, befördert sie kurzerhand in einen Kanal, wenn der Sprit verbraucht ist, und lacht auch noch zu seinen Späßen, wenn er ein Holzhaus abfackelt. Ein kleiner Wilder, elf Jahre alt. Hinter der Koboldsmaske die Seele eines „eiskalten Engels". Zärtliche Gefühle lassen sich nur ahnen, wenn er seine Mutter mit gestohlenen Zigaretten beschenkt. An ihren Wechsel von überschüttender Liebe und gleichgültiger Apathie hat er sich gewöhnt. Abends zieht er sich in eine Dachkammer zurück und malt bei Kerzenschein die Wände mit Fratzen voll, den kreativ gestalteten Dämonen seiner Innenwelt, von denen er sich durch ihre Projektion auf eine Bildfläche zu befreien versucht. Vergeblich. Durch ein zufällig belauschtes Gespräch zwischen seiner Mutter und der Polizei erfährt er zum erstenmal, wer sein Vater ist: einer von vielen Erziehern oder der Pfarrer des Erziehungsheims, in dem die Mutter als junges Mädchen untergebracht war. Wer weiß das schon so genau? Jetzt ist der Durchbruch von verdrängter Einsamkeit, Verzweiflung und Wut nicht mehr aufzuhalten. Aus nichtigem Anlaß erschießt Des den verhaßten Stiefvater seines einzigen Freundes – ein symbolischer Akt der Vatertötung.

Der Film durchbricht das Klischee von der Vaterlosigkeit erwachsener Verbrecher, indem er die subtile psychologische Studie auf ein Kinderschicksal lenkt. So früh kann, das ist seine Botschaft, die Vaterentbehrung eine Kinderseele zerstören. Wie ernst sie zu nehmen ist, belegen die täglichen Presseberichte und Kriminalstatistiken über Kinder unterhalb der Strafmündigkeitsgrenze, die in wachsendem Ausmaß mit dem Gesetz in Konflikt geraten. Sie stellen Jugendbehörden, Gerichte und die Öffentlichkeit vor ein neues gesellschaftliches Phänomen, das eine allgemeine Ratlosigkeit verbreitet. Nur langsam setzt sich die Erkenntnis durch, daß ein großer Teil dieser Kinder vaterlos aufwächst. Dieser Umstand erklärt die Gefühlskälte und das Fehlen von Schuld- und Schamgefühl bei ihren Taten. Im Gegenteil. „Bevor ich vierzehn Jahre alt bin, kann ich tun und lassen, was ich will." Diesen Trumpf, den Des in dem Film mit zynischer Ironie immer wieder gegen die Gesellschaft ausspielt, wird zum Credo von Teilen einer jungen Generation, die auf den Mangel an vorgelebter Autorität mit der Entfesselung ihrer Triebwelt reagiert.

Wir leben mit einem gespaltenen Bewußtsein. Während das skizzierte Szenario trotz aller Aufgeregtheit als soziales Randphänomen entsorgt wird, feiert die Gesellschaft unbekümmert die Fortschritte von individueller Freiheit, Emanzipation und Selbstverwirklichung. Wenn sie das Szenario als einen, wenn auch extremen Spiegel der eigenen Situation sehen könnte, würde sie spüren, wie heiß der Vulkan, auf dem sie tanzt, inzwischen geworden ist. Im Zentrum der Befreiungsideologie steht seit langem die Aufkündigung des patriarchal definierten Geschlechtervertrages. So überfällig sie war und der Frauenbewegung als unzweifelhaftes Verdienst anzurechnen ist, so sichtbar werden allmählich die verheerenden Folgen für die nachwachsenden Generationen. Jede revolutionäre Erneuerung schafft zunächst eine chaotische Übergangsperiode und hat ihren Preis. Viele Anzeichen deuten darauf hin, daß sie seit einiger Zeit in ihre kritische Phase eingetreten ist. In der Krankheitslehre bezeichnet Krise den Punkt, an dem sich der Weg in die Heilung oder in den Tod entscheidet. Auch eine gesellschaftliche Krise enthält die Chance zu einer strukturierenden Ordnung des Chaos, aber auch die Gefahr einer weiteren Destabilisierung.

Der Geschlechterkampf bewegt sich heute noch auf einer Spirale wechselseitiger Entfremdung. Damit schlägt die ursprünglich konstruktive Kritik in kontraproduktive Destruktion um. Anzeichen für eine kreative Neuordnung des Chaos sind bisher nur in vereinzelten Gesetzesinitiativen und im Engagement weniger Einzelpersonen und Gruppen zu erkennen. Das ernsthafteste Problem, das die Geschlechtertrennung produziert hat, die Vaterentbehrung, läßt sich jedoch nur als gesamtgesellschaftliche Aufgabe lösen. Die wichtigste Voraussetzung dafür ist ein neuer Geschlechtervertrag. Mit ihm ist nur zu rechnen, wenn das Massenphänomen in seiner ganzen Tragweite durchdacht, und das dabei auftretende Erschrecken zum Motiv und zur Bereitschaft für einen Wandel der Anschauungen und Verhaltensstrukturen wird.

In diesem Sinne verfolgt dieses Buch das Ziel, bestehende Verleugnungen aufzulösen, die eine angemessene Wahrnehmung des Problems der Vaterentbehrung blockieren. Es ist eine schlichte Tatsache, daß im Rahmen der Befreiungsbewegung von Frauen und Männern in den letzten Jahrzehnten die Konsequenzen für die Kinder entweder nahezu ausgeblendet oder durch ideologisch gefärbte Argumente gerechtfertigt wurden, die sich inzwischen als grobe Täuschungen erweisen. Die Transformationen der Familienformen und die Etablierung alternativer Lebensgemeinschaften bekamen unter dem Druck der allgemeinen Umbrüche den Charakter von Modernitätsstandards, denen sich viele in blinder Anpassungsbereitschaft unterwarfen. Das Gefühl für die Kinder ging dabei um so leichter verloren, als der Vater im Rahmen des emanzipatorischen Umbaus nicht nur an Bedeutung verlor, sondern in seiner Rolle für die Kinder zusätzlich eine radikale Entwertung erfuhr. Durch diese Entwicklung wächst seit zirka dreißig Jahren eine zunehmende Zahl von Kindern ohne ihre Väter auf, ein Trend, der sich weiter beschleunigt. Wenn man diese Tatsache nicht nur rational begreift, sondern auch emotional als Drama realisiert, kann einen das Gefühl eines Alptraums befallen. Wie konnte es so weit kommen, daß in Zeiten des Friedens und des allgemeinen Wohlstands Väter reihenweise die Verantwortung für ihre Kinder aufkündigen oder von Müttern systematisch ausgegrenzt werden? Viel zu wenige erwachen langsam aus dieser zum Alptraum gewordenen Realität.

Aus allen genannten Gründen erscheint es an der Zeit, das

Drama der Vaterentbehrung neu zu gewichten. Das ist das Hauptanliegen des Buches. Um dabei Mißverständnissen vorzubeugen: Die Darstellung handelt nicht von Zeiten der Vaterabwesenheit, die berufsbedingt ist, und auch nicht von Trennungs- und Scheidungsvätern, die durch einen lebendig gelebten Kontakt zu ihren Kindern die Kontinuität der Beziehung bewahren. Im Zentrum steht die definitive Vaterlosigkeit, die durch unbekannte Erzeuger schon ab der Geburt besteht, oder die durch Trennung, Scheidung und Tod des Vaters zwischen früher Kindheit und Jugend eintritt. Dabei beschränkt sich die Darstellung nicht auf das Kindes- und Jugendalter, eine Begrenzung, die in der Scheidungsliteratur die Regel ist; vielmehr wird hier eine lebensübergreifende Perspektive gewählt. Denn die Vaterentbehrung ist ein Prozeß, der die gesamte Persönlichkeitsentwicklung über alle Lebensphasen umspannt.

Das Buch ist in sechs Kapitel gegliedert. Das erste setzt sich kritisch mit dem Mythos der „Vaterlosen Gesellschaft" auseinander. Der Begriff erlebt heute eine neue Konjunktur, heizt aber unnötig Ressentiments und Vorurteile an, statt zur Versachlichung beizutragen. Das zweite Kapitel faßt die wichtigsten entwicklungspsychologischen Erkenntnisse über die Bedeutung des Vaters zusammen. Im dritten Kapitel werden an einigen psychotherapeutischen und literarischen Beispielen die verschiedenen Formen der Vaterentbehrung dargestellt, um zu einer einheitlichen Definition des Begriffs zu gelangen. Kapitel vier befaßt sich ausführlich mit den fördernden und hemmenden Umwelteinflüssen, die bei der Verarbeitung eines vaterlosen Schicksals eine entscheidende Rolle spielen. Im fünften Kapitel sollen das Chaos der Gefühle und seine seelischen und sozialen Folgen genauer dargestellt werden, wobei besonders der Traumabegriff als theoretisches Konzept zum Verständnis der Vaterentbehrung eingeführt wird. In seinem Zusammenhang ist die Rolle der Kreativität bei der Bewältigung des Traumas besonders wichtig. In Kapitel sechs stehen der Entwurf eines neuen Geschlechtervertrages und einige gesellschaftliche Rahmenbedingungen, wie die Umstrukturierung der Arbeitswelt, das „Neue Kindschaftsrecht" und Fragen von Beratung und Therapie als wichtige Kräfte zur Heilung des Traumas im Vordergrund.

Das Buch wird von der Hoffnung geleitet, daß ein neues Emanzipationsbündnis von Frauen und Männern und ein neuer Generationenvertrag, der das Recht des Kindes auf beide Eltern sichert, das Drama der Vaterentbehrung umzuschreiben vermögen. Nur dadurch können seine schlimmsten Folgen für die Betroffenen und das Gemeinwesen abgemildert, im besten Fall vermieden werden.

I. Die „Vaterlose Gesellschaft" – ein Phantom

Zeiten wandeln sich und mit ihnen Ideologien und Begriffe. Ihre Funktion muß ständig neu entschlüsselt und auf ihre Brauchbarkeit überprüft werden. Die „Vaterlose Gesellschaft" war schon immer ein Reizwort, erregte die Gemüter, spaltete die Parteien.

Der Begriff tauchte zum erstenmal in der berühmten Schrift Freuds „Totem und Tabu" aus dem Jahr 1913 auf. Freud legte mit ihr eine höchst spekulative Theorie über die Anfänge der Kultur vor: „Eines Tages taten sich die ausgetriebenen Brüder zusammen, erschlugen und verzehrten den Vater und machten so der Vaterhorde ein Ende." Ihr Motiv, so Freud, lag darin, die uneingeschränkte Macht des Vaters und seinen Alleinanspruch auf die Frauen zu brechen. Ihre Schuldgefühle veranlaßten sie, den realen Vatermord künftig durch Totemfeiern zu ritualisieren und das Inzesttabu einzuführen. In der Übergangsperiode der „Vaterlosen Gesellschaft" kehrten das Identifizierungsbedürfnis und die Vatersehnsucht der Söhne als „Einsetzung der Vatergottheiten" wieder.[1]

Nach dem Ersten Weltkrieg wurde der Begriff als Kampfparole von jungen Intellektuellen, Schriftstellern und Künstlern aufgegriffen. Ihr Entsetzen über das bis dahin beispiellose Grauen dieses Krieges verdichtete sich in einem Haß auf die verantwortlichen königlich-kaiserlichen Repräsentanten. Die politisch intendierte „Aktion Vatermord" stand symbolisch für den Aufruhr einer jungen Generation gegen das patriarchale System der Vaterautoritäten. Ernst Federn, ein Schüler Freuds, wurde durch seine Schrift „Zur Psychologie der Revolution: Die vaterlose Gesellschaft" von 1919 zu einem wichtigen Kronzeugen dieser Bewegung, auch wenn er zu bedenken gab, daß die Abschaffung der Väter die Sehnsucht nach ihnen nicht aufheben könne. Darin stimmte er mit Freud überein.

Immerhin bewirkte der propagandistisch gemeinte Begriff der „Vaterlosen Gesellschaft" eine radikale Kritik damaliger Vaterbilder. Das war ihr Sinn. Die aus der Enttäuschung geborene Utopie einer Gesellschaft ohne Väter hatte nur die Funktion einer Wunschphantasie, die sich ihrer Realitätsferne bewußt blieb.

Als Alexander Mitscherlich 1963 das Buch „Auf dem Weg zur vaterlosen Gesellschaft" veröffentlichte, konnte er nicht ahnen, welche Lawinen er damit lostreten würde. Er steigerte die Verwirrung um den Begriff, als er ihm eine umgekehrte Wendung gab. In einem Kapitel über die Veränderungen der Vaterrolle in einer hochtechnisierten Gesellschaft gegenüber vorindustriellen Zeitepochen beklagt er die Auswirkungen der „Vaterlosigkeit" durch die außerhäusliche Berufstätigkeit auf die psychische Strukturbildung der Kinder. Durch Arbeitsteilung, Abwesenheit und die fortschreitende Anonymisierung der Arbeitswelt verliere der Vater zunehmend an Macht, Ansehen und Autorität vor seinen Kindern, wodurch deren zur Ich- und Über-Ich-Entwicklung notwendige Identifizierungsmöglichkeiten einschneidend behindert würden. Mitscherlich klammerte in seiner Untersuchung reale Formen der Vaterlosigkeit durch nichteheliche Geburt, Scheidung und Trennung der Eltern oder frühen Tod des Vaters bewußt aus.

Festzuhalten bleibt aber, daß Mitscherlichs „Vaterlose Gesellschaft" als Phantom weiter durch die Lande geistert. Kaum einer weiß, was sie konkret bedeutet, aber als Phantom läßt sie sich beliebig mißbrauchen. Deswegen sei hier, auch wenn es für jede vernünftige Einsicht überflüssig erscheint, unmißverständlich betont: eine vaterlose Gesellschaft hat es, selbst unter den Bedingungen eines Matriarchats, zu keiner Zeit gegeben und wird es nicht geben, solange menschliche Gemeinschaften existieren. Unter welchen gesellschaftlichen Verhältnissen auch immer – Väter werden, auch bei mangelnder Präsenz, für ihre Kinder in den vielfältigsten Begegnungen und Lebenszusammenhängen erfahrbar und von ihnen als gute oder böse Vaterbilder, je nachdem, verinnerlicht. Durch die Summe der gemeinsamen Erfahrungen bilden sie sowohl äußere als auch innere Repräsentanten der Vaterwelt, wirken auf die seelische Entwicklung ihrer Kinder ein und bleiben damit für deren Schicksal verantwortlich.

Diese Feststellungen sind auch angesichts des Bedeutungswandels angezeigt, den Mitscherlichs Begriff der „Vaterlosen Gesellschaft" in der Folgezeit erfahren hat, und dem die gegenwärtigen Phantome ihr Dasein verdanken. Nur wenige Jahre nach Erscheinen seines Buches brach die „68er Bewegung" auf. Der Protest der Studenten richtete sich gegen die patriarchalen Strukturen in Hochschule, Politik und Gesellschaft und schloß die Auseinandersetzung mit der Vatergeneration ein, die den Faschismus mitgetragen hatte. Die damaligen Studenten wollten keine „vaterlose", sondern eine „antiautoritäre" Gesellschaft, von falscher Autorität befreite männliche und väterliche Leitbilder, das „herrschaftsfreie" und demokratische Verhältnis zwischen den Generationen. Dieses Ziel war realistischer als frühere Bemühungen zum Abbau männlicher Herrschaft. Damals setzte in der Männerwelt ein fundamentales Umdenken ein, dem wir heute stark veränderte Vaterbilder und ein neues Rollenverständnis des Vaters verdanken. Dieser Prozeß wurde wesentlich durch die parallel erstarkende Frauenbewegung beschleunigt.

Ihr Kampf um Gleichberechtigung in Kindererziehung, Partnerschaft, Sexualität, öffentlichen Rechten, politischer Mitentscheidung und Beruf richtete sich zwangsläufig gegen die damals noch verfestigten patriarchalen Ordnungen. Auch wenn ihre Ziele heute noch nicht im gewünschten Ausmaß realisiert sind, kam es in einem ungewöhnlich kurzen Zeitraum zu Veränderung in den meisten Bereichen der Gesellschaft, mit denen nach historischen Erfahrungen kaum ernsthaft zu rechnen war.

Um ihre Ziele durchsetzen zu können, war es folgerichtig, daß der Kampf der Frauenbewegung gegen die Männerwelt gerichtet war. Aber auch hier gilt: wenn sich nicht durch viele andere Einflüsse die Kultur männlicher Herrschaft aufzulösen begonnen hätte, um weniger autoritären Männer- und Vaterbildern Platz zu machen, wäre es der Frauenbewegung wohl kaum gelungen, innerhalb von nur drei Jahrzehnten die Veränderungen zu bewirken, die heute unsere Gesellschaft auszeichnen. Allerdings vollzog sich dieser Prozeß keineswegs in eitler Harmonie. (Im Rahmen ihrer Katalysatorfunktion war die Frauenbewegung in der Wahl ihrer Mittel nicht zimperlich.) Besonders von der radikal-feministischen Front ergossen sich Gift und Galle auf die

Männer. Damit war der Zusammenprall der Geschlechter vorprogrammiert und die Gräben vertieften sich. Solche revolutionären Umbrüche zeitigen immer unvermeidbare Übergangsperioden und fordern ihre Opfer. Wie weit ist die Frauenbewegung bereit zu gehen? Entgegen dem Gesetz von der Beharrungstendenz gesellschaftlicher Systeme und eines nur schrittweise zu erwartenden Wandels scheint sie auf den schnellen Sieg zu setzen. Sie möchte das Tempo beschleunigen, ohne die Überforderungen zu sehen, vor die sie dadurch das Gesamtsystem und alle seine Mitglieder, einschließlich der Frauen selbst, stellt. Die ursprüngliche Notwendigkeit und der Sinn von Veränderungen drohen in überzogenen Erwartungen zu erstarren. Jede „Revolution" kennt ihre „Konterrevolution", und das wäre keine wünschenswerte Option.

Am Begriff der „Vaterlosen Gesellschaft" läßt sich diese Gefahr exemplarisch aufzeigen. Hatte Mitscherlich den Begriff noch im Zusammenhang einer kulturkritischen Analyse spätkapitalistischer Gesellschaften angesiedelt, schmiedete die Frauenbewegung aus ihm eine Waffe im personifizierten Kampf gegen das Vaterkollektiv. Dabei gerieten die gesellschaftlichen Verhältnisse, die bei Mitscherlich zur „Unsichtbarkeit" der Väter führen, gänzlich aus dem Blickfeld. Jetzt waren es die persönliche Schuld und das Versagen der Väter, die am Pranger standen. Die Wortführerinnen der Emanzipation wurden nicht müde, einer ganzen Frauengeneration die Unzulänglichkeiten von Vätern einzuimpfen: Verantwortungslosigkeit, Desinteresse, Abwesenheit und Paschaverhalten waren noch die mildesten Zuschreibungen. Sie wurden einerseits als Gefühlsanalphabeten und Muttersöhnchen verhöhnt, andererseits als alte Patriarchen verachtet. Sie kümmerten sich nicht um Kinderpflege, Erziehung und Haushalt. Kurz, es gäbe sie gar nicht, die Väter. Die „Vaterlose Gesellschaft" wurde zur griffigen Münze, mit der sich jedes Vorurteil auszahlte. Aus der Sensation des Begriffs ließ sich propagandistisches Kapital schlagen, das inflationär in Umlauf gesetzt wurde. Es wurde zum Schlag-Wort. Sein Paradox bestand darin, daß es Väter bis zur Lächerlichkeit verunglimpfte und gleichzeitig um ihre größere Verfügbarkeit in der Familie warb. Das Verfolgungsklima solcher Doppelbotschaften flaute an Schärfe auch nicht ab, als empirische Untersuchungen längst belegten, wie grundlegend sich väterliches Verhalten im Laufe der letzten drei Jahrzehnte verändert hatte.

Die Frauenbewegung muß sich heute mit der traurigen Erkenntnis auseinandersetzen, daß sie in bezug auf das Vaterthema ihren ursprünglich produktiven Befreiungsprozeß überreizt hat. Die Kluft zwischen den Geschlechtern vertieft sich weiter, und das Gift, das inzwischen mehreren Kindergenerationen über ihre angeblich vaterlose Kindheit eingeträufelt wurde, wirkt bei diesen als gnadenlose Entwertung der Väter fort.

Es erscheint daher fast folgerichtig, wenn in jüngster Zeit der Begriff „Vaterlose Gesellschaft" abermals einen Bedeutungswandel erfährt. Diesmal wird er nicht von der Frauen-, sondern von der Männerbewegung instrumentalisiert. Den Anstoß dazu gab die Zeitschrift „Der Spiegel" Ende 1997 mit der Titelgeschichte „Die vaterlose Gesellschaft. Geschlechterkampf um Kinder und Geld"[2]. Ausgelöst wurde der Artikel durch zahlreiche Demonstrationen, Sitzblockaden, Hungerstreiks und die Übergabe symbolischer Geschenke vor deutschen Gerichten im Herbst 1997 von Vätern, die ihre Kinder nach Trennung oder Scheidung nicht mehr sehen dürfen. Sie haben sich inzwischen in einigen Männergruppen organisiert und protestieren gegen die Folgen der Scheidungsreform von 1977, die einer Ausgrenzung von Vätern und einem zunehmenden Umgangsboykott durch Mütter Vorschub leistet. Der Zeitpunkt war gut gewählt. Im September 1997 wurde vom Deutschen Bundestag das „Neue Kindschaftsrecht" verabschiedet, das am 1. Juli 1998 in Kraft trat. In ihm wird nach den negativen Erfahrungen der letzten zwanzig Jahre das Sorge- und Umgangsrecht grundlegend neu geregelt. Der Spiegel-Artikel zog eine deprimierende Bilanz über die gegenwärtige Situation vieler Scheidungsväter und vor allem über ihre psychische Verfassung, nachdem sie in einem jahrelangen Scheidungskampf aufgerieben und das Umgangsrecht mit ihren Kindern verloren hatten.

Einer der Autoren, Matthias Matussek, veröffentlichte kurze Zeit später das Buch „Die vaterlose Gesellschaft. Überfällige Bemerkungen zum Geschlechterkampf". Seine scharfe Polemik richtet sich gegen sorgeberechtigte Mütter, denen unter dem Diktat feministischer Väterverachtung selbst die krudesten Mittel recht seien, die getrennten Kinder von ihren Vätern fernzuhalten – eine Entwicklung zum Schaden der Kinder, der Väter und schließlich der Mütter selbst, die inzwischen bedenkliche Formen angenommen hat. Der erneute Bedeutungswandel des Begriffs der „Vaterlosen Gesellschaft" ist hierbei unverkennbar. War es zunächst das Ziel der Frauenbewegung, die „Vaterlosigkeit" zu überwinden und mehr väterliche Präsenz einzufordern, scheint sich jetzt das Blatt umzukehren, wobei der von einigen Frauen militant und propagandistisch recht wirkungsvoll geführte Kampf in der gewollten Abschaffung der Väter kulminiert. Wenn man bedenkt, daß es hierbei nicht mehr um symbolische Gesten, sondern um konkrete Lebensplanungen geht, stehen wir vor einer Ungeheuerlichkeit in der Auseinandersetzung der Geschlechter, deren Folgen bisher kaum angedacht sind. Matussek zitiert zahlreiche Quellen, die belegen, daß besonders Scheidungs- und unverheiratete Väter immer öfter in die Gefahr geraten, als überflüssiges Beiwerk ausgegrenzt und nur noch als Unterhaltszahler in Anspruch genommen zu werden. Die Negierung seiner Vaterfunktionen und die Ausbeutung seiner finanziellen Ressourcen stelle, so Matussek, eine gesamtgesellschaftliche Katastrophe dar. „Die vaterlose Gesellschaft – eine radikal feministische Utopie, wird leise und allmählich Wirklichkeit".[3]

Trotz der in mancher Hinsicht beklemmenden Entwicklung und zutreffender Argumente des Autors schießt er mit dieser Beschreibung weit über sein Ziel hinaus und erweist seinem eigentlichen Anliegen, der Geschlechterdemokratie zwischen Müttern und Vätern, einen Bärendienst. Die Verwendung des Begriffs „Vaterlose Gesellschaft" wird, wie bei den Frauen, auch bei ihm und seinen Mitstreitern zu einem Phantom, das zu einer lustvoll-sensationellen Inszenierung eingesetzt wird, um antifeministische Ressentiments zu schüren. Schließlich betrifft seine Kritik nur einen Teilbereich der Gesellschaft, der, leidvoll genug, von Trennung und Scheidung betroffen ist, und innerhalb dieses Bereichs nur solche Mütter und Väter, die zu keiner angemessenen Lösung ihrer Probleme gefunden haben. Daß Väter ohne eigenes Verschulden aus Mutwillen, Kränkung, Rachsucht oder Männerhaß von ihren Frauen auf einem Nebengleis abgestellt werden, ist schlimm genug. Aber auch viele Väter, und besonders Scheidungsväter, sind wahrhaftig keine Engel.

Statistiken gehen von rund einer Million Scheidungsvätern aus, von denen knapp sechzig Prozent nach der Trennung ihre Kinder nach mehr oder weniger kurzer Zeit nicht mehr wiedersehen. Die Statistik sagt nichts darüber aus, wie viele von den rund 600 000 Vätern aus Verantwortungslosigkeit den Kontakt zu den Kindern abbrechen, wie viele ihre Ausstoßung durch Verweigerung der Unterhaltszahlungen, aus Desinteresse oder aus Gefühlsrohheit selbst verschulden, wie viele durch weite Ortswechsel die Beziehung zu den Kindern nicht aufrechterhalten können, wie viele aufgeben, um die Kinder im Scheidungskampf zu schonen, oder schließlich, wie groß der Anteil der Väter ist, der vor den Besuchsschikanen der Mütter oder vor menschlich ungerechten Gerichtsentscheidungen resigniert. Trotz dieser Unsicherheiten scheint das beschriebene Phänomen der Blockierung des Kontaktes zwischen Vätern und Kindern durch Mütter und deren ungerechtfertigte Vergraulung der Väter leider keine Seltenheit zu sein. Aber von diesen Fällen auf eine „Vaterlose Gesellschaft" zu schließen, zeugt von geringem Realitätssinn.

Wenn jetzt die angeblich von Frauen verschuldete „Vaterlose Gesellschaft" von der Männerbewegung zu einem Phantom stilisiert wird, muß sich der Geschlechterkampf zwangsläufig verschärfen. Die bewußte Verfremdung des Begriffes zu propagandistischen Zwecken ist in einer Zeit um so verheerender, in der der Gesetzgeber durch das „Neue Kindschaftsrecht" einen ersten ernsthaften Versuch unternimmt, den Machtzugriff des Staates auf Familienangelegenheiten zu lockern und den Partnern mehr Mündigkeit und Selbstverantwortung bei der Regelung eigener Schwierigkeiten zu übertragen. Wer heute angesichts der zerstörerischen Folgen des Scheidungsdilemmas den dringend notwendigen Dialog zwischen den Geschlechtern im Sinne einer dualen Partnerschaft und eines neuen Geschlechtervertrages leichtfertig untergräbt, handelt fahrlässig gegen alle, die er angeblich schützen möchte – Kinder, Mütter und Väter. Die „Vaterlose Gesellschaft" ist mehr denn je zu einem Phantom geworden, das der aggressiven Vorurteilsbildung dient und die Atmosphäre vergiftet. Deswegen sollte der Begriff umgehend aus dem Wörterbuch der Geschlechterbeziehungen gestrichen werden. Was wirkliche Vaterlosigkeit für die seelische und psychosoziale Entwicklung der betroffenen Kinder und späteren Erwachsenen bedeutet, welches existentielle Defizit sie erzeugt, ist das eigentlich wichtige Thema. Zum Verständnis dieser Schicksale leistet der Begriff „Vaterlose Gesellschaft" keinen Beitrag.

II. Warum brauchen Kinder einen Vater

1. Die Macht des inneren Vaterbildes

„Ein Mann, am Festmahl überfüllt von Trunkenheit,
Rief aus, dem Vater sei ich nicht ein echter Sohn.
Ich aber, schwer betroffen, mochte jenen Tag
Es kaum ertragen; doch am nächsten fordert ich
Auskunft von beiden Eltern; aber aufgebracht
Erzürnten die dem Schmäher, dem die Red entfiel.
Und solches war mir zwar erfreuenswert, jedoch
Nagt' immer dieses; denn es drang zu mächtig ein."[4]

Die schwere Betroffenheit, die kaum erträgliche Ungewißheit, der nagende Zweifel: Sie dringen übermächtig in alle ein, die ihrer Herkunft unsicher und damit in ihrer Identität bedroht sind. Die Frage „Wer bin ich?" steht am Anfang aller existentiellen Suche nach Sinn und Orientierung. Sie beginnt bei den Wurzeln, denen man entstammt.

Die zitierten Verszeilen bilden fast exakt die Mitte von Sophokles Tragödie „König Ödipus". Das scheint kein Zufall. Sie sind die Achse, um die sich der Prozeß der Bewußtwerdung über Vergangenheit, Gegenwart und Zukunft dreht. Sophokles hat die Ahnung über das dunkle Geheimnis von Ödipus' Abstammung vermutlich deswegen ins Zentrum seines Stückes gestellt, weil er damit ein anthropologisches Grundgesetz formulieren wollte: Der Mensch ist das Produkt seiner Herkunft und wird sich seiner selbst nur gewiß, wenn er sich als Teil einer Traditionslinie begreifen kann. Erst in seinen Gegenbildern, in den tragischen Brüchen der Tradition, wird das Gesetz in seiner ganzen Tragweite deutlich.

Ödipus ist nur eine von zahllosen Gestalten aus Mythologie,

Märchen und Literatur, die in solche Traditionsbrüche verstrickt werden. Ihr unterschiedliches Schicksal spiegelt lediglich deren Variationsbreite und die verschiedenen Formen ihrer Bewältigung wider. In der Regel sind es Väter, die, unbeabsichtigt oder schuldhaft, die Kontinuität familiärer Bande zerreißen und die Kinder der Vaterentbehrung überantworten. Vaterlose Kindheit und die Suche nach dem Vater wurden daher zu Urmotiven der Kulturgeschichte.[5] Die in ihnen entworfenen Gegenbilder unterstreichen um so eindringlicher die fundamentale Bedeutung des Vaters für den einzelnen und das Kollektiv. Zumindest seit der Mensch das Urhordendasein überwunden und sich als epochales Großereignis der Frühgeschichte in der Familie eine überlebensfähige Organisationsstruktur geschaffen hat, bildet der Vater mit der Mutter gemeinsam eine die Kinder umgreifende Einheit. Die „Vaterlose Gesellschaft" bleibt daher ein alle Mythen und historischen Realitäten sprengendes Phantasiegebilde, das jedoch, wie beschrieben, eine gefährliche Wirkung zeitigen kann.

Ödipus gilt, anders als die Psychoanalyse ihn für sich reklamiert und berühmt gemacht hat, in der abendländischen Überlieferung als typischer Repräsentant des ausgestoßenen vater- und mutterlosen Kindes, das sich an seinen Eltern wegen des Verlassenwerdens grausam rächt. In die Gegenwart übertragen läßt sich die symbolische Bedeutung des berühmten Mythos etwa folgendermaßen beschreiben. Ein Ehepaar, im Mythos Laios und Jokaste, führt seit Jahren eine unglückliche Ehe. Der Vater begeht Ehebruch. Als die Mutter schwanger wird, ist die Ehe bereits so zerrüttet, daß beide Eltern das Neugeborene ablehnen und vernachlässigen. Auf Anraten des Jugendamtes entschließen sie sich, den Sohn zur Adoption freizugeben. Ein kinderloses Paar, im Mythos Polybos und Merope, ist glücklich über den Kleinen und zieht ihn mit aller Liebe als eigenes Kind auf. Aber wie bei allen Adoptivkindern und denen, die auch über ihre Herkunft getäuscht wurden, ob sie in Stief- oder Pflegefamilien aufwachsen oder in Heimen, schlägt eines Tages die Stunde des Zweifels. Meist sind es Zufälle, die dem Kind oder Jugendlichen die Botschaft zuspielen, ob ein Mann „überfüllt von Trunkenheit", das Auffinden eines Dokumentes, der Verrat durch einen Verwandten oder das Auftauchen der Mutter oder des Vaters selbst in Gestalt „fremder Personen", die sich „so merkwürdig" verhalten. Es scheint wie ein Gesetz, daß kein Mensch über seine Herkunft betrogen werden kann. Ungewißheit und eine tiefe Ahnung nagen solange an ihm, bis er sich auf die Suche begibt. Erst die Gewißheit schafft den inneren Frieden. Allerdings verzagen viele vorzeitig, geben die Suche zu früh auf. Die Aussichtslosigkeit mündet in Resignation. Solche Menschen bleiben für immer ungetröstet und leer. Das verzweifelte Ringen von Ödipus um die Gewißheit seiner Herkunft endet in der Tragödie, weil er sowohl von seinen leiblichen als auch von seinen Adoptiveltern um die Wahrheit betrogen wurde.

Der Vater ist, wie die Mutter auch, seit den Anfängen der Geschichte ein Archetyp, ein in den untersten Seelenschichten verankertes Prinzip. Ungezählte Epen, Entwicklungsromane, Dramen und Trauerspiele haben die Gewalt und das Chaos beschrieben, die verlorene Väter hinterlassen. Sie können getötet werden oder auf andere Weise sterben, sie können nie dagewesen sein oder sich trennen, aber die inneren Bilder von einem Vater lassen sich nicht auslöschen. Um so erstaunlicher ist, einen wie geringen Niederschlag dieses kulturelle Erbe in den anthropologischen Wissenschaften, insbesondere in der Psychologie und Psychoanalyse gefunden hat. Weder Sigmund Freud noch Erich Fromm oder Alexander Mitscherlich, die drei großen Sozialpsychologen der Psychoanalyse, haben sich in ihrem umfangreichen Werk mit den Auswirkungen des realen Vaterverlustes auseinandergesetzt. Freud hat den Ersten Weltkrieg, Fromm und Mitscherlich haben beide Weltkriege miterlebt. Somit wurden alle Zeugen der millionenfachen Tötung junger Väter und verfügten über breite Erfahrungen, wie sich diese Verheerungen auf die nachfolgenden Kindergenerationen und ihre Patienten auswirkten. In ihren Schriften taucht darüber nichts auf. Bei Freud ist dieser Befund aus folgenden Grund auffällig. Bereits im Jahre 1900, im Alter von vierundvierzig Jahren, schrieb er im Vorwort zu dem Werk, das als Beginn der Psychoanalyse gilt: „Die Beendigung der „Traumdeutung" erwies sich mir als ein Stück der Selbstanalyse, als meine Reaktion auf den Tod meines Vaters, also auf das bedeutsamste Ereignis, den entscheidenden Verlust im Leben eines Mannes."[6] Obwohl er den Vater erst relativ spät, im Alter von vierzig Jahren, verlor, hat diese Erfahrung seine ab 1910 entwickelte Theorie vom Ödipuskomplex maßgeblich beeinflußt. Sie enthält keinerlei Hinweis auf einen Vater, der seinen Sohn verläßt, indem er ihn ausstößt, und der erst dadurch dessen Tragödie heraufbeschwört; im Gegenteil wird der Sohn zum Bösewicht, der seinem Vater nach dem Leben trachtet, um die Mutter zur eigenen Geliebten zu machen.

Was mag den blinden Fleck um den verlorenen Vater bei Freud, Fromm, Mitscherlich und im gesamten Umfeld der Psychoanalyse bis in die Gegenwart bedingen? Vordergründig bietet sich die Erklärung an, daß mit dem Fortschreiten tiefenpsychologischer Erkenntnisse die Erforschung der frühen Kindheit, und mit ihr die frühe Mutter-Kind-Beziehung ins Zentrum geriet. Das gezielte Interesse an der Bedeutung der Mutter führte schon bald zu der Frage, wie sich ihre Entbehrung auf die kindliche Entwicklung auswirkt. In diesem Rahmen entstand die sogenannte „Hospitalismusforschung", die besonders mit den Namen René Spitz, Anna Freud, Dorothy Burlingham und John Bowlby verbunden ist. Durch Direktbeobachtungen von Säuglingen und Kleinkindern konnte der erschreckende seelische und körperliche Verfall dieser Kinder nachgewiesen werden, wenn sie für längere Zeit oder für immer von der Mutter getrennt wurden.[7]

Und der Vater? Bis vor nicht langer Zeit ging man davon aus, daß dessen Verlust weniger schwer wiegt, solange eine ausreichende Bemutterung garantiert ist. Das Hauptinteresse an der Mutter und besonders an ihrer Entbehrung erklärt aber nicht hinreichend, warum der Vater und speziell der Vaterverlust so lange und nachhaltig aus dem Blickfeld geraten konnten. Ein Grund könnte darin liegen, daß in einer noch überwiegend patriarchal dominierten Wissenschaft das männliche Selbstverständnis die Omnipräsenz des Vaters als gegeben voraussetzt und sein Verlust verleugnet wird. Einen anderen Grund deutet Freud selbst an. Wenn es zutrifft, daß der Tod des Vaters „das bedeutsamste Ereignis, den entscheidenden Verlust im Leben eines Mannes" darstellt, wäre verständlich, daß eine eingehende Beschäftigung mit dem Thema vermieden wird, weil sie zu schmerzlich an eine tiefe Kränkung rührt. Ein dritter Grund bietet sich an, wenn man dem Vaterbild Mitscherlichs einen gewissen Allgemeinheitsgrad zubilligt. In seinem autobiographischen Buch „Ein Leben für die Psychoanalyse" spielt in den Berichten über Kindheit und Jugend der Vater eine dominierende Rolle. Bereits in den ersten Sätzen des Einleitungskapitels wird das Grundmuster der Beziehung deutlich: „So übte etwa mein von mir später so heftig abgelehnter Vater in meiner Pubertät in seiner einsichtslos konservativen Art und antidemokratischen Gesinnung dazumal eine starke Anziehungskraft auf mich aus ... Ich empfand ihn und seine Einschätzung meiner Person als brutal und erniedrigend. Sein Einfluß überschattete alle anderen Beziehungen. In der Retrospektive erscheint er vor meinem inneren Auge als die große Angstquelle meiner Kindheit, trotz der zeitweiligen Bewunderung, die ich für ihn hegte." Mitscherlich zeichnet seinen Vater im weiteren Verlauf als „Reaktionär", „völlig unbelehrbar", Gehorsam fordernd, die Familie dominierend und dann plötzlich wieder als „verständnisvollen Menschen", der dem Sohn „den Weg freigab". Bei einem Fluchtversuch als Jugendlicher reagiert der Vater nicht mit Prügel und Brüllen, sondern mit Einfühlung und Verständnis. „Diese Erinnerung ist gewiß nicht zufällig erhalten geblieben, sie steht als Deckerinnerung für die tiefe Zwiespältigkeit der Gefühle, die sich hier zwischen Sohn und Vater und Vater und Sohn entwickelt hatte."

Nachdem aus der Schilderung dieser „Zwiespältigkeit" die Ambivalenz als charakteristisch für die Beziehung deutlich geworden ist, rehabilitiert Mitscherlich völlig konträr zu den Demütigungen, die er durch den Vater erleiden mußte, den Ödipuskomplex. „Man muß sich doch darüber klar sein, daß der in letzter Zeit oft totgesagte Ödipus-Komplex, also die Vergeltungsfurcht für all das, was man dem Vater in der Phantasie und manchmal in der Wirklichkeit angetan hat, die Angst vor der Kastration zu keiner weitgehend mythischen Leerformel abgestorben ist. Die Rache des Vaters an den Söhnen, die ihn zu überwältigen trachten, ist auch in der Hochkultur noch psychische Realität."[8]

Nicht die Väter verüben Unrecht an den Kindern, sondern diese wollen sie „überwältigen", und der Vater reagiert nur aus „Vergeltung". Auch die „Vaterlose Gesellschaft", die er im weiteren Text aufgreift, widerspricht auf scheinbar unerklärliche

Weise seiner persönlichen Erfahrung mit dem Vater, der keineswegs „unsichtbar", sondern das ganze Leben des Sohnes beherrschend war. Während Mitscherlich in dem Buch gleichen Titels die noch immer gegenwärtige Macht des Vaters verleugnet und in ihr Gegenteil verkehrt, bezeugt er durch sein Festhalten am Ödipuskomplex den archaischen Topos „Vater". Übrigens setzte er bei seinen sieben Kindern aus drei Ehen die patriarchale Traditionslinie seines Vaters fast ungebrochen fort, wie sein Sohn, der Filmemacher Thomas Mitscherlich resümiert.[9]

Der Widerspruch in Mitscherlichs Werk weist auf den dritten Grund für die Vernachlässigung der realen Vaterentbehrung in der psychoanalytischen Theorie hin: der intrapsychische Konflikt mit der Vater-Imago wird als so beherrschend erlebt, daß es unerheblich erscheint, ob der Vater anwesend ist oder fehlt. Sollte diese Deutung zutreffen, so macht sie gleichzeitig eine gravierende Realitätsblindheit deutlich, wie sie manchen psychoanalytischen Theorien anhaftet. Denn warum sollte es bei Vätern anders sein als bei Müttern? Die nachgewiesenen Folgen der Mutterentbehrung beweisen den wesentlichen Unterschied zwischen anwesender und abwesender Mutter, auch wenn letztere als unbewußte Figur, als Mutter-Imago, gespeichert ist und wirksam bleibt. Dies trifft ebenso für Väter zu.

Die Vorstellung, der Vater sei ein Archetypus, ein, wie es die Lehre C. G. Jungs ausdrückt, seit unzähligen Generationen ins Unbewußte abgewandertes und dort gespeichertes Bild, das auch unabhängig von einem real verfügbaren Vater existiert, könnte als Mythologie abgetan werden, wenn uns die Erfahrungen der Psychoanalyse nicht immer wieder von ihrer Richtigkeit überzeugten. Bekanntlich beschäftigt sich diese Wissenschaft vornehmlich mit dem Material im Seelenleben, das dem Bewußtsein nicht oder nicht mehr zugänglich ist. Der „dunkle Kontinent", wie ihn Freud nannte, ist das eigene Fremde in uns. Nur in einer aufdeckenden Therapie können diese fernen, abgespaltenen und verdrängten Anteile wenigstens teilweise wieder ins Bewußtsein zurückgeholt und als das Eigene erfahrbar werden. Neben Erinnerungen, Emotionen, Phantasien und Triebwünschen stellen vor allem die Träume die „via regia" (Freud), den Königsweg ins Unbewußte dar.

Ein vierzigjähriger, nichtehelich geborener Patient berichtete im Vorgespräch zur Therapie, er wisse absolut nichts über seinen Vater. Er habe sich an diesen Zustand schon früh gewöhnt, das Thema interessiere ihn nicht mehr. Auf meine Frage: „Und Ihre Mutter hat Ihnen nie erzählt, wie es zu der Schwangerschaft kam?" lachte er ironisch: „Nein; wahrscheinlich war es eine unbefleckte Empfängnis." Ob er schon einmal von seinem Vater geträumt habe, wollte ich wissen. Er war erstaunt: „Wie kann man von einem Vater träumen, der nie existiert hat?" „Wir werden sehen", sagte ich und ließ das Thema damit zunächst ruhen.

Bereits zur zweiten Behandlungsstunde betrat der Patient aufgeregt das Zimmer. „Es ist unglaublich, ich kann es nicht fassen, ich hatte letzte Nacht einen Traum von meinem Vater!" Der Traum lautete: „Ich gehe durch eine dunkle Gasse. Plötzlich taucht ein Schatten auf. Ich bekomme Angst. Je näher er kommt, um so deutlicher schält sich das Gesicht eines Mannes heraus. Als er bei mir ist, bleibt er stehen. Ich will weglaufen. Zuerst dachte ich, Sie seien es. Aber dann nennt er mich bei meinem Namen und fragt: ‚Erkennst du mich nicht, mein Sohn?' Ich erstarre. Aber er legte mir freundlich die Hand auf die Schulter, strich mir über das Haar, als wolle er mich segnen. Plötzlich war er verschwunden."

Für einen Analytiker sind solche Erfahrungen nicht überraschend. Die Art, wie ich im Vorgespräch das Vaterthema eingeführt hatte, löste die Verdrängungsabwehr, so daß das Unbewußte anfangen konnte zu „arbeiten". Beschleunigt wurde der Prozeß durch die Übertragung, bei der ich in die Rolle des offensichtlich lang ersehnten Vaters geriet. Die dunkle Gasse symbolisiert den angsterzeugenden Beginn der Analyse: Man weiß noch nicht, welches Schattenreich man dabei durchschreiten wird. Die fast biblisch anmutende Trostgebärde des Vaters imaginiert ein verinnerlichtes Gottesbild als Teil des Vater-Archetyps. So hat die Übertragung auf mich ein archaisches Vaterbild aus dem Unbewußten auf die Traumebene gehoben, dessen Güte auf die verdrängte Wunschwelt des Patienten schließen ließ. Der Traum wurde zum Beginn einer intensiven Vaterauseinandersetzung, die am Schluß der Therapie zu einer realen Begegnung zwischen Vater und Sohn führte. Sie trug nicht unwesentlich zur Heilung und Versöhnung des Patienten mit sich und seinem Schicksal bei.

Auch wenn also in jedem Menschen der Archetypus „Vater" existiert, entscheidet nicht er über die Entwicklung des Kindes, sondern die gelebte oder nicht gelebte Beziehung zu einem realen Vater.[10]

Die Entwicklungspsychologie unterscheidet heute drei für die Vater-Kind-Beziehung entscheidende Zeiträume. Der erste liegt zwischen dem ersten und dem Ende des dritten Lebensjahres und wird als „Triangulierungsphase" bezeichnet. Der zweite Zeitraum schließt sich relativ eng an den ersten an und umfaßt die Zeit etwa von Beginn des vierten bis zum Ende des sechsten Jahres. Er stellt die „erste ödipale Phase" dar. Der dritte Zeitraum umgreift die Jahre der Pubertät etwa zwischen dem zwölften und sechzehnten Jahr. Er wird hier als „zweite ödipale Phase" gekennzeichnet.

■ 2. Die Entwicklung der Vater-Kind-Beziehung

Das Dreieck Mutter-Vater-Kind – Die Triangulierungsphase

Solange sich die Humanwissenschaften auf die Erforschung der frühen Mutter-Kind Beziehung konzentrierten, blieb der Vater eine zu vernachlässigende Größe. Dieses Defizit wurde erst in den letzten drei Jahrzehnten ausgeglichen. Den Anstoß dazu gaben die Ergebnisse der Forschergruppe um Margaret Mahler seit Anfang der sechziger Jahre.[11] Ihren langjährigen Direktbeobachtungen von Müttern mit ihren Kindern ab der Geburt lag die aufregende Frage zugrunde, wie es dem Kind in langsamen Schritten gelingt, sich aus der symbiotischen Bindung an die Mutter zu befreien. Vom Gelingen dieses langsamen Ablösungsprozesses hängt die lebensnotwendige Individuation zu einer eigenständigen Persönlichkeit ab. Die eindrucksvollen Beschreibungen des Wissenschaftsteams zeigten, wie angstbesetzt und schmerzhaft die Abnabelung für das Kind ist, und wie es immer wieder hin und her schwankt zwischen dem Wunsch nach Wiederherstellung der paradiesischen Einheit mit der Mutter und dem unbedingten Willen zur Abgrenzung und Autonomie. Dabei gerät es in einen heftigen Zustand der Ambivalenz. In ihm projiziert es die eigenen widersprüchlichen Gefühle auf die Mutter und erlebt diese dann einerseits als festhaltend und andererseits als ausstoßend. Dieses existentielle Dilemma am Beginn der individuellen Menschwerdung kann die Mutter allein kaum jemals befriedigend lösen, so weit ihre Fähigkeit zur Einfühlung und guten Bemutterung auch ausgebildet sein mögen.

Erst die gesetzmäßige Formulierung dieser subtilen Entwicklungsvorgänge machte den Blick für die Bedeutung des Vaters bereits in den ersten drei Lebensjahren frei. Damit war ab Beginn der siebziger Jahre das Konzept von der „Triangulierung" geboren.[12] Danach beginnt die eigentliche Dreiecksbeziehung Mutter-Vater-Kind bereits in der Ablösungsphase zwischen dem neunten und vierzehnten Lebensmonat. Wie die neuere Säuglingsforschung zeigt, reichen ihre Vorläufer in eine noch frühere Zeit zurück.[13] Aber erst, wenn das Kind durch die Ablösung von der Mutter in eine Krise gerät, bietet der Vater den notwendigen Halt. Die Anlehnung an ihn schützt es vor schweren Verlassenheitsängsten. Die zentrale Funktion des Vaters in dieser Zeit liegt darin, durch seine Präsenz die Ängste des Kindes zu mildern und ihm dadurch zu helfen, die Symbiosewünsche mit der Mutter aufgeben zu können. Damit verbunden ist eine weitere psychologische Veränderung in der Mutter-Kind-Beziehung. Erst die Identifizierung auch mit dem Vater ermöglicht dem Kind, seine Ambivalenz zur Mutter aufzulösen. Sie ist nicht mehr die symbiotisch ersehnte „gute" Mutter und gleichzeitig die gehaßte, weil ausstoßende „böse" Mutter, sondern sie wird realitätsgerechter wahrgenommen und kann als überwiegend gutes Objekt verinnerlicht werden.[14]

Im Zusammenhang mit der Triangulierung wird häufig von einer „Pufferfunktion" des Vaters gesprochen, die dem Kind die Überwindung seiner Trennungsangst und Ambivalenz erleichtert und dadurch die Ablösung von der Mutter beschleunigt. Entscheidend kommt hinzu, daß das Kind in der Dreieckskonstellation zwei voneinander getrennte Liebesobjekte zur Verfügung hat, die Mutter und den Vater. Sie bieten zwei verschiedene Identifizierungsmöglichkeiten an, eine weibliche und eine männliche. Dadurch wird der Reifungsprozeß des Kindes entscheidend vorangetrieben. Erst durch die Integration beider Anteile kann es ein ganzheitliches, weiblich-männliches Selbstbild aufbauen.

Von vielen Forschern wird die These vertreten, daß die Triangulierung speziell für den Jungen eine entscheidende Voraussetzung für seine psychosexuelle Reifung darstellt. Er benötige stärker als das Mädchen die Identifizierungsmöglichkeit mit dem Vater und seine Hilfe, sich aus der Verschmelzung mit der Mutter zu lösen. Ich halte diese These für falsch. Sie mag für spätere Entwicklungsstufen zutreffen. Aber eine zu enge Bindung des Mädchens an die Mutter in der Frühkindheit führt zu einer lebenslangen Abhängigkeit und pathologischen Ambivalenz, deren Auswirkungen ebenso gravierend sein können wie unaufgelöste Mutter-Sohn Beziehungen. Dieser Zusammenhang soll im weiteren Verlauf durch einige Beispiele illustriert werden.

An dieser Stelle lassen sich einige Regeln ergänzen, die zwar für alle kindlichen Entwicklungsphasen gelten, die aber bereits in den ersten drei Lebensjahren entscheidende Weichen stellen. Sie betreffen die Erkenntnisse, die wir aus der Systemtheorie für das Verständnis familiärer Beziehungen gewonnen haben. Durch sie konnten psychologische und psychoanalytische Entwicklungstheorien erheblich erweitert werden.

Systeme, ob materielle, biologische oder soziale, so die Theorie, haben die Tendenz, ihre jeweiligen Einzelteile in Regelkreisen zusammenzuschließen, um die innersystemische Stabilität aufrechtzuerhalten. Von der Familienforschung wurden diese Regeln auch auf die Familie übertragen. In ihr stellen die einzelnen Mitglieder Teilsysteme dar, die in ihrem Verhalten harmonisch aufeinander bezogen sein müssen, um eine ausgewogene Balance zu garantieren. Auf die Triangulierungsphase bezogen bedeutet dies konkret: Das Familiensystem ist im Gleichgewicht, wenn es der Mutter gelingt, auf die Bedürfnisspannungen des Kindes zwischen seinen Symbiosewünschen und Autonomiebestrebungen einfühlend zu reagieren, und wenn der Vater durch ausreichende Anwesenheit dem Kind genügend Sicherheit bietet, damit es sich aus der mütterlichen Hülle befreien kann. Entscheidend im Sinne der Systemgesetze ist aber auch die Beziehung der Eltern in dieser Zeit. Nur wenn der Mann seine Frau als Partnerin akzeptiert und sie gleichzeitig in ihrer Mutterrolle bestätigt, ist sie innerlich ausgeglichen genug, um das Kind freigeben zu können. Umgekehrt wird der Mann seine Vaterrolle um so besser ausfüllen, je mehr er sich von seiner Frau geliebt und in seinem väterlichen Engagement nicht ausgegrenzt fühlt. Eine gelungene Triangulierung stellt also einen Kreislauf wechselseitig positiver Bezogenheit innerhalb des Beziehungsdreiecks dar.

Solche Systemregeln sind keine bloße Theorie. Wie in vielen Fallschilderungen deutlich werden wird, kann man konflikthafte Entwicklungen nur verstehen, wenn man dabei das Gesamtgefüge der Familie und das Beziehungsgeflecht aller Mitglieder untereinander im Auge behält. Immer dann, wenn solche Vernetzungen unterbrochen werden, verändert sich, ob gewollt oder ungewollt, das Verhalten aller Einzelmitglieder. Nachdem ein System zerstört ist, müssen alle Beteiligten neue Regeln des Zusammenlebens innerhalb der neu entstandenen Teilsysteme für sich finden. An diesen Bruchstellen entstehen in der Regel die Pathologien, in die alle einbezogen sind. Und je früher das ökologische Gleichgewicht eines Familiensystems entgleist, um so nachhaltiger sind die Folgen. Deswegen stellt die Triangulierungsphase einen besonders kritischen Zeitraum dar.

Großer Vater – kleines Kind – Die erste ödipale Phase

Es war zweifellos ein, wenn auch gewagter, Geniestreich von Freud, den Mythos von König Ödipus auf den Kopf zu stellen. Nicht die Eltern durchbohren und fesseln die Füße des Säuglings und lassen ihn nach der mythischen Sage von einem Hirten im Kithairon-Gebirge aussetzen, auf daß er dort von wilden Tieren gefressen würde, sondern schon der vierjährige Knirps trachtet dem Vater nach dem Leben und will statt seiner die Mutter in Besitz nehmen. Der Mythos kam Freud bei seiner revolutionären Entdeckung der infantilen Sexualität sehr entgegen. Denn auf wen sollen sich die sexuellen Wünsche des Kleinkindes richten, wenn nicht auf sein erstes Liebesobjekt, die Mutter? In der Phantasie, so die Lehre vom Ödipuskomplex, müsse der Sohn, um sein Ziel zu erreichen, zunächst den Vater beseitigen. Entwicklungspsychologisch sah Freud die Frühkindheit unter dem Primat der erwachenden Sexualität des Kindes und nannte diese Zeit deswegen die „infantil-genitale" oder, in seiner späteren Theoriebildung, die „ödipale Phase". Der Begriff hat in der Psychoanalyse und weit über sie hinaus bis heute seine Attraktivität behalten, weil Freud und in seiner Nachfolge viele Theoretiker den Ödipuskomplex mit breiten Ausdeutungen versahen. Naheliegend war zunächst die Frage, wie dem ungeheuerlichen Begehren des kleinen Lüstlings zu begegnen sei, und wie sich entsprechende Reaktionen seiner Eltern in seinem Seelenleben niederschlagen würden. Natürlich macht der Vater kurzen Prozeß mit dem kleinen Gernegroß. Er droht ihm mit der Kastration, falls er seine schamlosen Belästigungen der Mutter nicht seinläßt. Daß der Vater nicht nur scherzt, und der „Wiwimacher" ernsthaft gefährdet ist, wie der „kleine Hans" in einer berühmten Fallgeschichte von Freud fürchtet[15], beweist die Mutter selbst oder die Schwester des Jungen. Sie haben keinen Penis. Wo ist er geblieben?

Intrapsychisch wird durch die Kastrationsdrohung und die ihr folgende Kastrationsangst das Gewissen, das sogenannte „Über-Ich" gebildet. Seine wichtigste Aufgabe ist die Errichtung des Inzesttabus, ohne das eine familiäre Organisation des Zusammenlebens nicht denkbar ist. Der Ödipuskomplex gilt dann als überwunden, wenn der Sohn die Inzestwünsche mit der Mutter aufgegeben hat und sich mit dem Wahrer des Inzesttabus, dem Vater, identifizieren kann, statt ihn aus dem Weg räumen zu wollen.

Eine Schwäche der Theorie vom Ödipuskomplex lag nicht nur in der Umkehrung des Mythos, sondern vor allem in den abenteuerlichen Thesen vom sogenannten „weiblichen Ödipuskomplex", bei dessen Erklärung der „Penisneid" der Frau eine entscheidende Rolle spielt. Mit der Einschätzung der dem Ödipus entsprechenden Gefühlswelt des Mädchens tat sich Freud schwer. C. G. Jung holte dies durch die Beschreibung des „Elektrakomplexes" nach.[16] Elektra, die Tochter Agamemnons und Klytämnestras, hängt in abgöttischer Liebe an ihrem Vater und läßt aus ebenso abgründigem Haß ihre Mutter durch ihren Bruder Orest umbringen. Auch der Elektrakomplex ist einem Mythos abgewonnen, bei dem ein schwerer Partnerkonflikt den Ausgang bildet. Agamemnon will vor der Fahrt nach Troja seine

Tochter Iphigenie opfern, um von den Göttern günstige Winde für seine Kriegsflotte zu erbitten. Damit verletzt er die Muttergefühle seiner Frau so tief, daß sie sich Ägist als Geliebten nimmt und mit ihm gemeinsam ihren Mann nach seiner Heimkehr ermordet. Erst nach dieser Tragödie entwickelt Elektra ihren tödlichen Racheplan.[17]

Der Diskurs über den Ödipus- und Elektrakomplex wird bis heute, neu angefacht durch die Feminismusdebatte innerhalb der Psychoanalyse, auf höchstem intellektuellem Niveau weitergeführt. Dabei ist immer wieder erstaunlich, welchen Grad an Abstraktion eine Theorie gewinnen kann, wenn sie die Praxis weitgehend außer acht läßt. Die Diskussion bleibt weiterhin auf die Frage der innerseelischen Verarbeitung der kindlichen Gefühlswelt zentriert, ohne daß die elterlichen Verhaltensweisen angemessen berücksichtigt werden. Erst aus der Wechselseitigkeit der Beziehungen zwischen Eltern und Kindern speist sich aber die Dramatik ödipaler Auseinandersetzungen. Sie treten oft erst in Erscheinung und sind um so heftiger, je gestörter die Beziehungen im Gesamtsystem der Familie sind. Einfach ausgedrückt: Kein Kind erkrankt an einem Ödipuskomplex, wenn es nicht in eine pathologische Bindungsstruktur zu einem oder beiden Elternteilen gerät. Und diese setzt in aller Regel eine disharmonische Paarbeziehung voraus. Vaterlosigkeit, das Verlassenwerden vom Vater, erzeugt die vielleicht tragischste Konstellation des Ödipuskonfliktes sowohl bei Mädchen wie bei Jungen.

Mit dieser Beschreibung soll nicht etwa die Existenz sexueller Triebwünsche bei Kindern geleugnet werden, die sich auf den gegengeschlechtlichen Elternteil richten. Sie gehören zu jeder normalen psychosexuellen Entwicklung. Aber die erste ödipale Phase wäre unvollständig erfaßt, wenn man sie auf die frühkindliche Sexualität und die Verinnerlichung des Inzesttabus beschränken wollte. Weit wichtiger erscheinen andere Erfahrungen in dieser Zeitspanne. Nach der Ablösung von der Mutter erfährt sich das Kind zum erstenmal als eigenständiges Wesen, das mit neuen Anforderungen einer zunächst fremden Umwelt konfrontiert wird. Sie ist nicht immer freundlich, sondern mit allerlei Bedrohungen und Gefahren verbunden. Daraus entstehen die ersten Umweltängste. Da das Kind noch nicht über genügend Erfahrungen und Techniken verfügt, die Gefahren und Ängste aus eigener Kraft zu bewältigen, ist es weiterhin auf Schutz und Hilfe durch die Eltern angewiesen. Die Lebensaufgabe ist in dieser Zeit, die Umwelt aktiv zu erforschen, sich in ihr zu orientieren und zu behaupten. Das setzt ein ausreichendes Gefühl der Sicherheit über die eigenen Fähigkeiten voraus. Das dazu notwendige Selbstwertgefühl können nur die Eltern dem Kind durch Ermutigung und Förderung vermitteln. Das Selbstvertrauen bei diesen elementaren Schritten der Umwelteroberung entscheidet darüber, wie das Kind mit späteren Lebensaufgaben umgehen kann. In der ersten ödipalen Phase wird das bis dahin dominierende Lustprinzip durch das Realitätsprinzip ersetzt.

Die Rolle, die der Vater bei der Bewältigung dieses Entwicklungsschrittes spielt, kann nicht hoch genug eingeschätzt werden. Anders als die Mutter, die dem Kind hauptsächlich durch ihre Emotionalität und durch sprachliche Kommunikation den notwendigen Rückhalt gibt, vermittelt der Vater ihm die Umwelt durch aktive Konfrontation. Diese durch fundierte Studien herausgefundenen Unterschiede elterlicher Beziehungsangebote und Erziehungsstile erweisen sich psychologisch in idealer Weise als komplementär. Denn dabei werden emotionale, soziale, kognitive und instrumentelle Anreize zu einer notwendigen Einheit ergänzt.

An anderer Stelle habe ich an zahlreichen Beispielen anschaulich gemacht, wie der Vater durch motorisch aktive Spiele, durch Wissensvermittlung und Anleitung zum praktischen Handeln dem Kind die Umwelt erschließt.[18] Mut, Wagnis und Risiko – ohne sie lassen sich keine Gefahren bewältigen. Darin wird der Vater zum Vorbild und Hoffnungsträger eigener Möglichkeiten. Indem sich das Kind mit diesen Eigenschafen des Vaters identifiziert, wachsen ihm eigene Kräfte zu. Merkmale wie Neugier, Ausdauer, Frustrationstoleranz und Triebverzicht entwickeln sich nur in der tätigen Auseinandersetzung mit einer sich stets verweigernden Realität.

Diese Vorbildfunktion des Vaters hat besonders für Jungen einen Haken. Ab dem dritten Lebensjahr wachsen durch die Ausreifung des Muskelapparates die motorischen Fähigkeiten des Kindes sprunghaft an. Die Motorik gilt als Träger der Aggression.

Ob diese sich konstruktiv auf die Erreichung nützlicher und erlaubter Ziele richtet oder destruktiv in Erscheinung tritt, hängt von der Art der Sozialisierung aggressiver Energien ab. Wenn der Vater erwiesenermaßen motorische Spiele bevorzugt, bringt er damit in der ersten ödipalen Entwicklungsphase das wichtige Thema der Aggression „ins Spiel". Indem er die motorischen Fähigkeiten des Kindes anspornt, führt er ihm gleichzeitig den durch feste Regeln kontrollierten Umgang mit seinen Aggressionskräften vor. Auf diese Weise wird der Vater zu einer moralischen Instanz und als solche im Gewissen verankert, das über die Einhaltung aggressiver Tabus wacht. Nach meiner Einschätzung ist diese Vaterfunktion um vieles entscheidender als seine Autorität bei der Kontrolle der Sexualität und des Inzesttabus.

Für den Jungen ergibt sich daraus ein besonderes Problem. Speziell in der ersten ödipalen Phase identifiziert er sich zunehmend mit dem Vater, will so werden wie er, groß, stark, allwissend und mächtig. Er möchte seine beschämende Kleinheit überwinden. Diese Nachahmung ist zunächst sehr lustvoll, weil er merkt, wie seine Kräfte wachsen. Aber mit der Zeit trübt sich die Beziehung. Der Junge kann die Überlegenheit des Vaters nicht länger ertragen. Die Aussichtslosigkeit, ihm jemals gleichzukommen, erlebt er als narzißtische Kränkung, die ihn wütend macht. Jetzt wechseln Gefühle von Rivalität und Haß mit Gefühlen der Liebe und Idealisierung. Es ist das Stadium der Ambivalenz. Die einsetzende Konkurrenz mit dem Vater bezieht sich dabei weniger auf die Mutter, wovon die Theorie des Ödipuskomplexes ausgeht, sondern auf das Macht-Ohnmacht-Gefälle in der Vater-Sohn-Beziehung generell. Dies haben die neuesten Erkenntnisse über die Bedeutung des Narzißmus erwiesen. Ob die Ambivalenz ausreichend neutralisiert wird, oder in einen lebenslangen Vater-Sohn-Konflikt einmündet, wobei der Vater zu einem Haßobjekt, einem „bösen" Vater wird, hängt im wesentlichen von der Qualität der Beziehung ab. Wenn es dem Vater in der ersten ödipalen Phase gelingt, seine Überlegenheit nicht zu mißbrauchen, sondern sich in die Kleinheitsgefühle des Sohnes einzufühlen und seine wachsenden Fähigkeiten anzuerkennen, wird er dem Sohn helfen, seine Ambivalenz schrittweise zu überwinden und den Vater als überwiegend „gutes" Objekt verinnerlichen.

Für das Mädchen verläuft die Beziehung zum Vater in der ersten ödipalen Phase, wie der „Elektrakomplex" vermuten läßt, anders. Sie lehnt sich zunächst stärker an die Mutter an und identifiziert sich mit ihrer Weiblichkeit und mütterlichen Rolle. Sie will werden wie sie. Das Puppenspiel symbolisiert in seiner ganzen Vielfalt die phantasiegeleitete Übernahme des Mutterbildes. Aber je mehr in dieser Phase der Realitätssinn des Mädchens wächst, je stärker sich sein Wille und das Gefühl eigener Identität entwickeln, um so mehr muß es sich auch von der Mutter abgrenzen. Dabei bricht ein ähnlicher Ambivalenzkonflikt auf wie zwischen Vater und Sohn. Für die Tochter ist es eher die Mutter, die der wildschweifenden Expansion Grenzen setzt und den sich selbst überschätzenden Narzißmus des Mädchens drosselt, um es an eine realistische Einschätzung seiner Möglichkeiten heranzuführen. Dabei wird die Mutter zwangsläufig als verbietende Instanz, als „böse" Mutter erlebt, die die Aggression der Tochter auf sich zieht. Die Ambivalenz wird in dem Maße überwunden, in dem es der Tochter gelingt, die mütterlichen Regeln zu verinnerlichen und ein „gutes" Mutterbild aufzubauen.

Was ist natürlicher, als daß sich das Mädchen in der Phase der Ambivalenz zur Mutter stärker dem Vater zuwendet? Bei ihm sucht sie Zärtlichkeit und Trost für die Schwierigkeiten, mit der Neuordnung der inneren und äußeren Welt umzugehen. Hier erweist sich erneut, wie notwendig ein komplementäres Gleichgewicht zwischen den Eltern ist, um dem Kind diese Schritte zu erleichtern. Wie der Junge stärkeren emotionalen Halt bei der Mutter sucht, während er mit dem Vater in eine Rivalität um Anerkennung, Autonomie und Realitätsanpassung gerät, verlagert das Mädchen während der entsprechenden Auseinandersetzung mit der Mutter ihre Zuneigung auf den Vater. Dabei sei nochmals betont, daß es bei Mädchen und Jungen in der ersten ödipalen Phase nicht vordringlich um Inzestbedürfnisse geht. Die eigentliche Gefahr für sich selbst wie für die Umwelt geht von der Aggression und dem Narzißmus aus, die in dieser Zeit an Stärke erheblich zunehmen. Ohne ihre angemessene Einschränkung im Prozeß der Sozialisation wird das Ich des Kindes keine stabilen Abwehr- und Anpassungsmechanismen und sein Über-Ich nicht genügend kontrollierende Anteile entwickeln, um den Umgang mit inneren und äußeren Konflikten zu gewährleisten.

Auch die Tochter lehnt sich nicht nur liebevoll an den Vater an, sondern identifiziert sich mit ihm, um seine männlichen Seiten in sich aufzunehmen. Wenn der Vater ihr dabei durch seine Verläßlichkeit, Anteilnahme und Bestätigung entgegenkommt, kann sie ein „gutes" Vaterobjekt in sich errichten. Es bildet die entscheidende Voraussetzung für ihre stabile Identität als Frau und für die Männerbilder, die ihre späteren Beziehungen prägen werden. Aber damit es soweit kommt, wird der Vater noch einmal von besonderer Bedeutung sein, und zwar in der Pubertät.

Das Vaterbild in der Pubertät – Die zweite ödipale Phase

Was macht die Anwesenheit des Vaters in der dritten entscheidenden Entwicklungsphase, der Pubertät, so wichtig? Bekanntlich stellt sie den Übergang zwischen Kindheit und Erwachsensein dar. Es ist eine Zeit der Unruhe, der Orientierungslosigkeit, der Krise und des revolutionären Aufbruchs. Der fundamentale Wandel beruht auf dem Zusammenprall von drei widerstreitenden Entwicklungsbedingungen, den körperlichen, seelischen und sozialen. Die einschneidensten Veränderungen betreffen zunächst das biologische Wachstum. Im Unterschied zu sonstigen Reifungsprozessen, die allmählich und ohne große Brüche erfolgen, konfrontiert die Pubertät den Heranwachsenden mit einer dramatischen Verwandlung seines Körpers. Unter dem Einfluß der Sexualhormone erlangt er seine Geschlechtsreife, wobei sich nicht nur die primären und sekundären Geschlechtsmerkmale verändern, sondern auch die tertiären wie Körpergröße, Gewicht, Muskelstatus, Knochenbau und Energieverbrauch. Diese grundlegende Umgestaltung des Körpers und seiner Funktionen ist mit tiefen Verunsicherungen des Körpergefühls verbunden. Das Körper-Selbst, das wir zu einem zentralen Bestandteil des Gesamt-Selbst, des Selbstgefühls zählen, bekommt unter der explodierenden Wucht der Organveränderungen schmerzhafte Einrisse, weil die körperliche Entwicklung in starkem Widerspruch zu der seelischen und sozialen Reife des Jugendlichen in dieser Zeitspanne steht.

Ein zweiter Widerspruch, der den ersten verschärft, entwickelt sich in der Beziehung des Jugendlichen zur Außenwelt. In der Pubertät soll er die Normen und Werte der Gesellschaft übernehmen, soll selbst „erwachsen" werden. Dabei muß er sich von seinen primären Liebesobjekten, den Eltern, innerlich und äußerlich immer eindeutiger lösen und sein Leben selbständig planen. Beiden Widersprüchen fühlen sich Jugendliche lange Zeit nicht gewachsen. Es kommt zu der für die Pubertät so charakteristischen „Identitätskrise". Besonders für Jungen wird der Umgang mit ihrer Aggression zu einem belastenden Problem. Viel stärker als bei Mädchen setzt bei ihnen in der Pubertät das sprunghafte Körperwachstum mit einer Zunahme der Muskelkraft ein. Außerdem steigt das allgemeine Aktivitätsniveau unter dem Einfluß der männlichen Sexualhormone. So kann sich im Rahmen der pubertären Entwicklungskrise mit all ihren beschriebenen Komponenten der Kraftüberschuß von Jungen leicht in destruktive Aggression verwandeln.

Freud betonte, daß die frühkindliche ödipale Phase in der Pubertät noch einmal verstärkt auftritt, weil durch die Sexualreifung der Inzestwunsch nicht mehr auf die Phantasie beschränkt bleibe, sondern konkret erfüllbar sei. Man kann daher zu Recht von einer „zweiten ödipalen Phase" sprechen. Aber auch hier gilt, was über die erste Phase gesagt wurde: nicht die gegengeschlechtlichen Sexualwünsche der Kinder zu ihren Eltern stehen im Vordergrund, sondern die körperlichen, seelischen, geistigen und sozialen Umbrüche in dieser Zeit und die mit ihnen verbundenen sexuellen, aggressiven und narzißtischen Konflikte zur Außenwelt. Wie die breite Praxis zeigt, sind es in Fällen sexueller Eltern-Kind Beziehungen nicht die Kinder, die das Inzesttabu brechen, sondern die Eltern selbst – in der Regel die Väter. Der häufige Vater-Tochter-Inzest, der sexuelle Mißbrauch, verweist auf eine schwere Störung der Entwicklung des Vater-Ideals bei diesen Männern und gleichzeitig auf eine tiefe Störung der Elternbeziehung. Das Tabu des Mutter-Sohn-Inzestes weicht erst langsam einer noch zögerlichen Aufklärung.

In einem funktionierenden Familiensystem ist der Vater bei der Bewältigung der ödipalen Konflikte in der Pubertät aus ganz anderen Gründen gefragt und unentbehrlich. Die Schwierigkeiten, mit den geschilderten Widersprüchen umzugehen, stellen

Mädchen und Jungen in gleicher Weise vor die Frage, ob sie den Schritt ins Erwachsenenleben jemals bewältigen werden. Die Zweifel erschweren oft die Sinnfindung für eine langfristige Lebensgestaltung. Besonders in heutiger Zeit ist die Zukunft der jungen Generation durch manche gesellschaftlichen Krisen blockiert. Mangelnde Berufsperspektiven, hohe Arbeitslosigkeit im Zusammenhang mit fortschreitender Technisierung, der Zerfall tradierter Normen und Werte in Familie, Kirche und Gesellschaft, der Geschlechterkampf, Wirtschaftskrisen im Rahmen der Globalisierung und nicht zuletzt die ökologische und Klimakatastrophe mit der Gefährdung des planetaren Überlebens schaffen Risiken, auf die viele Jugendliche mit Angst, Resignation, Verzweiflung und Depression reagieren.[19] Wenn aber Mut und Hoffnung auf eine lebenswerte Zukunft blockiert werden, gewinnen regressive Bedürfnisse die Oberhand. Viele Jugendliche klammern sich allzu lange ans Elternhaus, genießen den kindlichen Schonraum, lassen sich versorgen und verwöhnen und verweigern die altersgemäße Verantwortung. Sie wollen nicht erwachsen werden. In dieser Krise ihrer Entwicklung benötigen sie die Väter stärker als die Mütter. Auch hier läßt sich wieder auf das Gesetz von den komplementären Mutter- und Vaterrollen verweisen. Während die Mutter in ihren biologischen und sozialen Funktionen ab der Geburt die wichtigere Person darstellt, teilen sich die Eltern im idealtypischen Fall während der ersten ödipalen Phase die unterschiedlichen Erziehungsaufgaben. Für den Vater gipfeln sie in seiner Verantwortung für die Kinder in der Pubertät und Adoleszenz. Wenn man den Klageliedern von Müttern über die mangelnde Beteiligung der Väter bei der Baby- und Kleinkindversorgung zuhört, gewinnt man den Eindruck, als würde diese Zeit für sie nie enden, als würden die Kinder niemals groß. Es fällt auf, daß in den Klagegesängen die langen Jahre ab der Pubertät bis zum Erwachsenenalter nicht auftauchen, obwohl die Mühen, Sorgen, Ängste und ökonomischen Verpflichtungen erst danach aufhören. Sie sind in anderer, aber sicher nicht in geringerer Weise anstrengend als die Betreuung von Kleinkindern. Oft im Gegenteil. Und hier tragen die Väter oft die Hauptlast. In einer funktionierenden Familie gibt es – entgegen aller Propaganda – einen gerechten Ausgleich in der Versorgung und Verantwortung für die Kinder, er ist zwischen Müttern und Vätern nur auf einer Zeitachse verschoben.

Wie läßt sich diese Verschiebung begründen? Seit altersher bestand eine klare Rollenverteilung zwischen Müttern und Vätern. Mütter waren für die Belange innerhalb der Familie, Väter für ihre Repräsentation in der Außenwelt zuständig. Heute sind die Grenzen durch drei Entwicklungen durchlässig geworden, erstens durch die Übernahme von immer mehr Pflege-, Erziehungs- und Bildungsaufgaben durch staatliche und öffentliche Einrichtungen, zweitens durch die wachsende Außenorientierung der Mütter im Rahmen ihrer Berufstätigkeit und drittens durch die stärkere Familienorientierung der Väter. Die Starrheit der alten, patriarchal definierten Rollenmuster hat sich in weiten Teilen der Bevölkerung aufgelöst. Dennoch zeigt die Realität der meisten Familien bei aller Flexibilität ihrer Organisation noch die deutlichen Spuren des alten Modells. Und dieser Umstand ist nicht allein der Trägheit der heutigen Vatergeneration geschuldet.

Zur Illustration möchte ich eine Beobachtung einschieben: Während der Sommermonate saß ich bei der vorbereitenden Lektüre zu diesem Buch des öfteren in einem nahegelegenen Gartenlokal. Eines Tages waren an einem langgestreckten Tisch sechs bis sieben Frauen versammelt, die alle einen Säugling in einem Tragegurt vor der Brust hielten oder ihn in der Öffentlichkeit stillten. Es war eine fröhliche Runde mit viel Lachen, Gespräch und fürsorglicher Bemutterung. Am nächsten Tag das gleiche Bild, nur die Mütter waren andere. Beim drittenmal fragte ich die Bedienung. „Ich weiß auch nicht", lachte sie, „heute morgen waren drei große Tische besetzt. Irgendwie scheint sich unser Lokal als Müttertreff herumgesprochen zu haben."

Und die Väter? Sie waren bei der Arbeit, in Fabriken, Büros, Bankfilialen, auf Baustellen oder Geschäftsreisen. Hier in der Sonne hatten sie auch nichts zu suchen. Sie hätten das Glück der Frauen, unter sich zu sein und mit ihren Babys, nur gestört.

Dieses Bild über mütterliche Zufriedenheit und Solidarität ist sicher nicht repräsentativ. Aber es zeigt den Beginn einer Rollenstrukturierung jenseits aller Ideologien. Diese Frauen, so schien es, waren mit sich identisch und würden, sofern sie vorher berufstätig waren, das Privileg von ein, zwei oder drei Erziehungsjahren gerne nutzen, sofern nicht finanzielle Zwänge oder das Interesse an einer befriedigenden Berufstätigkeit sie daran hinderten. Solche Überlegungen gelten als konservativ, weil sie sich dem Verdacht aussetzen, das Problem der Vereinbarkeit von Hausfrauen-, Mutter- und Berufsrolle verniedlichen zu wollen. Das ist nicht ihre Absicht. Es geht hier um den Bedeutungswandel mütterlicher und väterlicher Funktionen entlang der kindlichen Entwicklungslinie.

Trotz der Veränderungen des heutigen Selbstbildes von Frauen und ihres sozialen Kontextes bleibt die Tatsache bestehen, daß aus dem Blickwinkel der Kinder die Mutter weitgehend familienzentriert und der Vater überwiegend nach außen gerichtet erlebt werden. In der Regel ist der Vater auch heute noch der Hauptverdiener in der Familie. Damit vertritt er wichtige Aspekte der Öffentlichkeit, in die der Jugendliche ab der Pubertät selbstverantwortlich hineinwachsen soll.

Die zweite ödipale Phase ist die Schnittstelle zwischen Familie und Gesellschaft, an der der Vater für seine Kinder die entscheidenden Weichen stellen muß. Von der Art, wie er sie in die Welt entläßt und ihnen ihre dortigen Rollen vermittelt, hängt ihre Bewährung vor den neuen Lebensaufgaben ab. Psychologisch weist der skizzierte Zusammenhang auf die wichtige Vorbildfunktion des Vaters in dieser Phase hin. Die ausgeprägte Tendenz Jugendlicher, sich jetzt noch einmal verstärkt mit ihm zu identifizieren, macht deutlich, wie nötig sie ihn zur Orientierung und als Unterstützung bei der Überwindung der pubertären Schwelle benötigen. Dabei sind sein Rat und seine Erfahrungen gefragt. Indem er die Fähigkeiten seines Kindes erkennt und zur weiteren Entwicklung ermutigt, baut er Hindernisse auf dem steinigen Weg ins Leben ab. Dabei spielt sein eigenes Identitätsgefühl eine wichtige Rolle. Nur wenn er selbst ein Träger der Hoffnung ist, der trotz aller Widrigkeiten Mut, Kraft und Hoffnung ausstrahlt, wird er den Kindern die nötige Zuversicht geben, ihr Leben in eine offene Zukunft hinein zu entwerfen.

Die Beschreibung ist nicht ohne Absicht aus zwei Gründen etwas idealistisch geraten. Erstens soll sie, gemessen am Ideal, die harte Tatsache vor Augen führen, daß in der Realität die überwiegende Zahl der Väter defizitäre Bilder widerspiegeln. Es scheint doch nur relativ wenige unter ihnen zu geben, die sowohl in der Familie als auch im Beruf über ein unerschütterliches Selbstvertrauen verfügen, über eine stabile Identität, in der ihre emotionale Beziehungsfähigkeit mit Risikobereitschaft und Lebensfreude gepaart ist. Die Gründe hierfür sind vielfältig. Sie beginnen beim Autoritätsverlust in der Familie und in der Verunsicherung ihrer Männerrolle in der Gesellschaft und enden bei der Organisation und den Krisen der Arbeitswelt in einer zunehmend anonymisierten Massengesellschaft. Außerdem können Väter auch nur dann als verläßliche Vorbilder dienen, wenn sie in der Lage sind, ihren Kindern eine erfolgversprechende und befriedigende Berufs- und Lebensperspektive in Aussicht zu stellen. Ein schwerwiegendes Dilemma heutiger Vatergenerationen liegt darin, daß sie genau dies nicht können. Ihnen selbst sind die Unsicherheiten und Zukunftsrisiken für die nachfolgenden Generationen nur allzu bewußt und sie plagen sich mit Ängsten, Sorgen und Zweifeln, was sie ihrem Kind empfehlen sollen. Mit dieser Verunsicherung aber verlieren sie das Gefühl ihrer väterlichen Zuständigkeit und Verantwortung. Ihr Vater-Ideal nicht einlösen zu können, erleben sie im extremen Fall als Verletzung ihrer Loyalitätsverpflichtungen und als Verrat an ihren Kindern.

Der zweite Grund für die idealistische Überzeichnung liegt in der ödipalen Thematik im engeren Sinne. Die Pubertät lebt aus dem Protest und Widerstand gegen gesellschaftlich überkommene Normen, die der Vater stellvertretend repräsentiert. Er ist das Zielobjekt, das verneint werden muß, um einen eigenen revolutionären Weg gehen zu können. Der Kampf wird also nicht um die Mutter geführt, sondern dient letztlich der Durchsetzung einer eigenen Identität. Besonders für Söhne, und davon ist die Kulturgeschichte voll, kommt es in der zweiten ödipalen Phase zu einer Zerreißprobe. Der Wunsch, sich mit dem Vater zu identifizieren und von ihm auf dem noch unübersichtlichen Gelände eine Zeitlang begleitet zu werden, gerät in Widerspruch zu dem unbedingten Willen nach einem unabhängigen Selbstentwurf. Der Vater darf dem Kampf nicht ausweichen, er muß ihn aushalten. Damit wachsen die Anforderungen an ihn in dieser Phase. Denn der Wildwuchs des Sohnes sucht Reibung und Grenzen, um nicht auszuufern und sich selbst und anderen eine Gefahr zu werden. In der Konfrontation und Identifikation mit dem Vater kann sein Ich stark werden. Und sein Über-Ich wird mit den nötigen Kontrollmechanismen ausgestattet. Wie beschrieben, werden diese Strukturen schon viel früher angelegt. Ich glaube aber, daß die Bedeutung der Pubertät mit ihrer noch ungesteuerten Sexualität und Aggression für die Ausreifung der Ich- und Über-Ich-Instanzen weit unterschätzt wird.

Nicht umsonst ist in der Phase zwischen Pubertät und Adoleszenz der Vater-Sohn-Konflikt so heftig. Er wird es lebenslang bleiben oder immer wieder aufflammen, wenn die Auseinandersetzung entweder von seiten des Sohnes oder des Vaters selbst unterbleibt. Die zweite ödipale Phase ist für den Sohn erst dann erfolgreich abgeschlossen, wenn er sich jenseits der Adoleszenz seiner Identität sicher ist. Dazu gehören sowohl heterosexuelle Bindungen als auch eine fest umrissene oder bereits verwirklichte Berufsperspektive, die eine unverzichtbare Voraussetzung für seine spätere Gesamtidentität als Mann bildet. Daß die Voraussetzungen heute nicht mehr selbstverständlich gegeben sind, wird später noch ausführlich Thema sein.

Für Mädchen ergeben sich in der zweiten ödipalen Phase bei gleichen Grundbedingungen deutliche Akzentverschiebungen. Die Tochter muß nicht mit dem Vater rivalisieren, um aus dem Kampf ihre eigene Identität als Frau zu entwickeln. Diesen führt sie mit ihrer Mutter. Dabei besteht die Gefahr, daß sie sich bei dem Vater für die Entbehrungen entschädigt, die sie mit der Mutter erlebt. Ihre jetzt verfügbare Sexualität und ihr weiblicher Reiz können in den Dienst ihrer Konkurrenz mit der Mutter gestellt werden und die Vater-Tochter-Beziehung erotisch aufladen. Die sprichwörtliche „Verliebtheit" pubertierender Töchter in ihre Väter hat aber auch einen von der Mutter unabhängigen Anteil. Schließlich ist der Vater ihr erstes männliches Liebesobjekt, das sich unter dem Schutz des Inzesttabus für ungefährliche Partnerphantasien anbietet. Diese im Sinne Freuds klassische ödipale Konstellation erfordert vom Vater einen Balanceakt zwischen väterlicher Zuneigung und eindeutiger Grenzsetzung.

Weit über die sexuelle Komponente hinaus braucht aber auch die Tochter den Vater in all seinen beschriebenen Funktionen besonders in der Pubertät, um ein positives Männerbild verinnerlichen zu können. Nur mit diesem Vertrauen kann sie den Schritt aus der Familie hinaus und vom Vater weg planen. Wenn der Vater sie in ihrer weiblichen Identität bestätigt hat, wird sie auch beim Eintritt in die Gesellschaft über eine angstfreie Sexualität und ein stabiles Frauenbild in sich verfügen.

Den idealtypischen Vater wird es allerdings nur in seltenen Ausnahmen geben, zumal seine Möglichkeiten unter dem Zwang gesellschaftlicher Bedingungen stark eingeschränkt werden. Das Ziel war die Beschreibung der weit unterschätzten Rolle des Vaters in der zweiten ödipalen Phase. Selbst unter Berücksichtigung und trotz aller seiner Begrenzungen belegt erst das Gegenbild, die Vaterentbehrung, die zentrale Bedeutung des anwesenden Vaters während der Pubertät.

III. Ein Vater kann auf verschiedene Weisen verlorengehen

1. „Ich habe meinen Vater nie gekannt" – die Vaterlosigkeit

Der 53jährige Herr A. kam in meine Sprechstunde, weil er in den letzten Jahren beruflich einige Mißerfolge erlebt hatte, die ihn zunehmend entmutigten und initiativlos machten.[20] Es galt zunächst, die persönlichen Gründe für sein Versagen herauszufinden. Herr A. wurde einen Monat nach Kriegsende nichtehelich geboren. Seine Eltern hatten sich kurz vor Kriegsbeginn kennengelernt und in den folgenden Jahren nur während der Fronturlaube seines Vaters gesehen. Nach dem Krieg wollten sie heiraten. Von seinem letzten Einsatz kam der Vater nicht zurück, galt zehn Jahre lang als vermißt, bis er schließlich für tot erklärt wurde.

„Sie sind also vaterlos aufgewachsen und teilen damit das Schicksal von Millionen von Frauen und Männern Ihrer Generation", sagte ich. Herr A. zögerte. „Vaterlos? Komisch, so definitiv habe ich das nie gesehen, denn mein Vater ist doch bis heute präsent." Auf meine Verwunderung erzählt er folgende Einzelheiten. Die Eltern mußten sich sehr geliebt haben. Die Mutter interessierte sich später nie mehr für andere Männer; gemessen an den vielen Fotos und Andenken in der Wohnung sei sie noch eng mit ihrem Mann verbunden. Vielleicht hinge es damit zusammen, daß sie so viele Jahre täglich auf seine Rückkehr gewartet habe. „Da ich ihr einziges Kind war und dazu noch ein Junge, hat sie bis heute nicht aufgehört, mir den Vater in all seinen positiven Eigenschaften zu beschreiben und immer wieder von seinen Erfolgen als junger Architekt zu schwärmen. Dadurch wurde er für mich zu einem lebendigen Vorbild, dem ich immer nacheifern wollte."

„Könnte denn Ihre heutige Krise damit zusammenhängen, daß Ihre Mutter die gleichen Erwartungen an Sie hatte, und Sie in Ihrem jetzigen Alter feststellen müssen, daß Sie die überragende Größe des Vaters nie mehr erreichen werden?" Die Bemerkung löste eine spürbare Erregung bei Herrn A. aus. In den folgenden Stunden konnte er die überhöhten Idealisierungen des Vaters abbauen, konnte ihn wirklich sterben lassen und sich auf die Frage konzentrieren, wer er denn eigentlich selbst sei. Schon bald lösten sich seine beruflichen Blockierungen und mit ihnen sein Stimmungstief auf.

Die Skizze verdeutlicht die Schwierigkeiten, die Begriffe Vaterlosigkeit, Vaterverlust und Vaterabwesenheit, die am häufigsten zur Bezeichnung eines fehlenden Vaters verwandt werden, in der wünschenswerten Klarheit zu definieren. Entsprechend willkürlich werden sie zur Beschreibung ganz unterschiedlicher Formen des Vatermangels benutzt. Tatsächlich verbergen sich aber hinter den drei Begriffen sehr unterschiedliche Schicksale.

Bei aller Differenzierung existiert im wissenschaftlichen Sprachgebrauch der Begriff der Vaterdeprivation, der alle anderen Formen umfaßt. Wörtlich übersetzt bedeutet Deprivation „Beraubung". Im Deutschen wird er durch das Wort „Entbehrung" ersetzt. Bei der Darstellung allgemeiner Zusammenhänge sollen die Begriffe Vaterdeprivation und Vaterentbehrung in diesem Buch synonym gebraucht werden. Dies schließt aber eine genauere Unterscheidung der drei Hauptformen, der Vaterlosigkeit, des Vaterverlustes und der Vaterabwesenheit nicht aus. Beginnen wir also mit der Definition der Vaterlosigkeit.

Herr A. ist vaterlos. Gemessen an seinem äußeren Lebensschicksal und im juristischen Sinn ist diese Zuordnung eindeutig. Aber für die Entwicklung entscheidend ist die psychische Dimension der Vater-Kind Beziehung. Hat Herr A. nicht recht, wenn er bei dem Wort „vaterlos" zögert? Der Vater ist bei dem 53jährigen Mann bis heute innerlich „präsent". Durch die alle Zeiten überdauernde enge Verbundenheit mit ihrem Mann erzeugt die Mutter in dem Sohn zahllose Phantasien über seinen Vater, die, mit konkreten Erinnerungen der Mutter angereichert, zu inneren Bildern verschmelzen. Solche inneren Bilder – in der Tiefenpsychologie als „innere Objekte" bezeichnet – gehören zum psychischen Strukturaufbau jedes Menschen und übernehmen wichtige steuernde Funktionen zur Aufrechterhaltung des seelischen Gleichgewichts. Das Beispiel von Herrn A. zeigt, daß er den Vater als überwiegend „gutes Objekt" verinnerlichen konnte, auch wenn er ihn nie kennengelernt hat. Obwohl es sich dabei um ein stark idealisiertes Vaterbild handelte, ging offenbar eine unterstützende Wirkung von ihm aus, so daß er erst in einem fortgeschrittenen Alter in eine ernsthafte Krise geriet. Nicht zuletzt unter dem Einfluß dieser positiven Vateranteile konnte Herr A. die Krise auch so schnell bewältigen. Das war sein Glück bei aller Tragik seines vaterlosen Lebens.

Literarisch hat Heinrich Böll diesen Zusammenhang aus der Perspektive zweier elfjähriger Freunde in seinem bewegenden Roman „Haus ohne Hüter" bearbeitet. Martin und Heinrich leben mit ihren Müttern zusammen, die ihre Männer im Krieg verloren haben, während sie schwanger waren. Trotz der lang zurückliegenden Zeit und obwohl beide Witwen wechselnde Männerbekanntschaften eingehen, bleiben die Ehemänner die Fixpunkte in ihrem Leben. Martins Vater überlebt als Foto neben dem Bett der Mutter: „lächelnder junger Mann mit Pfeife im Mund, viel zu jung, um der Vater eines elfjährigen Jungen zu sein." Auch Heinrich kennt nur das bleibende Bild vom Vater an der Schlafzimmerwand seiner Mutter, das einen „lachenden Panzerfeldwebel" zeigt, an dem „die Herrschaft sämtlicher Onkel" spurlos abprallt. Die Ikonen der Väter können nur deswegen als innere Stütze in die seelische Struktur der Jungen eingezogen werden, weil die Liebe der Mütter zu ihren Männern die emotionale Verbindung der Vater-Sohn-Beziehungen stiftet. Dabei müssen sie nicht viel mit ihren Kindern darüber sprechen. Nella, die Mutter Martins „erzählte ihm wenig von Rai, seinem Vater". Trotzdem erspürt der Junge die innere Verfassung der Mutter: „Je mehr solcher Kavaliere sie kennenlernte, um so mehr liebte sie ihren Mann." Indem Nella Rai nicht abwerten oder die Erinnerung an ihn verdrängen muß, knüpft sie ein Band zwischen Vater und Sohn, das diesem die innere Auseinandersetzung mit dem Vater und die Verarbeitung der Vaterlosigkeit erleichtert. Böll siedelt diesen Prozeß in den Abend- und Nachtstunden vor dem Einschlafen an, eine Zeit, in der die Welt und die Menschen zurückweichen, und das Kind seine Trauerarbeit ungestört und nur in der phantasierten Zweisamkeit mit dem Vater durchleben kann. „Wenn das Licht dann ausgeknipst war ... schloß er die Augen, sah das Bild des Vaters vor sich und hoffte, er werde in den Traum kommen, so wie er dort war, jung und ohne Sorgen, vielleicht lachend, so jung, wie er auf dem Bild war." Die wiederholte Imagination des Vaters und die gedankliche Rekonstruktion seines Lebens verdichten sich in den Träumen zu lebendigen Vaterbildern, die gerade durch ihre illusionslose Traurigkeit zu Kernen der Ich-Reifung und der Stärkung des Realitätssinns werden. Nur so steht Martin die kommenden Wirren der Pubertät durch, ohne an ihnen zu scheitern.

Heinrich hat es noch um einiges schwerer als sein Freund. Er stammt aus ärmlichen Verhältnissen und „war von der Stunde seiner Geburt an nicht einen Tag lang geschont worden." Schon als Junge entwickelte er sich zu einem Rechenkünstler und geschickten Warenhändler auf dem Schwarzmarkt, um den Lebensunterhalt der Familie zu sichern. Er erträgt das proletarische Verhalten einiger „Onkel" und kümmert sich schließlich liebevoll um seine nichteheliche Stiefschwester Wilma. „Er betreute sie, er gab ihr die Flasche, wärmte den Brei, denn nachmittags war die Mutter weg." Die Anforderungen seiner entbehrungsreichen Lage lassen ihn früher als Martin selbständig und realitätstüchtig werden, wodurch er mit Beginn der Pubertät für die Mutter zur wichtigen Stütze wird. Beide eint die nie ganz verwundene Trauer und Liebe zum Vater, dessen Foto an der Wand zum Hoffnungsträger im Gerümpel der Wohnungseinrichtung wird. Das gute Vaterobjekt als inneres Hilfs-Ich trägt auch Heinrich über die Klippen seiner Pubertät.[21]

Ganz anders wirkte sich die Vaterlosigkeit bei der Patientin Frau B. aus. Mit 38 Jahren erkrankte sie an Brustkrebs. Ein Jahr später wurde ich um eine psychotherapeutische Sterbebegleitung gebeten, da sich ihr Zustand dramatisch verschlechtert hatte. Zur Vorgeschichte erfuhr ich, daß sie ihren Vater durch einen Verkehrsunfall verloren hatte, als sie erst ein halbes Jahr alt war. Welche Rolle er für ihr Leben spielen sollte, wurde mir erst durch einen Traum klar: „Ich bin gestorben, bin im Himmel und kann entweder zu Gott kommen oder zum Teufel. Ich stelle mich bei Gott an. Als ich drankomme, wirft er mir vor, was ich wolle, ich hätte aus meinem Leben nichts gemacht, hätte mich immer nur nach den Männern gerichtet. Ich versuchte, mich zu rechtfertigen, daß ich immer nach Geborgenheit gesucht habe. Er läßt sich aber nicht versöhnen, ich muß gehen."

Ich fragte sie, warum sie sich Gott-Vater so böse vorstelle, nachdem sie selbst doch keine eigenen Vatererfahrungen machen konnte. „Sie täuschen sich", sagte sie, „mein Vater war an allen Übeln der Welt schuld, das hat mir meine Mutter von Kindheit an eingeimpft. Sie war froh, daß sie ihn los war, ließ kein gutes Haar an ihm, und da ich ihm äußerlich ähnelte, versäumte sie keine Gelegenheit, mir meine negativen, von ihm geerbten Eigenschaften vorzuwerfen. So habe ich ihn hassen gelernt. In meinen späteren Männerbeziehungen habe ich immer den idealen Vater gesucht. Das mußte natürlich schiefgehen."

Obwohl sich Frau B. schon früh von der Mutter wegen deren „Eigensucht, Härte, Lieblosigkeit und Zwanghaftigkeit" losgesagt hatte und auch kurz vor ihrem Tod nicht zur Versöhnung in der Lage war, wirkte deren Botschaft fort. Der früh verinnerlichte Haß auf den Vater hinderte sie daran, jemals in Erfahrung zu bringen, was für ein Mann er wirklich gewesen war. Der unversöhnliche Gott in ihrem Traum läßt sich auf dem Hintergrund ihrer Vorgeschichte als die Projektion ihres eigenen Vaterhasses deuten, der, unterstützt durch die mütterlichen Einflüsterungen als Selbstverurteilung und Selbsthaß zurückschlug. Der Alptraum über den bösen Vater und das eigene Versagen standen am Ende ihres Lebens. Wenige Tage später starb sie.

Im Unterschied zu Herrn A. hatte Frau B. trotz ihrer Vaterlosigkeit ein überwiegend „böses" Vaterbild verinnerlicht, das ihren Lebensaufbau nicht fördernd begleiten konnte, sondern sie im Gegenteil an der Entwicklung eines stabilen Selbstgefühls hinderte.

Neben den „guten" oder „bösen" inneren Vaterobjekten gibt es noch eine dritte Variante, die die Definition der Vaterlosigkeit so schwierig macht. Es sind die ambivalenten Vaterbilder, in denen die guten und bösen Anteile etwa gleich verteilt sind. Durch diese Mischung können das vaterlos aufwachsende Kind und der spätere Erwachsene in einen tiefen Zwiespalt bei dem Wunsch geraten, sich mit dem verinnerlichten Vaterbild zu identifizieren. Die daraus erwachsende Orientierungslosigkeit führte bei der 13jährigen Marina zu einer schweren psychosexuellen Identitätskrise. Sie wurde von der Mutter wegen Depressionen und Selbstmordgedanken bei mir vorgestellt. Vor einiger Zeit war sie in einen lesbischen Frauenring geraten, in dem sie sexuell mißbraucht und sadistisch mißhandelt worden war. In der Therapie von Mutter und Tochter ließen sich die Ursachen für Marinas homosexuelle Neigungen ausreichend klären. Sie waren bereits mit Beginn der Pubertät seit dem zehnten Lebensjahr aufgetreten. Die Mutter, selbst ohne Eltern aufgewachsen, lernte mit einundzwanzig Jahren einen jungen Mediziner kennen, mit dem sie fünf Jahre verlobt war. Über die Geburt von Marina sagt sie: „Als sie da war, war ich froh, daß ich jemanden für mich hatte, ich war sehr egoistisch, ich habe mich um ihn gar nicht mehr gekümmert." Kurze Zeit später verzichtete sie auf die Heirat und trennte sich von dem Mann, der, wie sich herausstellte, die Tochter zu sich nehmen wollte, weil er die Mutter für erziehungsunfähig hielt. Die Mutter bekannte: „Dieses Argument ist jetzt für mich wahr geworden." Marina hat ihren Vater, der nach der Trennung ins Ausland ging, nie kennengelernt. Aber die Informationen, die sie über ihn seit früher Kindheit sammelte, haben ihn als höchst ambivalentes Vaterobjekt in ihr verankert. Die in ihrer Verzweiflung recht gesprächsoffene Mutter gestand: „Schon als Kind habe ich viel gelogen, ich lüge auch heute noch, und deswegen habe ich Marina schon als Kleinkind viele Lügengeschichten über ihren Vater erzählt, weil ich Angst hatte, sie könnte sich nach ihm sehnen und ihn vielleicht lieben, wenn sie sich einmal treffen würden." Marina erzählte, daß ihre Mutter nicht nur den Vater, sondern alle Männer schlechtmache, womit sie ihre, Marinas, ablehnende Haltung gegen Jungen regelrecht gezüchtet habe. So wurde die Befürchtung der Tochter verständlich, für immer lesbisch zu werden, und auch ihr zwanghaftes Bedürfnis nach sexuellen Beziehungen mit älteren Frauen.

Als ich sie fragte: „Was weißt du denn über deinen Vater und was fühlst du, wenn du an ihn denkst?", sagte sie: „Von meiner Mutter weiß ich, daß er ein rücksichtsloser Mann sein muß; aber meine Tante hat mir verraten, daß er wahrscheinlich ein tüchtiger Arzt geworden ist, damals gut aussah und immer sehr freundlich war. Offenbar hatten meine Eltern auch große sexuelle Probleme. Ich weiß nicht, was stimmt, und was ich denken soll. Wenn ich ihn mir herbeiphantasiere, taucht ein Gesicht mit zwei gespaltenen Hälften auf; die eine Seite ist düster und grimmig, die andere lacht immer. Ich verstehe nicht, warum er sich nicht mehr um mich gekümmert hat."

Marina ist depressiv und plagt sich mit Selbstmordgedanken, weil sie nicht weiß, wer sie ist. Der Riß, der durch ihre Person geht, ist die unversöhnliche Spaltung zwischen weiblich und männlich und zwischen gut und böse. Es ist die brennende Spannung der Ambivalenz, die solche Todessehnsucht auslöst. Die Suche nach dem „guten väterlichen Objekt" und der Wunsch, sich mit ihm zu identifizieren, bleibt äußerlich: Marina kleidet sich jungenhaft, trägt kurz geschnittenes, eng zurückgekämmtes Haar und übernimmt in ihren sexuellen Beziehungen den männlichen Part. Aber die Angst vor dem „bösen" Vater, der das verfolgende und vergewaltigende männliche Prinzip repräsentiert, läßt ihr nur die Flucht in die ihr vertraute Welt der Mutter. Daß ausgerechnet ältere Frauen sie mißbraucht und vergewaltigt haben, mußte ihr psychosexuelles Identitätsproblem zu einer lebensgefährlichen Katastrophe zuspitzen.

Die Berichte über Herrn A., Frau B. und Marina lassen bereits deutlich werden: Fragen der Vaterlosigkeit, des Vaterverlustes und der Vaterabwesenheit sind aufs engste mit der Art und Weise verbunden, wie die Restfamilie (Mutter, Geschwister, nahe Verwandte) und das weitere soziale Umfeld auf diese traumatischen Ereignisse reagieren.

Wie läßt sich nach der bisherigen Darstellung der Begriff der Vaterlosigkeit definieren? Alle Beispiele haben verdeutlicht, daß der Begriff nach psychologischem Verständnis ungenau ist. Ebenso, wie es im biologischen Sinne keine Vaterlosigkeit gibt, ist auch die komplexe Bedeutung nicht zu übersehen, die ein nicht anwesender und nie gekannter Vater in der Innenwelt des Kindes einnimmt. Ein Kind hat immer Phantasien über seinen Vater. Doch gibt es auch Menschen, die unterschiedliche Erfahrungen mit dem Vater gemacht haben, die sie dem Kind direkt oder indirekt vermitteln. Dennoch besteht nicht nur in der Realität, sondern auch in psychologischer Hinsicht ein erheblicher Unterschied zwischen Vaterlosigkeit, Vaterverlust und Vaterabwesenheit. Darauf werden wir später noch eingehen. Vaterlosigkeit soll hier als ein Zustand definiert werden, in dem das Kind über keinerlei bewußte Erfahrungen mit einem leiblichen Vater verfügt. Die Definition schließt alle Fälle ein, in denen das Kind auch im späteren Leben keine Chance haben wird, den Vater jemals kennenzulernen. Auch bei Marina war die Wahrscheinlichkeit einer späteren Begegnung wenig realistisch, da der Vater seit mehr als zehn Jahren spurlos im Ausland verschwunden war.

Der Tod des Vaters zwischen Schwangerschaft und dem neunten Lebensmonat des Kindes, in dem die bewußte Wahrnehmung des Vaters als separates Objekt erst beginnt, ferner die totale für immer besiegelte Trennung der Partner in diesem Zeitraum und unglückliche Schwängerungen durch flüchtig bekannte oder fremde Männer im Rahmen von Vergewaltigungen zählen zu den häufigsten Ursachen der Vaterlosigkeit. Ihre seelischen und psychosozialen Folgen sollen zusammen mit den beiden anderen Formen der Vaterentbehrung, dem Vaterverlust und der Vaterabwesenheit im fünften Kapitel gründlich erörtert werden.

2. Der Vaterverlust zwischen früher Kindheit und Pubertät

Es leuchtet ein, daß man nur etwas verlieren kann, was einmal existiert hat. Vaterverlust setzt daher im Unterschied zur Vaterlosigkeit die zeitlich begrenzte Erfahrung mit einem anwesenden Vater voraus. Nach dieser Definition bezeichnet der Verlust gleichzeitig etwas Endgültiges; der Vater ist auch in Zukunft nicht mehr als Person verfügbar. Der maßgebliche Zeitraum, in dem es zu dem traumatischen Ereignis kommen kann, erstreckt sich entsprechend den drei beschriebenen Entwicklungsphasen vom ersten Lebensjahr bis zur Pubertät und Adoleszenz. Auch danach kann der Verlust des Vaters einen äußerst schmerzhaften Lebenseinschnitt verursachen. Aber unter der Voraussetzung einer stabilen seelischen Entwicklung, wird er im späteren Leben ohne ernsthafte Gefährdung des inneren Gleichgewichts verarbeitet.

Wichtig für die Einschätzung der seelischen Folgen ist der Zeitpunkt, zu dem der Verlust eintritt. Je früher das Kind auf die Haltestrukturen des Vaters verzichten muß, um so gefährdeter ist es in seiner gesamten weiteren Entwicklung. Diese Tatsache wird durch sämtliche Untersuchungsergebnisse zur Vaterdeprivation belegt. Entwicklungspsychologisch ist klar, daß je nach Dauer und Intensität der väterlichen Verfügbarkeit die Identifizierungsmöglichkeiten zur Errichtung innerer Vaterbilder variieren. Entsprechend der drei entscheidenden Lebensphasen ist es daher zweckmäßig, zwischen einem frühen, mittleren und späten Vaterverlust zu unterscheiden. Ihre seelischen Auswirkungen lassen sich am anschaulichsten durch drei Fallbeschreibungen illustrieren:

Nur noch eine einzige Erinnerung – Vaterverlust in den ersten drei Lebensjahren

Einige der verzweigten Spuren eines frühen Vaterverlustes ließen sich bei Frau L. rekonstruieren. Die 50jährige Bibliothekarin suchte mich „nur für ein paar Beratungsstunden" wegen des „provokativen Verhaltens" ihres elfjährigen Adoptivsohnes auf. Als Therapeut muß man bei solchen Ankündigungen auf manche Überraschungen gefaßt sein. Diese ließen nicht lange auf sich warten. Bereits in der ersten Stunde erfuhr ich einige Lebensdaten von Frau L. Sie hatte ihren Vater bereits mit drei Jahren durch ein leichtsinnig provoziertes Bergunglück verloren. Sie verfügte nur über eine einzige Erinnerung an ihn: „Wir spielten im Garten. Er wirbelte mich in der Luft herum und lachte dabei. Mein rotes Kleidchen flatterte in der Luft." Aber es gab da noch etwas anderes. Ein dunkles Geheimnis. Vor vielen Jahren hatte sie wegen starker Selbstwertprobleme, Schwierigkeiten mit ihrer weiblichen Identität und Sexualstörungen in der Beziehung zu dem einzigen Mann in ihrem Leben eine längere Psychotherapie gemacht. Auf Grund dieser Symptomatik hatte die Therapeutin den Verdacht geäußert, ob Frau L. von ihrem Vater sexuell mißbraucht worden sein könnte. Der Verdacht fiel auf fruchtbaren Boden. Endlich gab es für Frau L. eine Erklärung für ihre sexuellen Schwierigkeiten und sie konnte ihre Versagensgefühle auf das Schuldkonto des Vaters buchen.

„Schrecklich der Verdacht, daß Ihr Vater Sie mit ein, zwei oder drei Jahren mißbraucht haben könnte", sagte ich und fragte ergänzend, ob sich durch die Aufdeckung des Geheimnisses ihre Abneigung gegen Männer gelöst hätte. „Nein", antwortete sie entschieden, „seit der Trennung von meinem Mann kurz vor der Adoption habe ich keinen anderen mehr gehabt und will es auch in der Zukunft nicht mehr. Ich hatte dann ja meinen Sohn. Er ist meine ganze Liebe." Obwohl Frau L. noch heute „sicher" war, von ihrem Vater „vergewaltigt" worden zu sein, wagte ich am Schluß der Stunde die Frage, ob in der Therapie auch die Trauer über seinen frühen Verlust thematisiert wurde. „Trauer über diesen Mann? Nein! Nach allem, was er mir angetan hat, empfand ich nur noch einen schrecklichen Haß."

Zur nächsten Stunde erschien Frau L. in deutlich gedrückter Stimmung. Sie sprach wieder nicht über ihren Sohn, sondern fragte mich, ob ich ihr die Geschichte mit ihrem Vater nicht geglaubt hätte. Die ganze Woche über sei sie sehr traurig gewesen, ohne zu wissen, warum. Darauf entspann sich folgender Dialog:

Ich sagte: „Ich weiß es nicht. Skeptisch bin ich, weil ich das Gefühl habe, daß Sie sich durch Ihren Verdacht vielleicht die Einsicht in tiefere Zusammenhänge verbauen."

Frau L.: „Ich finde, ein Verdacht reicht in diesem Fall aus, denn warum sonst sollte ich sexuell so verkorkst sein?"

Ich: „Weil Sie sich die Trauer um den Vater erspart haben. Durch Ihren Haß können Sie nur schwer einschätzen, was der Verlust für Sie bedeutet hat."

Frau L.: „Was hat das mit meiner Sexualität zu tun?"

Ich: „Ich glaube, daß Sie von Ihrer Mutter noch gar nicht richtig abgenabelt waren, als Ihr Vater verunglückte. Wahrscheinlich hat sie deswegen noch soviel Macht über Sie, wie Sie in der letzten Stunde erzählt haben. Der Vater konnte Ihnen nicht mehr helfen, sich besser von ihr zu lösen."

Frau L. stutzt: „Meine Mutter ist ja auch kein besonderes Vorbild für eine lustvoll gelebte Sexualität und Partnerschaft."

Ich: „Ja, leider. Und als Sie anfingen, Ihre eigene Sexualität zu entdecken, gab es keinen, an dem Sie Ihre kindlichen Phantasien erproben konnten, und der Sie in Ihrer Weiblichkeit bestätigte.

Wie sollten Sie dabei zu Ihrer Identität als Frau finden? Ist das nicht Grund genug zur Trauer?"

Um den Bericht hier abzukürzen, fasse ich die wichtigsten Schritte zusammen. (Aus den ursprünglich geplanten drei Beratungsstunden wurden fünfzig Therapiestunden, die sich mit längeren Intervallen über drei Jahre erstreckten.) Nach den bisher skizzierten Gesprächsinhalten war offensichtlich, daß Frau L. zunächst die Neubewertung ihres Vaterschicksals vornehmen mußte, bevor der Grund ihres Kommens, das „provokative Verhalten" ihres Adoptivsohnes, verstehbar wurde und bearbeitet werden konnte. Die Erkenntnis, daß weniger die vermuteten negativen Vatererfahrungen für ihre Lebensentwicklung verantwortlich waren, sondern der grundsätzliche Mangel an positiven Vaterfunktionen ab frühester Kindheit, leitete einen Trauerprozeß ein, in dessen Verlauf Frau L. die Folgen dieses Verlustes für ihre Gesamtpersönlichkeit schmerzhaft bewußt wurden. Sie betrafen nur nachrangig ihr gestörtes Verhältnis zur Sexualität, die offenbar in ihrer ersten Analyse im Vordergrund gestanden hatte. Viel tiefgreifender wirkten sich ihr mangelndes Vertrauen zu sich selbst, ausgedehnte Lebensängste und eine diffuse Unsicherheit und Orientierungslosigkeit im allgemeinen Umgang mit Männern aus. In all diesen Schwierigkeiten ließen sich bei genauerer Betrachtung die Spuren der Vaterentbehrung zurückverfolgen, die zu frühen Defiziten in der Ich-Entwicklung und in der Ausreifung eines gesunden Narzißmus geführt hatte. Die sexuellen Schwierigkeiten waren nur die zwangsläufige Folge.

Auf diesem Hintergrund ließ sich auch das Scheitern ihrer Ehe besser verstehen. Frau L. hatte „aus Vernunftgründen" einen intellektuell und sozial deutlich unterlegenen Mann geheiratet, der sich auf Dauer nicht für die Rolle des unbewußt ersehnten Vater-Ersatzes eignete. Nach dieser Erkenntnis konnte jetzt auch der Mutter-Sohn-Konflikt geklärt werden. Frau L. hatte sich das drei Monate alte indische Baby „angeschafft", um ihr labiles narzißtisches Gleichgewicht zu stabilisieren: „Es wurde zum festen Anker, ohne den ich zum Opfer meiner Nichtigkeit geworden wäre." Jetzt wurde sie zum Opfer ihrer umsorgenden Liebe, für die sie auf alle anderen Dinge im Leben verzichtete. Es hatte einen Sinn bekommen, sie fühlte sich stark und als Mutter bestätigt. Und sie wurde belohnt, denn der inzwischen elfjährige Sohn hatte sich bisher seelisch und sozial unauffällig entwickelt. Nur ihr gegenüber verhielt er sich in letzter Zeit zunehmend widerständisch, auch dies für Jungen in der beginnenden Pubertät keine Besonderheit. Aber Frau L. ahnte wohl, daß sich hinter Bemerkungen wie „Wenn du mich nicht mehr willst, gehe ich" oder „Wieviel hast du für mich bezahlt?" mehr verbarg. Sie bekam begründete Angst und suchte deswegen die „Beratung" auf. Sie stellte sich mutig der Aufklärung der anstehenden Konflikte. Freimütig erzählte sie einen Traum kurz nach der Nachricht über die geglückte Adoption vor elf Jahren: „Ich träumte von einem vierzehnjährigen sehr schönen Jüngling, der den gleichen Namen wie mein Sohn heute hat." Aus der Tatsache, daß sie es war, die dem Sohn später den Traumnamen gab, konnte Frau L. ihren offenbar schon früh bestehenden unbewußten Partnerwunsch an ihn selbst deuten. Sie war deswegen nicht sonderlich überrascht, als sie in der Nacht nach dieser Erkenntnis träumte, sie sei mit ihrem Sohn verheiratet. In eine dramatische Krise geriet sie jedoch, als ihr durch weitere Träume, Phantasien und konkrete Alltagsreaktionen bewußt wurde, daß der Sohn nicht nur Lebensstütze und Partnerersatz war, sondern in einer noch tieferen Ebene den früh verlorenen Vater ersetzen sollte. Dieser Sachverhalt, in der Fachsprache als Parentifizierung bezeichnet (aus dem Lateinischen parentes = Eltern), meint die Rollenumkehr im Eltern-Kind-Verhältnis. Dabei rückt ein Kind an die Stelle eines Elternteils und muß dessen Funktionen übernehmen, während der entsprechende Elternteil in die Kindrolle regrediert.

Tatsächlich entwickelte Frau L. in dieser kritischen Phase der Therapie existentielle Ängste vor einer unheilbaren Krankheit und Arbeitsunfähigkeit; sie fühlte sich völlig kraftlos und litt unter Zuständen körperlicher Erstarrung, in denen sie „zusammengeschrumpft wie ein Säugling" stundenlang im Bett lag, „eine kleine graue Maus in einer Totenlandschaft aus Einsamkeit und Leere". Die Therapie hatte ihr das stützende Objekt entrissen. Sie mußte ihren Sohn freigeben. Sein Protest war ein Aufstand gegen die mütterliche Vereinnahmung und Rollenzuschreibung. Alles das konnte Frau L. jetzt sehen, aber die Erkenntnis stürzte sie zunächst ins Bodenlose.

Solche Phasen sind in keiner Therapie zu vermeiden, weil jede grundlegende Veränderung mit Angst, Schmerz und tiefen Schamgefühlen verbunden ist. Die verdrängte Trauer über den frühen Verlust des Vaters zuzulassen stand am Anfang einer Entwicklung, in deren Verlauf Frau L. die eigene Mutter entdämonisieren und sich von ihr lösen konnte, bei der sie ihren Sohn loslassen konnte und schrittweise ihre Autonomie einleitete. Da sie über eine ursprüngliche Vitalität verfügte und ihr Intelligenz, Begabung und Phantasie zu Hilfe kamen, stand ihr ein weites Feld der Nachreifung offen. Sie baute sich ein enges Netz von sozialen Kontakten auf, fand ihre Lebensfreude in vielen musischen und körperlichen Aktivitäten wieder und nahm intime Partnerbeziehungen auf, als die bis dahin brachliegende Sexualität und das Gefühl für ihre Weiblichkeit „wie Blitze" in ihr neues Selbstbild „einschlugen". Vor einer der letzten Stunden träumte sie: „Ich nehme eine tote Pflanze aus einem Übertopf. Darunter kommt eine wunderschöne Jugendstilschale zum Vorschein." Wenn der Verlust des Vaters betrauert und sein Tod akzeptiert werden kann, erblüht das Leben in junger Fülle.

Zwischen Unterwerfung und Rebellion – Vaterverlust in der ersten ödipalen Phase

Herr K., ein 34jähriger Bauingenieur, litt unter einer depressiv-zwanghaften Symptomatik mit allgemeiner Gehemmtheit und Ängstlichkeit, Überangepaßtheit, Konfliktscheu, Durchsetzungsschwierigkeiten im Beruf und Beziehungsproblemen in Partnerschaften. Er erlebte sich selbst als schwerfällig, starr und zähflüssig und empfand das Leben durch seine zwanghafte Arbeitsmoral nur als Anstrengung. Wegen einer tiefen Angst vor Ablehnung und Trennungsverlust hatte er in seinen vielen Frauenbeziehungen wirkliche Nähe und Hingabe noch nie zugelassen. Er wechselte zwischen Dreiecks- und Doppelbeziehungen, einige Frauen waren wesentlich älter als er, andere stammten aus exotischen Ländern. Eigentlich war er immer auf der Flucht.

Herr K. entstammte einer Bauernfamilie, in die die Mutter „aus höherem Haus" nach dem Abitur eingeheiratet hatte. Er war der jüngste und einzige Sohn von drei Geschwistern. Als er fünf Jahre alt war, starb der Vater plötzlich bei der Feldarbeit an einem Herzinfarkt. Bis auf das Bild eines hart arbeitenden, strengen Mannes hatte er kaum Erinnerungen an ihn. Nach seinem Tod lebte die Familie immer am Rande der Armut. Etwas wehmütig berichtete Herr K. im Vorgespräch über seine entbehrungsreiche Kindheit. Als Sohn mußte er zu allen Jahreszeiten schwerste körperliche Arbeit verrichten. Da er ein guter Schüler war, durfte er das Gymnasium besuchen und, dem mütterlichen Ehrgeiz entsprechend, danach studieren. Die älteren Schwestern waren bereits aus dem Haus und die durch ihr Schicksal zunehmend verbitterte Mutter fristete mit dreißig Katzen ihr asketisches Dasein auf dem Hof weiter. Als sich Herr K. bei mir vorstellte, war er gerade zum Abteilungsleiter in einem größeren Ingenieurbüro aufgestiegen.

Bereits in der ersten Behandlungsstunde berichtete Herr K. einen Traum aus der Vornacht. Solche Träume am Beginn einer Analyse werden als „Initialträume" bezeichnet, die sowohl Rückschlüsse auf zentrale innere Konflikte aus der Vergangenheit zulassen, als auch die Richtung andeuten, die ihre Lösung im Laufe der Therapie nehmen wird. Der Traum lautete: „Ich mußte eine Prüfung machen. Sie fand bei Ihnen statt. Für mich bestand das Problem, daß es um Gefühle ging, die man schwer prüfen kann. Ich hatte große Angst, zu versagen. Dann sah ich plötzlich, daß Sie hinter dem Rücken ein Holzkreuz trugen, an das Sie gefesselt waren. Ich hatte erwartet, daß Sie daran leiden, aber Sie waren guter Stimmung. Ich wunderte mich, daß Sie damit so gut zurechtkommen."

Die für Analysen ungewöhnliche Tatsache, daß ich bereits im Initialtraum auftauchte, wies darauf hin, daß die Auseinandersetzung um den Vater eine zentrale Rolle spielen würde. Es handelte sich um einen klassischen Übertragungstraum, bei dem Bilder und Erfahrungen mit nahestehenden Menschen in der Kindheit auf eine Person der Gegenwart „übertragen" werden. Prüfungen und die Angst, an ihnen zu scheitern, sind uns nicht nur aus Träumen, sondern aus Mythen, Märchen und Dichtungen in ihrer archetypischen Bedeutung bekannt. Sie symbolisieren Reifungsschritte, die bei jeder neuen Lebensstufe bestanden werden müssen. Prüfungen sind gesellschaftlich institutionalisierte Rituale. Erst wenn man ihre Anforderungen erfüllt, wird man als verantwortliches und kompetentes Mitglied in die Gemeinschaft aufgenommen, erst dann ist man „erwachsen".

Würde Herr K. mit Hilfe der Analyse diesen Schritt schaffen? Würde ich als Vatervertreter und Hüter der gesellschaftlichen Erwartungen seine Gefühlswelt zu dieser Reife bringen, so abgespalten wie sie bisher unter einer starren Maske verborgen lag? Im ersten Traumteil steht die Unterwerfungsgeste des Sohnes gegenüber dem prüfenden Vater im Vordergrund, aber bereits der zweite zeigt die darunterliegende Auflehnung. Der unbewußte Wunsch phantasiert sich einen ans Kreuz gefesselten Vater. Er wird seiner patriarchalen Macht beraubt und ist in dieser Lage unfähig, den Sohn für sein Versagen zu bestrafen. Diese Kampfansage ist für den Patienten noch zu gefährlich. Er erwartet zwar, daß der Vater „leidet", aber die Traumzensur kehrt den verpönten Impuls in sein Gegenteil: der Vater ist „guter Stimmung" und scheint mit der Aggression des Sohnes „gut zurechtzukommen".

Herrn K. fiel zu dem Traum „nichts ein". Zu fern und gefährlich war ihm am Beginn der Analyse noch die Auseinandersetzung mit dem Vaterthema und seine Wiederholung in der Übertragung zu mir. Ich fasse auch hier wieder die wichtigsten Inhalte und Entwicklungsstufen der Therapie zusammen. Wie zu erwarten, bildete in ihrem Verlauf der unbewältigte Ödipuskomplex das Zentrum. Zu Beginn der Behandlung stand Herr K. noch ganz unter dem mächtigen Schatten des Vaters. In manchen Verhaltensweisen schien er wie der Fünfjährige zu sein, dessen Weiterentwicklung durch den plötzlichen Tod des Vaters wie abgeschnitten wirkte. So wie damals unterwarf er sich auch heute noch jeder männlichen Autorität und ersehnte sich von ihr wohlwollende Nähe und Unterstützung. Seine Vorgesetzten schätzten ihn wegen dieser Eigenschaften, zumal er in seiner Arbeit ungewöhnlich fleißig und gewissenhaft war. Sein Wunsch, von der Vaterautorität geliebt zu werden, drückte sich auch in der Übertragung zu mir in vielen Träumen aus, von denen ich zwei zitiere:

„Ich lag hier auf der Couch und rückte immer höher. Sie fragten: ‚Merken Sie, daß Sie immer näher rücken?' Ich hatte es schon wahrgenommen, aber das verunsicherte mich. Sie sagten, das sei doch viel familiärer. Dann standen Sie auf, legten mir eine Hand auf die Schulter. Sie waren sehr ergriffen und bewegt, sagten, es sei sehr gut, daß ich das zulassen könnte."

„Ich war hier. Nach der Stunde haben Sie gesagt, demnächst könnten wir auch mal ein Glas Bier zusammen trinken gehen. Danach gehen wir zusammen aus dem Haus. Sie sagen, Sie können mich noch ein Stück in Ihrem Auto mitnehmen. Wir steigen zusammen ein, und Sie fahren los."

Beide Träume drücken die Sehnsucht des Patienten nach körperlicher Nähe und familiärer Zugehörigkeit unverhüllt aus. In der psychoanalytischen Symbolsprache stellt das Auto Aspekte des Selbst dar. Im Auto des Analytikers mitzufahren, läßt sich als Wunsch deuten, an dessen Selbst zu partizipieren und zu reifen.

Die beschriebene Gesamtproblematik von Herrn K. zeigt, wie hoch der Preis ist, den er für seine Unterwerfungsbereitschaft unter die Vaterautorität zu zahlen hat. Aus fachlicher Sicht handelt es sich hierbei um das Stadium des „negativen Ödipuskomplexes", der entwicklungspsychologisch dem „positiven" vorangeht, bis der Gesamtkomplex im Laufe der weiteren Reifung ganz aufgelöst wird. Der „negative Ödipuskomplex" ist hauptsächlich durch drei Merkmale gekennzeichnet. Erstens durch die beschriebene Unterwerfungshaltung, die zeitweilig feminine und homosexuelle Züge annehmen kann. Das zweite Merkmal ist durch ein stark ausgeprägtes Über-Ich gekennzeichnet, das durch die Verinnerlichung väterlicher Ge- und Verbote entsteht. Die Moral des Patienten, sein Verantwortungsgefühl, sein Pflichtbewußtsein und die drückende Last seines Schuldgefühls zeigten ein tyrannisches Über-Ich am Werk, das primär dem Einfluß seines Vaters entstammte. Daß es diese Macht aber erhalten hatte, hing mit dessen unerwarteten Tod zusammen. Durch ihn wurde dem Sohn die Möglichkeit entzogen, im Rahmen der notwendigen Rivalität mit dem Vater sein eigenes Normensystem zu entwickeln und dadurch den Zugriff des Über-Ich zu lockern und im Sinne eines eigenen Selbstbildes zu modifizieren. Seine Gefühlsstarre und Unlebendigkeit wurden im Laufe der Therapie immer deutlicher als Niederschläge seines rigorosen Gewissens erkennbar.

Das dritte Merkmal liegt in der Unfähigkeit zu tieferen heterosexuellen Gefühlsbindungen. Zum Zeitpunkt als der Vater starb war Herr K. emotional noch stark auf die Mutter bezogen, durfte aber seine Gefühle wegen des bestehenden Inzesttabus wenig zum Ausdruck bringen. Im Gegenteil wehrte er sie ab, woraus eine heftige Gefühlsambivalenz zur Mutter resultierte, die bis zum Beginn der Therapie fortbestand. Erst durch seine normale Verarbeitung des Ödipuskonfliktes hätte er die libidinöse Bindung an die Mutter aufgeben und auf außerfamiliäre Beziehungen übertragen können. So aber blieb er in der Ambivalenz stecken, die in ihrer distanzierenden und destruktiven Form alle späteren Liebesbeziehungen einfärbte und scheitern ließ.

Erst nach der Bearbeitung des „negativen Ödipuskomplexes" durch die Therapie kam es zu einer dramatischen Wende. Vorboten hierzu bildeten wieder Träume, in denen nervenzerfetzende Wettrennen, wilde Verfolgungen und brutale Kämpfe mit anderen Männern, die nicht selten tödlich endeten, so manchen Actionthriller mit ihrer Bildgewalt in den Schatten stellten. Sie gipfelten in einem Traum, von dem Herr K. nur noch eine Szene erinnerte: „Ich erschlug Adolf Hitler." Damit hatte er, zunächst im Traum, wie Ödipus den Vater-Tyrannen endgültig beseitigt. Auch in der Realität vollzog sich mit Herrn K. ein Wandel, mit dem niemand in seiner Umwelt gerechnet hatte. Aus dem höflichen und angepaßten Abteilungsleiter wurde ein aufrührerischer Rebell, der sich mit allen anlegte, die ihm in die Quere kamen, Vorgesetzte, Gruppenleiter, gleichgestellte Kollegen, Untergebene und – sein Analytiker. Bei aller Kraft, die es kostet, sich den heftigen Aggressionen und Entwertungen von Patienten auszusetzen, freut sich zunächst nur der Therapeut über den „positiven Ödipuskomplex", weil er darin ein Zeichen der Heilung entdeckt. Die Konflikte mit dem sozialen Umfeld lassen nicht lange auf sich warten. Deswegen schreckte Herr K. zuerst vor soviel neu gewonnener Courage zurück, sie machte ihm Angst, aber er konnte nicht anders. Die verdrängte Energie ließ sich nicht länger zügeln. Er fühlte sich allerdings durch die Zuversicht des Therapeuten gehalten, der ihn auf seinem Weg begleitete.

Die Besetzung des Ich des Patienten mit aggressiver Energie war notwendig, um eigene Interessen besser wahrnehmen und selbstbewußter durchsetzen zu können und zur Befreiung aus der Über-Ich-Tyrannei. Am Ende der Therapie hatte Herr K. gelernt, die aus der Verdrängung gelösten, zunächst überschießenden Kräfte selbst zu bändigen und in kontrolliertes soziales Handeln einzubinden. Mit der wachsenden Lebendigkeit wurden auch die eingefrorenen Gefühle nach dem Trauma des Vaterverlustes in eine erlebbare Trauer verwandelt. In ihrem Verlauf tauchten langsam wieder Erinnerungen an einen positiven Vater auf, an die Fähigkeiten, die er seinem Sohn bei allen Arbeiten auf dem Bauernhof beigebracht hatte, an seine Fürsorglichkeit und Verläßlichkeit, die dem Patienten schließlich halfen, sich mit seinem Vaterschicksal zu versöhnen.

Erst nach der Durcharbeitung des ödipalen Dramas war Herr K. in der Lage, Gefühle von Hingabe und Zusammengehörigkeit zu einer Frau zuzulassen, mit der er im letzten Jahr der Analyse zusammenlebte. Ein halbes Jahr nach Therapieende schickte er mir eine Heiratsanzeige und ein Jahr später das Foto eines pausbäckigen Babys. Er hatte seine Identität als Mann gefunden.

Die Schilderung der Behandlung von Herrn K. konnte sicher zeigen, daß der Vaterverlust in der ersten ödipalen Phase zu einer tragischen Stagnation der nachfolgenden Reifungsschritte führen kann. Die Defizite sind aber im Rahmen einer Therapie oftmals deswegen relativ leicht auszugleichen, weil die Anwesenheit des Vaters bis etwa zum fünften Lebensjahr wichtige Grundsteine für die psychische Struktur des Kindes wie die Ausbildung einer Gewissensinstanz, soziale Kompetenzen und kognitive Fähigkeiten gelegt hat, die im Sinne des Realitätsprinzips günstige Vorbedingungen zur Nachreifung und Bewältigung späterer Lebensaufgaben stellen.

Es sind die inneren Bilder von einem Vater, die Orientierung bieten und den jungen Mann auf seinem Weg ins Leben begleiten. Voraussetzung dafür sind ausreichend „gute" Vateranteile, die das Kind noch zu Lebzeiten des Vaters verinnerlichen konnte.

„Wer bin ich?" – Identitätskrise und Vaterverlust in der Pubertät

Die entwicklungspsychologischen Theorien über die Bedeutung des Vaters zwischen Geburt und Pubertät legen die Annahme nahe, daß der späte Vaterverlust in der zweiten ödipalen Phase das vergleichsweise mildeste Trauma erzeugt. Tatsächlich zeigt die Untersuchung von Scheidungskindern, die erst relativ spät von der Vaterentbehrung betroffen werden, den geringsten Grad an psychischer Belastung und psychosozialen Langzeitschäden. Wenn man jedoch die bereits beschriebenen Besonderheiten der Pubertät und Adoleszenz berücksichtigt, sind solche Forschungsergebnisse kein Anlaß zur Beruhigung. Sie basieren auf Durchschnittserfahrungen an größeren Gruppen, sagen aber nur wenig über die Verarbeitung des Traumas im Einzelfall aus. Außerdem erfassen sie nur die gröberen Störungen, während das subtile Leiden in empirischen Studien meist unentdeckt bleibt.

Bei keiner erlebten Trennung oder Scheidung während der Pubertät lassen sich dramatische Entwicklungen ausschließen und in ihrer Langzeitwirkung zuverlässig einschätzen. Die Frage spielt für scheidungswillige Eltern, die die Trennung mit Rücksicht auf die Kinder hinausschieben wollen, bis sie „erwachsen" sind, eine entscheidende Rolle. Wann sind Kinder „erwachsen"? Wenn man die Lebenszyklen zugrunde legt, fühlt sich der einzelne erst erwachsen, und wird von der Gesellschaft als Erwachsener anerkannt, wenn er sich definitiv vom Elternhaus und jeder elterlichen Unterstützung gelöst hat, einen Beruf ausübt und in der Regel in einer festen Partnerschaft mit oder ohne eigene Familiengründung lebt. Unter diesen Bedingungen sind das soziale Netz und die neu eingegangenen emotionalen Bindungen stabil genug, um den Verlust eines Elternteils relativ ungefährdet zu verarbeiten. Eltern, die ihre Kinder schon ab der Pubertät für „erwachsen" genug halten, eine Scheidung zu verschmerzen, können einer schweren Täuschung unterliegen. In der Praxis ist man immer wieder überrascht, mit welchem Ausmaß an Depressionen, Resignation und Verzweiflung gerade Jugendliche auf die Trennung der Eltern reagieren, zumal dann, wenn sie mit dem definitiven Verlust eines Elternteils verbunden ist, die Eltern also zu keiner kooperativen Lösung nach der Scheidung in der Lage sind. Neben der Heftigkeit der Affekte kann es auch in diesem Alter noch zu einem sozialen Versagen kommen, das, in Summation mit anderen ungünstigen Lebensbedingungen, kriminelle Entgleisungen nicht ausschließt. Wenn man sich in diesem Zusammenhang nochmal die verschiedenen Facetten der

Pubertäts- und Identitätskrise vergegenwärtigt, die viele Jugendliche auch unter intakten Familienverhältnissen zu bewältigen haben, wird verständlicher, warum besonders der Verlust des Vaters in dieser Zeit zur psychischen Katastrophe werden kann. Für Jungen und Mädchen gleichermaßen bildet der Vater in ihren Sinn- und Orientierungskrisen eine wichtige Verbindung zur Außenwelt. Die notwendigen Identifikationen dienen der Vermittlung gesellschaftlicher und politischer Wertmaßstäbe, der Stiftung beruflicher Selbstentwürfe und der Festigung der eigenen psychosexuellen Identität. Unter seinem Verlust können diese Stützen plötzlich wegbrechen, und der Jugendliche wird noch stärker in die Strudel seiner Verwirrungen hineingezogen.

Der folgende Fall hat mich lange beschäftigt. Detlef war zwanzig Jahre alt, als er von einem mir bekannten Kollegen lediglich wegen „Schulproblemen" überwiesen wurde. Beim ersten Gespräch ließ ich mir die Gründe für sein Kommen genauer schildern und erfragte die wichtigsten Daten zu seiner Biographie. Der sympathische junge Mann erzählte freimütig über die Schwierigkeiten in der Schule. Er wolle zwar das Abitur machen, habe aber keinerlei Motivation mehr, könne sich im Unterricht nicht konzentrieren und fehle deswegen häufig. Nach zweimaligem Sitzenbleiben sei er gerade mit Mühe und Not versetzt worden, weil er den Lehrern große Versprechungen gemacht habe, sich zu bessern. Einen Grund für sein Schulversagen konnte er nicht benennen. „Etwa vor sechs Jahren fing es an, wurde dann immer schlimmer, in letzter Zeit schleppe ich mich nur noch so durch." Bei der Frage, was vor sechs Jahren passiert sei, fiel Detlef sein Vater ein. Etwa zu dieser Zeit habe er von heute auf morgen die Familie verlassen und sich beruflich ins Ausland versetzen lassen. Seitdem sei kein Lebenszeichen mehr von ihm gekommen. Als Grund für das plötzliche Verschwinden stellte sich heraus, daß die Mutter einen Freund hatte, mit dem sie kurze Zeit später zusammenzog und ihn heiratete. Nach Schilderungen von Detlef hatte sie offenbar den Vater gedrängt, auch den Kontakt zu seinem Sohn abzubrechen, um ihm die Gewöhnung an den Stiefvater zu erleichtern. Dafür wollte sie auf jeden Unterhalt für sich und ihr einziges Kind verzichten. Mehr Einzelheiten wußte Detlef nicht. Er habe nach dem Auszug des Vaters ein Jahr lang fast nur noch vor dem Computer verbracht. Am Schluß der Stunde berichtete er fast beiläufig, daß er gelegentlich Haschisch rauche.

In der folgenden Stunde griff ich diese Bemerkung auf, ohne zu ahnen, was sich dahinter verbarg. Es stellte sich heraus, daß Detlef seit einigen Jahren zusammen mit einem Freund nächtelang Haschisch rauchte und seit einiger Zeit auch dealte. Kurz vor der Überweisung zu mir war er von einem Abnehmer um sechstausend Mark betrogen worden. Seine Mutter, eine erfolgreiche Redakteurin, hatte ihm das Geld aus Angst vor Racheakten des Händlers erstattet. Nach dieser Sachlage war klar, daß die Schulprobleme von Detlef eng mit seinem Haschischkonsum zusammenhingen. Es gilt wissenschaftlich inzwischen als erwiesen, daß der chronische und starke Konsum dieser Droge zu Konzentrations- und Gedächtnisstörungen, einer Abnahme der allgemeinen Aktivität und Motivation, zur ständigen Übermüdung und depressiven Grundstimmungen führt.

Am Schluß der Stunde bot ich Detlef eine Therapie unter der Bedingung an, daß er den Haschischkonsum einstelle und nicht, wie geplant, mit dem Freund in eine gemeinsame Wohnung ziehe. Der Freund nahm auch härtere Drogen, dealte ebenfalls, war inzwischen in seiner Schul- und Berufsausbildung endgültig gescheitert und war mit seiner Sucht eine gefährliche Versuchung für Detlef.

„Ja, ich verstehe", sagte Detlef, „ich müßte mit dem Haschisch aufhören. Es löst meine Probleme nicht, sondern reitet mich immer mehr rein. Aber ich weiß nicht, ob ich es schaffe. Ich habe Angst, ich kann es nicht mehr kontrollieren. Wir haben jetzt drei Wochen Weihnachtsferien. Danach werde ich versuchen aufzuhören."

Ich: „Warum erst danach?"

Detlef: „Weil dann die Schule wieder beginnt. Und wenn ich nachts so lange rauche, komme ich morgens nicht aus dem Bett."

Ich: „Versuchen Sie es sofort. Solange Sie rauchen, erscheint mir eine Therapie wenig sinnvoll, weil Sie die Probleme mit dem Haschisch wunderbar zudecken können. Und wenn Sie denken, Sie und Ihr Freund könnten sich durch das Zusammenziehen gegenseitig helfen, frage ich Sie, ob Sie schon einmal zwei Schafe erlebt haben, die in einen Sumpf geraten sind und sich da gegenseitig wieder rausziehen."

Detlef reiste mit seiner Mutter und dem Stiefvater in die Ferien. Wir hatten verabredet, daß er sich danach wieder melden solle, falls er sich zu einer Therapie entschieden habe. Die weiteren sieben Stunden endeten mit einem Rausschmiß. Nach den Ferien war Detlef wie verändert und hatte sich zur Therapie entschlossen. Er habe in der Zwischenzeit kein Haschisch geraucht. Er war optimistisch, es weiter zu schaffen. Nach einer schweren Auseinandersetzung mit dem Stiefvater sei er wie befreit gewesen; sie hätten ihre Beziehung gut klären können, und danach „war es fast wie in einer richtigen Familie". Aber der erneute Einbruch ließ nicht lange auf sich warten. Unter dem Einfluß seines Freundes setzte er das Rauchen fort und schwänzte wieder die Schule, erfand dafür fadenscheinige Ausreden, kam immer öfter zu spät zur Behandlungsstunde und blieb im Gespräch unter der Maske des braven und reumütigen Jungen in oberflächlichem Geplauder hängen. In der neunten Stunde teilte er mir mit, daß er in der nächsten Woche mit seinem Freund eine gemeinsame Wohnung beziehen werde. An dieser Stelle konfrontierte ich ihn nochmal hart mit meinen Bedingungen: „Wenn Sie mit Ihrem Freund zusammenziehen statt sich von ihm und dem anderen Freundeskreis zu trennen, der Sie immer wieder in den Drogenkonsum reinzieht, und wenn Sie nicht ab sofort regelmäßig zur Schule gehen, sehe ich keinen Sinn mehr in der Therapie. Sie können es sich nochmal überlegen und wiederkommen, wenn Sie die äußeren Dinge entsprechend geregelt haben." Detlef war schockiert. „Das ist ein Schuß vor den Bug." Er sehe ein, daß ich recht hätte. Wenn es so weiterginge, werde er nie Abitur machen und studieren. Er werde es sich überlegen und mir nach den Osterferien seine Entscheidung mitteilen. Er hat sich seitdem nicht wieder gemeldet. Ich mußte oft an ihn denken und war im Zweifel, ob meine Härte gerechtfertigt war. Wie würde es mit ihm weitergehen?

Etwa eineinhalb Jahre nach dem Therapieabbruch traf ich den Kollegen, der mir Detlef überwiesen hatte. „Das war ja ein Meisterstück, das Sie da vollbracht haben", lachte er. Ich wußte nicht, wovon er sprach. „Na, Detlef, erinnern Sie sich nicht, der

Junge, den Sie vor die Tür gesetzt haben?" So erfuhr ich, daß Detlef vor kurzem das Abitur bestanden und mit dem Studium begonnen hatte. Er wohnte in einer eigenen Wohnung. Das Haschischproblem schien endgültig erledigt. „Er ist ein sehr netter Junge geworden. Alle sind von ihm begeistert." Ich war erleichtert und freute mich. Manchmal muß man als Therapeut Risiken eingehen und den Selbstheilungskräften des Patienten vertrauen. Nachträglich ist mir klar, daß Detlef genügend Stabilität aufbauen konnte, da sein Vater ihm bis in die Pubertät zur Verfügung stand. Auf dem Höhepunkt seiner Krise, dem Abrutschen in die Drogenkriminalität, so könnte eine Deutung lauten, suchte er einen Therapeuten auf, der ihm als männliche Autorität noch einmal seine Grenzen aufzeigen mußte, so, wie er es sich vielleicht von seinem Vater gewünscht hätte. Zu dieser Deutung paßt, daß Detlef ein halbes Jahr, bevor er mich konsultierte, bei einer erfahrenen Therapeutin war, den Kontakt zu ihr aber nach zwei Stunden von sich aus abgebrochen hatte. Letztlich waren es die bis zur Pubertät verinnerlichten positiven Vateranteile, die entscheidend zu Detlefs Rettung beitrugen.

3. Warten auf ein Wiedersehen – Formen der Vaterabwesenheit

Die Notwendigkeit, zwischen Vaterlosigkeit, Vaterverlust und Vaterabwesenheit als verschiedene Formen der Vaterentbehrung zu unterscheiden, wird besonders bei der Beschreibung der dritten Variante deutlich.

Bei der Vaterabwesenheit handelt es sich um eine unbestimmte Form der Vaterentbehrung, die durch ihre zahlreichen Muster eine einheitliche Definition erschwert. Diese Schwierigkeit spiegelt sich auch in der Forschung wieder. Fthenakis referiert in seinem bekannten Handbuch „Väter" in einem ausführlichen Kapitel „Auswirkungen der Vaterabwesenheit auf die Entwicklung des Kindes" die internationale wissenschaftliche Literatur zu diesem Thema. In seinem kritischen Überblick wird deutlich, daß Vaterabwesenheit für alle Zustände von Vaterentbehrung steht und von der Vaterlosigkeit über den Vaterverlust bis zur „berufsbedingten Abwesenheit des Vaters während des Mittagessens" reicht. Um solche nichtssagenden Beispiele von ernsteren abgrenzen zu können, wird in der Forschung zwischen dauernder und vorübergehender Abwesenheit unterschieden. Sie sagt jedoch wenig über den Grad der Verfügbarkeit des Vaters aus. Denn: „Auch bei dauernder Abwesenheit des Vaters, z. B. in Folge einer Scheidung der Eltern, können regelmäßige Kontakte zwischen Vater und Kind stattfinden."[22]

Beim Begriff der Vaterabwesenheit bewegen wir uns also auf einem äußerst unübersichtlichen Gelände. Ob der Vater zur See fährt, seinen Militärdienst leistet, zum Krieg eingezogen wird, ob er aus beruflichen Gründen häufig zweitägige oder dreimonatige Reisen unternehmen muß, überwiegend im Nachtdienst tätig ist, als Unternehmer, Politiker, Manager und in vielen selbständigen Berufen bis zu zwölf und vierzehn Stunden täglich arbeitet, oder schließlich, ob er geschieden ist und seine Kinder nur alle vier Wochen, alle vierzehn Tage, jede Woche oder täglich sehen kann – immer handelt es sich um Abwesenheitszustände, die noch keine schlüssige Aussagen über die Qualität der Beziehung und den Grad der negativen Auswirkungen zulassen. Dichter Nebel breitet sich besonders dann über dem Gelände aus, wenn, wie bereits erörtert, bei allen Differenzierungsschwierigkeiten die Vaterabwesenheit zusätzlich mit dem Etikett der „Vaterlosen Gesellschaft" ideologisch aufgeheizt und zum kollektiven Phänomen deklariert wird. Kein Wunder, wenn dabei alle Väter plötzlich „unsichtbar" und „ausgelöscht" werden, hinter jedem Baum und Strauch „spurlos verschwinden", sich in „Nichts" auflösen und „verlorengehen".

Jenseits dieser Geisterlandschaft bleibt die ernstere Frage, wie denn der Begriff der Vaterabwesenheit in Abgrenzung von der Vaterlosigkeit und dem Vaterverlust aus dem Reich der Beliebigkeit erlöst und als relevanter entwicklungspsychologischer Tatbestand definiert werden kann.

Dazu ein literarisches Beispiel, nämlich Fjodor Dostojewskis Roman „Der Jüngling". Er handelt von einer „zufälligen" Familie, die aus dem Gutsbesitzer Wersilow, seiner früheren Magd Sofia und ihren zwei nichtehelichen Kindern Arkadi und Lisa besteht. Die Eltern leben in einer freien Beziehung zusammen, weil

Sofia bis zum Tod ihres legitimen Mannes, des ehemaligen Leibeigenen Dolgoruki, an die Heirat gebunden ist. Seine Modernität verdankt der Roman der psychologischen Struktur, wodurch sich das Geschehen unschwer auf die heutige Familienlandschaft übertragen läßt. Der Roman hat die Form eines Tagebuchs und stellt aus der Perspektive des Sohnes Arkadi das Thema der Vaterabwesenheit ins Zentrum. Arkadi beginnt sein Tagebuch mit einundzwanzig Jahren, ein Jahr nach der Wiederbegegnung mit seinem Vater, die zu einer dramatischen Auseinandersetzung und späteren Versöhnung zwischen beiden führen sollte. Als kleiner Junge war er in ein Internat in Moskau gegeben worden, wo er eine einsame Kindheit verbrachte, während die Eltern im fernen Petersburg lebten und der Vater häufige Reisen nach Westeuropa unternahm. Trotz der langen Jahre seiner Abwesenheit blieb er für den Jungen schmerzhaft nahe. „In allen meinen Träumereien, von meiner Kindheit an, hatte ich mich mit ihm beschäftigt; meine Gedanken hatten sich um ihn gedreht; er war immer der definitive Endpunkt gewesen. Ich weiß nicht, ob ich ihn gehaßt oder geliebt hatte; aber er hatte mit seiner Persönlichkeit alle meine Gedanken an die Zukunft, alle meine Spekulationen auf das Leben angefüllt ... Ich will nun endlich ein volles Geständnis ablegen: dieser Mensch war mir teuer."

Im Gefühl, von seinem Vater gedemütigt, verlassen und enttäuscht worden zu sein, schwankend zwischen Verachtung und Idealisierung, folgt er mit zwanzig Jahren der unerwarteten Einladung des Vaters nach Petersburg. Er nimmt sich vor, bei seinem Besuch alle Rätsel um dessen unbegreifliches Verhalten zu lösen, um danach endgültig mit ihm zu brechen. Seine Trennungsabsichten scheitern an einer einzigen Erinnerung, die er bewahrt hat seit er den Vater vor elf Jahren das letzte Mal einen Abend lang gesehen hatte. Er war nach Moskau gekommen, um als Laienspieler in einer Komödie aufzutreten. Arkadi erinnert sich an jedes Detail dieser Begegnung und ruft sie im Familienkreis dem Vater ins Gedächtnis zurück: „Ich konnte mich an Ihnen gar nicht satt sehen; was hatten Sie für wundervolles Haar, fast ganz schwarz mit einem glänzenden Schimmer ... Dazu kamen noch die feurigen, dunklen Augen und die blitzenden Zähne, besonders wenn Sie lachten. Sie fingen nämlich, als ich eintrat, bei meinem Anblick an zu lachen; ich besaß damals nur wenig Urteilskraft, und Ihr Lachen machte mich nur fröhlich ums Herz. Sie trugen an diesem Morgen ein dunkelblaues Samtjackett, ein gesticktes solferinofarbenes Halstuch und ein prachtvolles Hemd mit Alençonspitzen ... Als Sie auftraten, war ich so begeistert, daß mir sogar die Tränen kamen. Warum hatte die Begeisterung gerade die Wirkung, mir Tränen in die Augen zu locken? Das erschien mir immer wunderlich, wenn ich in diesen ganzen neun Jahren daran zurückdachte!"

Nach dem Theater mußte der Junge ins Bett. Sein „brennendes Verlangen", den Vater am nächsten Tag wiederzusehen, wurde enttäuscht. Wersilow war ohne Abschied abgereist. Arkadi hält dem Vater mit dieser Geschichte einen Spiegel vor, um ihn mit seiner Gefühllosigkeit zu beschämen. Dieser räumt sein Versagen und seine Schuld ein, bittet den Sohn um Verzeihung, gibt jedoch zu bedenken, daß er immer für ihn gesorgt hat. Aber die Tiefe der Verzweiflung von Arkadi versteht er nicht. „Was war es denn also, was mich hielt und woran ich festsaß? Das war die Frage." Er verstrickt sich in hilfloser Wut auf den Vater, bis die Antwort plötzlich aus ihm herausbricht: „Die Hauptsache war, daß wir uns nie wieder trennen würden; das war mir die Hauptsache! ... ‚Gib mir den ganzen Wersilow, gib mir einen Vater!', das ists was ich verlangt habe!"

Dostojewski läßt das Vater-Sohn-Drama in einer Versöhnung ausklingen. Einige aufrüttelnde Ereignisse und nicht zuletzt die streitbare Wiederbegegnung mit seinem Sohn haben die Maske von Wersilow zerbrochen. Jetzt erst kann er sich Arkadi öffnen und erzählt ihm von seinem Leben, von seinem Freiheitsdrang, seinen hochstrebenden Ideen und sinnlich-vitalen Bedürfnissen, vom Scheitern seiner Illusionen, seinen Irrfahrten, Zweifeln und seinem persönlichen Versagen. Er nimmt das Unrecht an, das er seinem Sohn zufügte und gesteht ihm seine Liebe, an deren Verwirklichung ihn sein ruheloser Charakter, sein Nomadentum gehindert haben. Arkadi, von der Last seiner Kindheit befreit und jetzt erwachsen geworden, notiert nach der Lebensbeichte des Vaters: „Aber ich war ganz gerührt und freute mich besonders darüber, daß er tatsächlich sich grämt und gelitten und tatsächlich und unzweifelhaft viel geliebt hatte – und diese Erkenntnis war mir am wertvollsten. Ich sprach ihm das mit warmer Empfindung aus."[23]

Dem großen Psychologen unter den Schriftstellern ist es mit dem Portrait von Arkadi gelungen, die Gefühlswelt eines Kindes, das unter der Abwesenheit seines Vaters leidet, mit ergreifender Intensität zu beschreiben, die Einsamkeit und Sehnsucht, das Warten und Hoffen, die unentwegten Phantasien über den Vater, die Enttäuschung, Verzweiflung und Liebe. Arkadi steht für die von ihren Vätern verlassenen Kinder, die ihren Trennungsschmerz nie endgültig verarbeiten können, weil Vaterabwesenheit immer nur ein Verlust auf unbestimmte und für kindliches Erleben überdehnte Zeit ist, bei dem die schmerzliche Hoffnung auf Wiedersehen und dauerndes Zusammensein bestehenbleibt. Während bei Vaterlosigkeit und Vaterverlust der Trauerprozeß irgendwann abgeschlossen werden kann, um der Einsicht in die Unabänderlichkeit zu weichen und neue Orientierungen zu ermöglichen, wird bei der Vaterabwesenheit die Anspannung aller genannten Gefühle niemals gelöst. Ungewißheit, Unberechenbarkeit und Zweifel ob, wann und für wie lange der Vater wieder auftauchen wird, können zu einer inneren Zerreißprobe werden, aus denen das Kind irgendwelche Auswege suchen muß, um nicht an ihnen zu zerbrechen. Arkadi sondert sich von anderen Menschen ab und entwickelt heimlich die grandiose „Idee", durch die Ansammlung großen Reichtums die Macht eines „Rothschild" zu erlangen. Schuld daran sei sein „Charakter", den er schonungslos seziert: „Von meinem zwölften Jahr an, glaube ich, das heißt fast von der Zeit an, wo das richtige Bewußtsein erwacht, konnte ich die Menschen nicht mehr leiden." Er hält sich für „mißtrauisch", „mürrisch und schweigsam". „Ja, ich bin finster und verstecke mich fortwährend. Ich hege oft den Wunsch, aus der menschlichen Gesellschaft auszuscheiden."[24]

Seine „Träumereien" und „Luftschlösser" handeln von nichts anderem, als sich „auf den ersten Platz, immer und auf allen Gebieten des Lebens" denken zu können. Erst in dieser narzißtischen Allmachtsphantasie offenbart sich das wahre Ziel seines Selbstrettungsversuches.

Dostojewski stellt hier mit literarischem Scharfsinn etwas

dar, was erst viele Jahrzehnte später die Psychoanalyse als die Ursachen und Folgen eines pathologischen Narzißmus wissenschaftlich begründen konnte. Als gesunden Narzißmus, ob bei Kindern oder Erwachsenen, bezeichnet man das Maß an Selbstliebe, das der einzelne für die Stabilität seines inneren Gleichgewichts benötigt. Beim pathologischen Narzißmus dagegen steht das eigene Selbst so ausschließlich im Zentrum der libidinösen Bedürfnisse, daß die Welt der Objekte dahinter gleichgültig wird. Die Definition dieser Form ist dem griechischen Mythos von Narziß entlehnt, dessen tragisches Schicksal besonders durch die poetische Dichtung Ovids in den „Metamorphosen" überliefert wurde. Der mit ungewöhnlicher Schönheit ausgestattete Jüngling weist alle um ihn werbenden Frauen und Männer barsch zurück. In einem kristallklaren Bergsee sieht er eines Tages sein Antlitz, nach dem er sich vor Liebe verzehrt, noch bevor er sich selbst darin begreift: „Wie oft verschwendete er an die trügerische Quelle seine Küsse, wie oft tauchte er die Arme mitten in die Flut, um den Hals, den er sah, zu umfassen, und konnte doch sich selbst nicht ergreifen! Was er sieht, weiß er nicht; doch was er sieht, setzt ihn in Flammen. Seine Augen fesselt eben der Wahn, der sie täuscht."[25] Als ihm der Trug seines Spiegelbildes bewußt wird, verzweifelt er an unerfüllbarer Liebessehnsucht und tötet sich selbst.

Die Geschichte von Narziß berührt das Thema der Vaterentbehrung unmittelbar. Wie Ovid überliefert, ist Narziß der Sohn der Nymphe Liriope, die der Flußgott Kephissos einst mit seinen Windungen umschlungen hielt und vergewaltigte. Daß Flüsse als Symbole der Fruchtbarkeit sich mit Nymphen vereinigen, ist nach der griechischen Mythenbildung nichts Ungewöhnliches. Aber Narziß kann keinen Flußgott als Vater verehren, der seine Mutter mit Gewalt nahm. Durch diesen Akt kehrt sich die Symbolik um. Hier wird der Fluß zum Sinnbild der Vergänglichkeit und verschlingenden Gewalt. Narziß hat, so läßt sich die Mythe deuten, seinen Vater nie kennengelernt; er ist vom Schicksal der Vaterlosigkeit gezeichnet. So verfehlt er seine psychosexuelle Identität und bleibt auf sich selbst zurückgeworfen.

Was für Narziß sein äußeres Erscheinungsbild wird für Arkadi sein inneres Phantasiegebäude, mit dem er sich der Außenwelt verweigert. Im Unterschied zu seinem Vorgänger hält ihn jedoch das verinnerlichte Bild eines Vaters, der real existiert, und die Hoffnung, ihn eines Tages wiederzusehen. So bleibt ihm die suizidale Krise erspart. Bereits bei der Vaterlosigkeit und dem Vaterverlust waren wir auf das Thema des verletzten Narzißmus gestoßen. Wie sich zeigt, ist auch die Vaterabwesenheit mit einem Trauma verbunden, das den Aufbau eines stabilen Selbstgefühls vereitelt.

Die Flucht in einen grandiosen Narzißmus ist aber nur eine Möglichkeit, der inneren Gefühlszerrissenheit über den abwesenden Vater zu entrinnen. Einen von vielen anderen Auswegen illustriert folgende Fallgeschichte. Atal ist 22 Jahre alt und entstammt einer Ehe zwischen einer deutschen Grundschullehrerin und einem indischen Juristen. Nach Abschluß seines Studiums in Deutschland zogen die Eltern nach Indien, wo Atal ein Jahr später geboren wurde. In seinem vierten Lebensjahr trennte sich die Mutter und kehrte mit dem Sohn nach Deutschland zurück. Trotz wiederholter Nachfragen verweigerte die Mutter ihm bis heute eine Erklärung für die Trennung. Im Alter von acht und zehn Jahren durfte der Junge zweimal in den Sommerferien seinen Vater besuchen und wurde von dessen Großfamilie jedesmal herzlich aufgenommen. Ab dieser Zeit beschränkte sich der Kontakt auf gelegentliche Briefe und brach vor einigen Jahren vollständig ab. Die Mutter hatte häufig wechselnde Beziehungen zu Männern, von denen sie sich nach kurzer Zeit wieder trennte. Ihren Sohn empfand sie zunehmend als Last und konnte es nicht abwarten, bis er endlich ausziehen würde.

Atal ist ein dunkelhäutiger, sympathischer Mann, bei dem jedoch sofort auffällt, daß er für sein Alter zu ernst ist und nicht lachen kann. Als Grund seines Therapiewunsches gibt er starke Prüfungsängste und seine Neigung zu heftigen Eifersuchtsreaktionen an, weswegen ihm seine derzeitige Freundin mit Trennung gedroht habe. Die weitere Klärung ergibt dann eine Kombination von Störungen, wie sie typisch für Scheidungskinder sind, deren Eltern keinen oder nur einen feindlichen Kontakt miteinander haben.[26] Atal leidet unter dem ständigen Gefühl, von anderen zurückgewiesen zu werden. Nicht nur Freundinnen, sondern auch Freunde würden ihn laufend enttäuschen, es sei auf keinen Verlaß. Erst im Laufe der Therapie wird Atal klar, daß er durch sein starkes Mißtrauen, durch seinen „inneren Abstand zu Menschen" und seine Tendenz, sich von ihnen zurückzuziehen, die Reaktionen selbst inszeniert, die er bei anderen fürchtet. Seine von Depressionen begleitete Einsamkeit ist die biographische Hypothek eines jungen Menschen, dessen Bindungen an vertraute Objekte ab früher Kindheit immer wieder unterbrochen wurden. So sind seine späteren Beziehungen von einem steten Wechsel zwischen extremen Geborgenheitswünschen und Verlassenheitsängsten geprägt. Sie bilden den Nährboden für seine brennende Eifersucht. Da in ihm kein Gefühl für die Kontinuität von Liebe und Zusammengehörigkeit gewachsen ist, fehlt ihm das Vertrauen, sie jemals mit anderen zu erleben. Die Flucht aus dem unlösbaren Widerspruch zwischen Bindungssehnsucht und Bindungsangst führt bei ihm nicht wie bei Arkadi in eine realitätsferne Phantasiewelt oder wie bei Narziß in den Selbstmord, sondern im Gegenteil in eine extrem sachbezogene Leistungshaltung. Schon als Junge entwickelte er einen ungewöhnlichen Ehrgeiz und ein geradezu besessenes Interesse an naturwissenschaftlich-technischen Fragen. Die libidinöse Besetzung dieser Gebiete findet sich häufig bei Menschen, die ihre Gefühlsenttäuschungen in sich abkapseln müssen, und die nur zur äußeren Natur und Technik wegen ihres verläßlichen und gefühlsneutralen Charakters „Bindungen" herstellen können.

Atal hatte ein glänzendes Abitur gemacht und befindet sich, als er zu mir kommt, in einer Lehre zum Feinmechaniker als Vorbereitung zu einem Ingenieursstudium. „Warum haben Sie soviel Angst vor der anstehenden Prüfung, wenn Sie doch bisher immer beste Leistungen erreicht haben?" „Das ist es ja gerade", sagt er, „mit dem Kopf weiß ich, daß ich die Prüfung schaffen werde, aber das Gefühl, ein Versager zu sein, durchzieht mein ganzes Leben." Die kompensatorische Funktion seines Ehrgeizes konnte nicht verhindern, daß Technik nur ein unzureichender Ersatz für die verletzten Gefühlsbindungen war. Das verlorene Urvertrauen zu Menschen unterhöhlte auch das Vertrauen zu sich selbst. Der Ehrgeiz diente dazu, gegen das gefürchtete Versagen anzukämpfen und sein Selbstbewußtsein wenigstens durch Leistungen zu stabilisieren. Wie anstrengend dieser Versuch war, drücken sein Ernst und die fehlende Leichtigkeit im Lachen aus.

Im Laufe der Therapie wurde eine zusätzliche Funktion des Ehrgeizes erkennbar, der Wunsch, dem Vater seine Fähigkeiten zu beweisen und dafür Anerkennung von ihm zu bekommen. Könnte er ihn auf diese Weise vielleicht sogar zurückgewinnen? Um so enttäuschter reagierte er, als dieser auch nicht auf die Übersendung seines Abiturzeugnisses reagierte, das immerhin das beste seines Jahrgangs war. Diese Gefühlsrohheit war unverständlich. Ich ließ Atal deswegen einen zunächst fiktiven Brief an den Vater schreiben, in dem er ihm eindringlich seine innere und äußere Situation schildern und ihm klarmachen sollte, was seine Abwesenheit für ihn bedeutete. Wie zu erwarten war, enthielt Atals Brief schwere Vorwürfe und unbarmherzige Anklagen, die von schwerer Enttäuschung sprachen. Er war in einem Mitleid heischenden, fast jammernden Ton geschrieben. Statt von seinen Gefühlen zu sprechen, gipfelte seine Verurteilung in der Forderung einer gewaltigen Geldsumme, da der Vater seit Jahren keinen Unterhalt mehr überwiesen hatte. So berechtigt eine realistische Forderung war, so lag ihr unbewußtes Motiv darin, das Geld als symbolisches Liebespfand zu handeln: wenn schon keine persönliche Anteilnahme, dann wenigstens eine finanzielle Entschädigung für die erlittenen Entbehrungen.[27]

Ich habe mehrere Stunden darauf verwendet, mit Atal seinen fiktiven Brief durchzuarbeiten, seine Sehnsüchte und Enttäuschungen, seine unerfüllten Erwartungen, seinen Haß und seine Liebe, aber auch die Verzerrungen, Fehleinschätzungen und Riesenerwartungen, die sich daraus nicht nur in seinem Verhältnis zum Vater, sondern im Sinne eines Übertragungsphänomens, zu allen ihm nahestehenden Menschen ergaben. Schließlich konnte er dem Vater einen langen Brief schreiben, der keine Sühne für das erlittene Unrecht einforderte, der nicht dessen Schuldgefühle und Selbstvorwürfe schürte, sondern der im Mittelpunkt den Wunsch nach einer Wiederbegegnung ausdrückte. So verständlich und oft auch berechtigt das Bedürfnis nach „Abrechnung" ist, so wissen wir doch, daß es in aller Regel nichts löst; im Gegenteil werden dadurch die Widerstände des Beklagten verhärtet, und seine Abwehr schlägt als neuerliche Enttäuschung auf den Ankläger zurück.

Atal hatte bis zu diesem Zeitpunkt der Therapie einen deutlichen Entwicklungsschub gemacht, wobei die Bearbeitung des ersten Briefentwurfs ein wichtiges Kernstück bildete. Er bot sich seinem Vater nicht mehr als das hilflos bettelnde und wütend schreiende Kind an, sondern als erwachsener junger Mann, der dem Vater gleichberechtigt entgegentreten wollte. Wenn er auch diesmal nicht reagieren sollte, plante Atal nach Abschluß der Lehre auf eigene Faust einen längeren Aufenthalt in Indien. Er war sicher, daß ihn dort die väterliche Großfamilie gerne aufnehmen würde. Zu einer der letzten Stunden der auslaufenden Therapie erschien Atal als strahlender Sieger und überreichte mir eine Trophäe – den Antwortbrief seines Vaters. Darin lud dieser, ähnlich wie Wersilow, seinen Sohn nach Beendigung der Lehre für unbestimmte Zeit nach Indien ein. Atal wollte sich nach seiner Rückkehr nochmals melden. Ich habe seitdem nichts mehr von ihm gehört. Nach der Devise „keine Nachrichten sind gute Nachrichten" muß der Therapeut solche Nichtreaktionen akzeptieren lernen. Er ist, ob als Ersatzvater oder als Ersatzmutter, ein wichtiger Begleiter und in dieser Funktion wichtig, bis die alten Wunden geheilt und dem Patienten neue Kräfte zugewachsen sind. Danach kann er den Therapeuten loslassen und muß ihm nichts mehr beweisen.

Faßt man den Bericht über Atal zusammen, so sind zwei Störungsmuster besonders hervorzuheben, die durch die Vaterabwesenheit wesentlich mitverursacht waren: sein konflikthaftes Beziehungsverhalten und der verzehrende Ehrgeiz als Kompensation eines brüchigen Selbstbildes. Diese Störungen lassen sich aber auch unter einem positiven Aspekt betrachten. Die Bevaterung bis zum vierten Lebensjahr einschließlich der haltenden Funktion der väterlichen Großfamilie, die sporadischen Kontakte mit dem Vater durch persönliche, briefliche und telefonische Begegnungen bis zur frühen Pubertät und die nie versiegende Hoffnung und die Möglichkeit, ihn irgendwann wiederzusehen, haben in dem Jungen eine Kraft aufgebaut, die seinen totalen Rückzug von Menschen und von der Welt verhinderten. Trotz aller Enttäuschungen ging Atal immer wieder neue Beziehungen ein und versuchte durch die therapeutische Korrektur seines Erlebens und Verhaltens in ihnen Dauerhaftigkeit und Tiefe zu finden. Das zweite Störungsmuster, sein Ehrgeiz, basierte auf kognitiven und instrumentellen Fähigkeiten der Welterfahrung, für die der Vater in frühester Kindheit ein entscheidendes Fundament gelegt hatte. Auch wenn sie später durch neurotische Kompensationsmechanismen überlagert wurden, sicherten sie Atal Erfolgserlebnisse, die sich, ebenfalls unterstützt durch die Therapie, konstruktiv auf seine Lebensgestaltung auswirkten. Dabei ist zu berücksichtigen, daß Erfolgserlebnisse jeder Art durch Rückkoppelung positiv auf die Bindungsfähigkeit zurückwirken, indem sie die Ich-Stärke, das Selbstbewußtsein und das Gefühl für eine eigene Identität festigen.

Wie läßt sich nun die Vaterabwesenheit in Abgrenzung von der Vaterlosigkeit und dem Vaterverlust definieren? Als erstes ist nochmal zu betonen, daß ihr im Vergleich zu den beiden letztgenannten Schicksalen das Moment der Endgültigkeit fehlt. Dieses Kriterium ist grundlegend. Abwesende Väter bleiben potentiell verfügbar, solange die Zeiträume der Abwesenheit auch dauern und so unterschiedlich sie auch motiviert sind. Der Nachteil dieser Situation wurde bereits beschrieben: Das Kind ist einer inneren Zerreißprobe seiner Gefühle von Einsamkeit, Warten, Sehnsucht, Enttäuschung, Ungewißheit und Zweifeln ausgesetzt und kann die Trauer über den abwesenden Vater nie endgültig verarbeiten, um zu neuen Orientierungen zu finden. Der Nachteil wird durch den Vorteil nicht aufgehoben, aber abgemildert. Worin liegt der Vorteil? Die Hoffnung, die sich auf den zurückkehrenden Vater richtet, stiftet trotz aller schmerzhaften Entbehrungen ein Gefühl der Kontinuität, da die Beziehung nicht für immer abgebrochen ist, sondern als nur unterbrochen erlebt wird. Dadurch können auch die verinnerlichten Vaterbilder die innere Bindung besser aufrechterhalten und die Bruchstellen zwischen Anwesenheit und Abwesenheit leichter überbrücken. Diese Ausgleichsfunktion eines überwiegend „guten" Vaterobjektes unterscheidet die Vaterabwesenheit grundlegend von den beiden anderen Formen der Vaterentbehrung.

Mit dieser allgemeinen Definition lassen sich die speziellen Belastungen der verschiedenen Abwesenheitszustände verständlicherweise nicht erfassen. Eine der wichtigsten Differenzierungen bildet dabei zum Beispiel der Umstand, ob die Abwesenheit im Rahmen eines intakten oder eines zerbrochenen Familiensystems auftritt. Im ersten Fall bleibt der Vater trotz häufiger und langdauernder Abwesenheiten, zum Beispiel aus Berufsgründen, ein integraler Bestandteil eines funktionierenden Systems. Entwicklungspsychologisch behält er damit für die Kinder seine Funktion, die Regeln, Normen und Werte vorzugeben, die ihnen die Identifikation und die Bewältigung altersgemäßer Entwicklungsaufgaben erleichtern. Beim Scheitern einer Ehe zerbrechen dagegen die ungeschriebenen Gesetze des familiären Zusammenlebens. Dadurch ist das Kind nicht in der Lage, in sich ein kohärentes „Familiengefühl", ein heiles „Familienbild" oder, fachlich ausgedrückt, eine innere „Familienrepräsentanz" auszubilden.[28] Derzeit wird in der Familienforschung noch die Diskussion darüber geführt, ob eine solche Repräsentanz zum Aufbau einer in sich abgerundeten Gesamtpersönlichkeit und Identität unerläßlich ist. Sicher ist jedoch, daß Scheidungsväter, auch wenn sie nicht selten paradoxerweise nach der Trennung mehr Zeit mit den Kindern verbringen als davor, nicht mehr die Möglichkeit haben, ihnen die Etablierung eines äußeren und inneren „Familienbildes" zu vermitteln.

Nach dieser Unterscheidung empfiehlt sich, die Definition der Vaterabwesenheit durch die Kategorien „familienbedingte" bzw. „scheidungsbedingte" Abwesenheit zu präzisieren.

Der Tatbestand der Vaterabwesenheit allein sagt noch wenig über die Qualität der Vater-Kind-Beziehung und über die möglichen psychopathologischen Folgen aus, weil eine Vielzahl weiterer Faktoren über das Schicksal der betroffenen Kinder entscheidet. Das gilt auch für die Frage, wie eine Vaterlosigkeit oder ein Vaterverlust aus lebensgeschichtlicher Perspektive verarbeitet werden. Deswegen ist ein genauerer Blick auf das breite Spektrum solcher Einflüsse unentbehrlich.

IV. Wie die Umwelt die Bewältigung der Vaterentbehrung hemmen oder fördern kann

Die Erkenntnisse auf vielen Gebieten der Anthropologie sehen den Menschen heute in einem komplizierten Netzwerk emotionaler und sozialer Beziehungen angesiedelt, die in einem engen wechselseitigen Austauschprozeß miteinander stehen. In bezug auf die Vaterthematik bezweifeln daher einige Forscher, ob die Vaterentbehrung an sich für pathologische Auswirkungen verantwortlich zu machen ist. Nach dieser Ansicht treten negative Folgen nur dann auf, wenn die Umweltbedingungen das entstandene Defizit nicht ausgleichen können und die Entwicklung der betroffenen Individuen zusätzlich ungünstig beeinflussen. Ich halte diese Auffassung nicht nur aus familien- und sozialpolitischen Gründen für fatal, sondern nach dem vorliegenden Erkenntnisstand auch wissenschaftlich für falsch. Nur durch die umgekehrte Betrachtung wird, salopp ausgedrückt, ein Schuh daraus: Jede Vaterentbehrung stellt primär ein Trauma dar, wie später gründlicher zu zeigen sein wird. Die Art der Umweltbedingungen entscheidet darüber, wie schwer dieses Trauma ausfällt, wie intensiv und nachhaltig seine Folgeschäden sind und schließlich, in welcher Form es verarbeitet werden kann. Zum Vergleich: Eine Grippe ist eine Grippe. Wie schnell sie ausheilt oder zu welchen, zum Teil lebensgefährlichen Komplikationen sie führen kann, hängt von einer Vielzahl von Faktoren ab, wie Alter, allgemeiner Gesundheitszustand, Immunabwehr, körperlicher Schonung, Früherkennung und Therapiemaßnahmen.

Für die Vaterentbehrung wird damit deutlich, wie entscheidend heilende Faktoren und Fragen der Prävention in das Geschehen eingreifen, um die Folgen des Traumas auf einem möglichst niederen Niveau zu halten und seine Verarbeitung zu erleichtern. Die Einschätzung der heilenden Kräfte setzt möglichst genaue Kenntnisse der einzelnen Umwelteinflüsse voraus.

Diese sollen hier beschrieben werden. Daneben sind jedoch auch die sogenannten Anlagefaktoren wichtig, auch wenn sie von den Umweltbedingungen streng zu unterscheiden sind. Zum Gesamtverständnis des Problems der Vaterentbehrung und auch für Fragen der Heilung spielen sie eine wichtige Rolle. Ihnen wollen wir uns zunächst zuwenden.

1. Welche Rolle spielt die Veranlagung?

Als Konstitution oder Veranlagung bezeichnen wir die Gesamtheit der genetischen Codes, mit denen das Neugeborene die Bühne der Welt betritt. Es ist also keine unbeschriebene Matrize, in die erst die Umwelt ihre Schriftzüge eingraviert. Die Diskussion über die Beziehung zwischen Veranlagung und Umwelt und über ihr Mischungsverhältnis reicht bis weit in die Anfänge der Wissenschaft vom Menschen in der Antike zurück. Je nach Zeitströmung dominierte mal die biologische Anthropologie, mal die „Umwelttheorie". Heute stimmt man weitgehend darin überein, daß Veranlagung und Umwelt von Geburt an eine dialektische Beziehung eingehen, eine Wechselseitigkeit, aus der sich schrittweise der Charakter eines Menschen herausformt. Dabei ist es im Einzelfall schwierig, die jeweiligen Anteile der Anlage- und Umweltfaktoren genauer zu bestimmen. Grobe Schätzungen gehen von einem durchschnittlichen Mischungsverhältnis von eins zu eins aus.

Seit der zweiten Hälfte unseres Jahrhunderts steht die Erforschung der Kindheit sehr stark unter dem Einfluß psychologischer und sozialwissenschaftlicher Theorien. In ihrem Sinne wurde auch das Bild in der Öffentlichkeit geprägt. Trotz der in der Wissenschaft erzielten Übereinstimmung werden daher biologische Einflüsse auf die Entwicklung heute zu wenig berücksichtigt. Dadurch wird umgekehrt die Bedeutung von Umwelteinflüssen überschätzt und die Realität entsprechend verkürzt wahrgenommen und interpretiert. Der Mensch bildet eine Einheit aus biologischen, psychologischen und sozialen Einflußgrößen, ein bio-psycho-soziales System. Nur wenn man alle drei gleichberechtigt ineinandergreifenden Ebenen berücksichtigt, erhält man ein annäherndes Gesamtbild der Wirklichkeit.

Besonders die Neurosenforschung und in neuerer Zeit die Säuglingsforschung haben sich bemüht, aus der unübersehbaren Fülle genetischer Anlagen diejenigen herauszufiltern, die für die Interaktion mit der Umwelt besonders prägnant sind. Die folgende Beschreibung soll der konkreten Anschauung über das faszinierende Wechselspiel zwischen angeborenen Entwicklungspotentialen und Umweltreaktionen dienen.[29]

Jedes Neugeborene besitzt bereits bei der Geburt ein unverwechselbares Temperament. Das Wort ist aus dem lateinischen Substantiv temperamentum abgeleitet, das mit „richtige Mischung, rechtes Maß" übersetzt wird. Temperament bedeutet also die Mischung verschiedener Elemente zu einer Wesensart. Die Elemente umfassen die Gesamtheit der angeborenen Anlagen. Zu ihnen zählen im Frühstadium der Entwicklung die Sinneswahrnehmungen, die Affekte und die Triebbedürfnisse. Stellen wir uns zwei Extrembeispiele vor, bei denen diese Elemente in unterschiedlicher Weise miteinander gemischt sind:

Der erste Säugling ist wach, aufmerksam und neugierig. Er hört auf jeden Ton und verfolgt mit lebendigem Blick die Vorgänge in seiner Umgebung. Seine Sinneswahrnehmungen sind, so läßt sich daraus schließen, auf hohe Aktivität eingestellt. Auch mit seinen Affekten reagiert er lebhaft auf Außenreize – mit Freude und Lachen auf angenehme Empfindungen, mit Schreien und Wut auf unangenehme. Die Vitalität seiner Triebbedürfnisse zeigt sich in der Ausdauer und Intensität, mit denen er zur Befriedigung seines Hungers an der Brust saugt oder in der wilden Motorik von Armen und Beinen.

Demgegenüber fällt der zweite Säugling in einer vergleichbaren Beobachtungssituation durch sein stilles Verhalten auf. Er reagiert erst mit den Augen oder dem Gehör, wenn er gezielt entsprechenden Reizen ausgesetzt wird, wobei seine Reaktionen insgesamt schwächer ausfallen als bei dem gleichaltrigen Vergleichskind. Seine positiven und negativen Affekte sind milder und auch seine Triebimpulse weniger energisch.

Der Vergleich läßt auf zwei völlig unterschiedliche Temperamente schließen, die unmittelbar nach der Geburt in einen „Dialog" mit der Umwelt eintreten, am intensivsten zunächst mit der Mutter. Ihre Reaktionen werden durch das vorgegebene Temperament des Kindes zum Teil erst ausgelöst, zum Teil modifiziert. Zum Beispiel wird sie auf den lebhafteren der beiden Säuglinge im Normalfall mit einer stärkeren Aktivierung ihrer sprachlichen, mimischen und gestischen Zuwendung reagieren. Dieses Feedback stimuliert seinerseits den Säugling zur weiteren Entfaltung seiner Entwicklungspotentiale. Umgekehrt stellt sich eine Mutter bei dem stilleren Säugling auf dessen Temperament durch eine sparsame Beteiligung am „Dialog" ein, entweder weil das Verhalten des Kindes ihre Aktivitäten weniger anregt oder weil sie es nicht durch eine größere Lebhaftigkeit zu stark mit Reizen überfluten möchte. Dadurch bleibt das Kind zwar seinem Temperament entsprechend in einem ruhigen Austauschprozeß mit der Mutter, empfängt aber auch weniger Entwicklungsanreize.

Diese normalen Kommunikationsgesetze können durch eine Reihe von Anlagemerkmalen durchkreuzt werden, die das Verständnis psychischer Erkrankungen wesentlich erweitert haben. Sie lassen sich als Normabweichungen in einzelnen Teilbereichen der Konstitution auffassen, die die „richtige Mischung, das rechte Maß" im Temperamentshaushalt in Unordnung bringen können. Abweichungen im Sinnes-, Affekt- und Triebbereich werden nicht selten zur Ursache für eine konflikthafte Interaktion mit der Umwelt. So gibt es Neugeborene mit einer übermäßigen Sensibilität, die ihre Reizschwelle für Außenwelteindrücke herabsetzt, so daß es leicht zu einer Überflutung der Sinneswahrnehmung kommen kann. Auf sie reagiert das Kind mit einer starken Irritation seines Affektlebens, die sich in einer erhöhten Angstbereitschaft und in Unlustäußerungen wie weinen, schreien oder erstarren ausdrückt. Solche Störungen der Affektbalance schwächen die Widerstandskräfte des Kindes, wodurch es zu einer verminderten Belastungs- und Frustrationstoleranz kommt. Schon geringfügige Entbehrungen können so den Reizschutz durchbrechen und als Bedrohung erlebt werden, die besonders die Veranlagung zu Angstreaktionen hochschraubt.

Abweichungen im Triebbereich betreffen vor allem den Ausprägungsgrad der Aggressivität. Es gibt viele Neugeborene, bei denen diese Triebkraft besonders stark angelegt ist. Da es generell zu den schwierigsten Aufgaben der Sozialisierung eines Kindes gehört, sein Aggressionspotential in soziale Bahnen zu lenken, kann ein überhöhter Aggressionspegel zu einer schweren Herausforderung für die Umwelt werden.

Neben dem Sinnes-, Affekt- und Triebbereich sind in den letzten Jahrzehnten weitere entwicklungspsychologisch relevante Gebiete im angeborenen Verhalten erschlossen worden, die für Fragen krankhafter Entwicklungen besonderes Gewicht haben. So hat sich der Kleinkindforscher Bowlby ausführlich mit dem Wechselspiel von Bindung und Trennung beschäftigt und beide Motive als angeborene Bedürfnisse beschrieben.[30] Der bekannte Säuglingsforscher Lichtenberg hat diese beiden durch die biologisch verankerten Bedürfnisse nach Selbstbehauptung und Rückzug ergänzt.[31] Sicher werden im Laufe der weiteren Forschung noch feinere Differenzierungen über angeborene Motivsysteme erfolgen. Die bisher zitierten mögen zur Bereicherung unserer Phantasie und Vorstellung über die komplexe Wechselbeziehung von Anlage und Umwelt ausreichen. Zumindest machen sie deutlich, wie stark diese konstitutionellen Merkmale das Verhalten der Umwelt mitbestimmen und steuern und wie andererseits die äußeren Einflüsse die Ausreifung der angelegten Entwicklungspotentiale fördern oder behindern können.

Ergänzend ist noch auf einige Merkmale hinzuweisen, die in der Diskussion angeborener Eigenschaften zwar als selbstverständlich vorausgesetzt, aber in ihrer Wechselwirkung mit den Reaktionen der Umwelt nicht ausreichend gewürdigt werden. Es sind vorrangig das Geschlecht des Kindes, seine Intelligenz und Begabung und – meistens vernachlässigt – seine äußere Attraktivität. Von ihnen gehen erfahrungsgemäß Reize aus, auf die die Umgebung besonders intensiv reagiert, ob im positiven oder negativen Sinne. Entsprechend spielen gerade sie eine unterschwellig höchst spannungsreiche Rolle bei der Frage, wie Konflikte, Lebensbelastungen und Traumata verarbeitet werden.

■ 2. Das schwierige Los der Mütter

Manchmal könnte man denen zustimmen, die an keine Zufälle glauben. Während der Vorbereitung zu diesem Buch hörte ich eines Abends beim Gang zum Postamt von der gegenüberliegenden Straßenseite meinen Namen rufen. Noch ehe ich jemand Bekanntes entdecken konnte, stand sie plötzlich dicht vor mir, eine Frau mit verhärmtem Gesicht von undefinierbarem Alter. „Sie erkennen mich wohl nicht mehr?" fragte sie in einer Mischung aus Vorwurf und lächelnder Überlegenheit. „Nein", sagte ich, „bitte helfen Sie mir". „Ich bin Frau H. Vor vielen Jahren haben Sie meinen Sohn behandelt und mich öfter beraten. Aber es war umsonst." „Ich glaube", fügte sie hinzu, jetzt schon nicht mehr lächelnd, „Sie sind ein schlechter Therapeut." Nicht nur das wenig schmeichelhafte Kompliment machte mich unsicher, sondern weil mein Gedächtnis weiter im trüben fischte. „Es tut mir leid, Sie enttäuscht zu haben. Was ist aus Ihrem Sohn geworden?" fragte ich. Als wenn die Beratungssituation erst letzte Woche ausgelaufen sei, holte Frau H. weit aus. Es störte sie nicht, daß wir mitten auf der Straße zwischen vorbeilaufenden Menschen standen. „Sie werden es schon nicht so eilig haben, ein paar Minuten können Sie sicher erübrigen", bestimmte sie. So erfuhr ich, daß ihr Sohn sich seit Jahren nicht mehr bei ihr meldete. Frau H. wußte nicht, wo er wohnte und was er privat und beruflich machte. „Vielleicht lebt er gar nicht mehr. Aber das ist mir inzwischen auch egal geworden", fuhr sie in bitterem Ton fort, „ich habe für ihn gegeben und getan, was ich konnte, und jahrzehntelang gelitten. Damit muß jetzt Schluß sein!" Wortreich beschwerte sie sich über die Verwandtschaft, ihre Freunde und „die Lehrer"; keiner habe ihr in den Jahren geholfen, in denen sie mit dem Jungen allein war, und er immer schwieriger wurde. Sie treffe keine Schuld, daß er die Schule und das Internat nicht beendet und keine Berufsausbildung habe. „Er wollte Journalist oder Filmemacher werden, schrieb eine Zeitlang auch kleine Artikel für einige Zeitungen, er war begabt, aber man hat ihn überall wegen seiner Unzuverlässigkeit wieder rausgeschmissen. Er wollte sich nichts sagen lassen, wie sein Vater. Zuletzt lebte er von Sozialhilfe."

Mit dem Argument, die Post schließe gleich, beendete ich das Gespräch. „Ich hoffe, Ihr Sohn fängt sich irgendwann und meldet sich wieder. Vielleicht kann er im Moment nicht anders, als sich gewaltsam von Ihnen zu lösen." Frau H. setzte wieder ihr sphinxhaftes Lächeln auf: „Sie haben immer noch die falschen

Botschaften auf den Lippen wie damals. Aber es war nett, Sie getroffen zu haben."

Zu Hause zog ich die Akte aus einem verstaubten Regal, eine folgenreiche Tat, denn danach entschloß ich mich, sämtliche Behandlungsprotokolle meiner bisherigen Berufspraxis für dieses Buch zu sichten.[32] Felix H. war im Alter von 18 Jahren nur drei Monate bei mir in Therapie. Sie endete mit seiner Verschickung in ein Internat. Mit der Mutter hatte ich über einen etwas längeren Zeitraum zehn Beratungsgespräche geführt. Das war jetzt zwanzig Jahre her. Die Lektüre brachte mir die Geschichte in Erinnerung, die ich verdrängt hatte; sie war wohl zu schrecklich. Ich zitiere im folgenden einige Passagen aus dem damaligen Gutachten, weil der Originalton ein recht plastisches Bild der Vorgeschichte vermittelt.

„Frau H. stellte ihren Sohn wegen Schulschwierigkeiten vor. Er könne nicht arbeiten, sich nicht konzentrieren, sei faul. Die Erziehung sei eine Qual, es gäbe ständig Streit, er habe einen schlechten Charakter, wie sein Vater. Sie fürchte, daß er kriminell werde. Wenn er jetzt von der Schule abgehen müsse, käme nur die Stadtreinigung für ihn in Frage. Nach einem dramatischen Streit sei ihr Sohn vor kurzem zur Familie eines Freundes geflüchtet. Sie werde ihn nicht wieder aufnehmen, sie sei krank und kaum noch arbeitsfähig, der Junge mache sie fertig. Im Vorgespräch mit Felix wird deutlich, wie sehr er unter dem Verhältnis zu seiner Mutter leidet. Ständig behandele sie ihn von oben herab und ironisch, mache alles schlecht, was er tue und denke, z. B. seine Freunde und Mädchen, die er kenne. Sie setze ihn unter hohen Leistungsdruck, sehe immer schwarz, male seine Zukunft in üblen Farben, behandele ihn wie ein kleines Kind."

Zur Vorgeschichte ist in dem Gutachten des weiteren vermerkt: „Der Vater war von Beruf Schriftsteller, wenig erfolgreich, aber sehr von sich eingenommen und in der Außenwelt recht beliebt, hatte häufiger außereheliche Affären. Er neigte zu Wutausbrüchen und schlug seine Frau während vieler Ehestreitigkeiten. Da er immer zu Hause war, kümmerte er sich hauptsächlich um die Erziehung des einzigen Kindes, das er, seinem eigenen Selbstbild entsprechend narzißtisch übermäßig stimuliert zu haben scheint. Er beging aus bisher nicht geklärten

Gründen Selbstmord, als der Sohn acht Jahre alt war. Dieser hat erst kürzlich durch Verwandte die Ursache für den plötzlichen Tod des Vaters erfahren, die er jedoch immer ahnte.

Die Mutter, eine Sozialpädagogin, entstammt einer Sektenfamilie. Zu ihrem Vater, einem herrschsüchtigen und fanatischen Patriarchen, besteht noch heute eine stark inzestuös gefärbte Haßliebe bei gleichzeitig unaufgelöster Bindung an die idealisierte Mutter. Unter ihren vier Geschwistern war sie angeblich „das schwarze Schaf". Seit Jahren besteht kein Kontakt mehr zu ihnen. Nach der Heirat kam es schon bald zu schweren Zerwürfnissen zwischen den Partnern. Frau H. war hauptsächlich für den finanziellen Unterhalt der Familie zuständig und neidete ihrem Mann aus verständlichen Gründen seinen Lebensstil und seinen öffentlich reputierten Beruf. Angeblich hat ihr die Umgebung immer die Alleinschuld für die Eheschwierigkeiten zugeschrieben. Bis heute hat sie die Beziehung nicht verarbeitet, leidet einerseits unter schweren Schuldgefühlen wegen des Suizids, verfolgt ihren Mann andererseits mit haßvollem Ressentiment. Der Sohn sieht seinem Vater sehr ähnlich. Die Mutter projiziert aus diesem Grund alle negativen Anteile des Vaters auf ihn und setzt auf diese Weise den Kampf mit ihrem Mann fort."

Wie ist das Schicksal von Frau H. psychologisch zu verstehen? Ich ergänze dazu einiges aus den Protokollen der Beratungsgespräche. Frau H. ist die Älteste der Geschwister, für die sie immer die Mutterrolle spielen mußte, da ihre Mutter die meiste Zeit mit Aufgaben der Sekte beschäftigt war. Das ganze Leben der Familie drehte sich um deren extrem strenge Moral und Askese. Frau H. war der Liebling des Vaters, dem sie nach jedem Essen den Kopf kraulen mußte. Sie wurde deswegen von der Mutter und den Geschwistern ausgelacht. Um den hohen Leistungsanforderungen des Vaters zu entsprechen, entwickelte sie einen unstillbaren Ehrgeiz, wurde in der Schule zur „Streberin" und deswegen von den Mitschülern abgelehnt. Kleinste Versuche, sich aufzulehnen, führten seitens des Vaters zu drakonischen Strafmaßnahmen einschließlich häufiger Züchtigungen.

Es sind Szenen einer Kindheit, die keine war. Als Erwachsene litt Frau H. permanent unter Depressionen, Selbstvorwürfen, Pessimismus und Schuldgefühlen als Ausdruck ihres tyrannischen Über-Ich, der Erblast ihres Vaters. Der Haß, den sie als Kind nicht ausdrücken durfte, wurde in ihr abgekapselt und erzeugte das Gefühl des eigenen „Schlechtseins". Aber, getreu der Lehre Freuds von der „Wiederkehr des Verdrängten": Das „Böse" ließ sich nicht auf Dauer unterdrücken. Frau H. wurde eine „schreckliche Person". So steht es in meinen Protokollen, so habe ich sie im Umgang mit mir und einige Male mit ihrem Sohn erlebt. Darin lag ihre Tragik. Die Verletzungen im Laufe ihres Lebens hatten aus ihr eine verbitterte Frau gemacht, die anderen Menschen das Leiden mit gleicher Münze heimzahlte. Konnte sie in der einen Stunde noch differenzierte Einsichten in Schwierigkeiten finden, verwandelte sie sich in der nächsten zu einer Furie, die ihre Umwelt mit Gift und Galle überzog. Ihre Schuldgefühle und das Gefühl „schlecht zu sein" waren so unerträglich, daß sie die Strategie der Vorwärtsverteidigung wählte. Dank ihrer Intelligenz waren ihr Messer an die Zunge gewachsen, scharf wie Rasierklingen. Ironie, Spott, Kritik und Abwertung anderer bildeten ein hermetisches Abwehrsystem, das ein Gefühl für das Ausmaß und die Gefährlichkeit ihrer Aggressionen kaum zuließ.

Wie die Beratungsgespräche zeigten, hatte sich diese Abwehrstruktur durch den Selbstmord ihres Mannes und das daraus ableitbare Schulversagen ihres Sohnes noch weiter verfestigt. Ihre Schuldgefühle, Selbstanklagen und das Bewußtsein, in der Ehe und in der Erziehung gescheitert zu sein, wurden durch die beiden Ereignisse so dramatisch vertieft, daß sie sich ihrer nur durch verstärkte Projektionen nach außen erwehren konnte. Als ich Frau H. kennenlernte, steckte sie tief in den tragischen Zirkeln, die sich aus solchen Abwehrstrategien ergeben. Denn die Umwelt bleibt auf Dauer nicht unbeeindruckt von den Anschuldigungen und Intrigen und reagiert irgendwann mit Verweigerung und Rückzug, wodurch sich die anfänglichen Vorurteile, keiner würde ihr helfen, scheinbar bestätigen, und die Zirkel von Verfolgtsein und Verfolgung weiter eskalieren. Die Ausstoßung ihres Sohnes kurz vor Beginn der Therapie war als letzter verzweifelter Versuch zu verstehen, sich von dem unerträglichen Joch aus Schuld und Scheitern zu befreien. Damit hatte sie ihn aber auch endgültig aufgegeben und war mitschuldig an seiner vermutlichen Selbstaufgabe geworden.

Es ist ein extremes Beispiel. Dennoch halte ich eine solche Überzeichnung für notwendig, weil sie ein grundsätzliches Problem mit der notwendigen Schärfe beleuchtet.

Die tragischste aller Tragödien bleibt „Medea". Bereits zu Beginn der abendländischen Kulturepoche hat Euripides mit diesem Mythos das Los der Mütter und ihrer Kinder nach dem Verlust des Ehemanns und Vaters radikalisiert. Jason verläßt Medea, nachdem sie ihm dank ihrer Zauberkräfte geholfen hat, das „Goldene Vlies" zu erobern, und er ihr deswegen ewige Treue geschworen hat. Medea fühlt sich bis ins Mark gedemütigt und verletzt und sinnt auf Rache.

„Doch wo das Recht des Ehebunds gekränket ist,
Ist in der Welt auch kein Gemüt rachsüchtiger."[33]

Sie schickt Glauke, der neuen Frau Jasons, ein vergiftetes Brautkleid, in dem sie qualvoll verbrennt. Aber die ultimative Rache erfüllt sich erst in der Ermordung ihrer eigenen Kinder. Kurz vor der Tat ist Medea in einem ergreifenden Monolog von Selbstzweifeln und von der zärtlichen Liebe zu ihren Kindern zerrissen. Der Monolog endet:

„Du weiche Wange, o meiner Kinder süßer Hauch!
Geht, geht, ihr Kinder! Länger halt ich's nimmer aus,
Euch anzusehen. Ach, der Schmerz bewältigt mich!
Wohl fühl ich's, welch ein Leid ich anzurichten geh,
Doch mächtiger als die Einsicht ist die Leidenschaft:
sie ist die Ursach jedes größten Fluchs der Welt."[34]

Euripides war kein Patriarch und Frauenfeind, wie man vielleicht meinen könnte. Im Gegenteil galt er unter den griechischen Tragödienschreibern als Oppositioneller, weil er sich stark für die Gleichberechtigung der Frauen einsetzte.

Daß die Kinder Medeas nach dem Verlust des Vaters den eigenen Tod erleiden, daß ihr Tod erst zur Konsequenz dieses Verlustes wird, erscheint zunächst unfaßbar. Aber da die Logik des Geschehens nicht der „Einsicht", sondern der „Leidenschaft" folgt, wird sie nur begreifbar, wenn man die Kategorie des Irrationalen ins Kalkül menschlicher Handlungen einbezieht. Medea wäre in der Kriminalstatistik kein Einzelfall. Sadistische Quälereien und Mißhandlungen von Kindern, die, beabsichtigt oder als Unglück, in schweren Fällen deren Tod verursachen können, gehören bei alleinstehenden Müttern leider nicht ganz selten zur traurigen Realität des Alltagslebens. Aber die bittere Wahrheit von Medeas vorsätzlicher Irrationalität greift in ihrer Symbolik weit über solche konkreten Tatbestände hinaus. Man kann Kinder auch „zerstören", ohne sie körperlich zu vernichten. Diese Form der Opferung von Kindern, ob auf dem Altar der Liebe oder des Hasses, stellt in der Interaktion von Müttern und Kindern bei Vaterentbehrung ein Phänomen dar, das viel weiter verbreitet ist, als wir gerne glauben wollen.

Aus diesem Blickwinkel läßt sich auch die Schilderung von Frau H. trotz der Überzeichnung als exemplarisch betrachten. Es macht nämlich deutlich, daß keine Mutter nach der Geburt ihres ersten Kindes ganz unbefangen ihre neue Rolle übernimmt. Vielmehr ist sie geprägt von ihrer langen Geschichte als Mädchen und Frau, und jede bringt ihr individuelles Schicksal in die Beziehung zu ihren Kindern mit ein. Damit tradiert sie nicht nur die Glückserfahrungen, sondern auch die Konflikte, Brüche und Verletzungen ihres Lebens. Da letztere bekanntlich reichlicher verteilt werden, können wir kaum jemals das erwarten, was wir uns unter einer „gesunden Normalpersönlichkeit" vorstellen und erträumen, eine, die in voller Identität mit sich selbst und in Harmonie mit ihrer Umwelt lebt. Darauf sind der Mensch, das Leben, die Welt nicht eingerichtet. Es gibt immer nur Annäherungen. Die Abweichungen sind die Regel. Und sie sind der Stoff, aus dem menschliche Beziehungen gemacht werden.

Jede Mutter trägt also ab der Geburt des Kindes ein unterschiedlich ausgeprägtes Konfliktpotential in die Beziehung hinein. Es wird in dem Maße verstärkt, wie die Belastungen im weiteren Verlauf der Lebensentwicklung zunehmen. Die Vaterentbehrung, aus welchen Gründen auch motiviert, wird nicht nur für das Kind, sondern auch für die Mutter zu einem der einschneidendsten Ereignisse in ihrem Leben, zu einem Trauma, das ihr psychisches Gleichgewicht auf lange Dauer oder für immer erschüttert. Beben von diesem Ausmaß reißen Krater, Spalten und Risse in die Persönlichkeit, aus deren Abgründen das Irrationale jetzt unaufhaltsam hochsteigen und die Umgebung mit Lava überschütten kann.

Das Bild ist so plastisch gewählt, weil es das Los der Mütter nach dem Verlust des Mannes und des Vaters ihres Kindes in seiner ganzen Tragweite erhellt. Von allen Umweltbedingungen stellt sie als primäres Objekt die wichtigste Beziehungsperson in der Frühkindheit dar und behält diese Funktion bis weit über die Pubertät und Adoleszenz, wenn der Vater entfällt. Es ist aber nach dem Sozialisierungsplan der menschlichen Spezies, wie er sich bereits in der Frühgeschichte herausgebildet hat, nicht vorgesehen, daß eine Mutter ihren Nachwuchs allein großzieht. An diesem Gesetz haben auch die Modernisierungsschübe im Laufe der industriellen Entwicklung nichts grundsätzlich geändert. Parallel zur Umstrukturicrung der Groß- zur Kleinfamilie wurde in diesem Jahrhundert ein enges Netz von Betreuungs-, Erziehungs- und Bildungseinrichtungen aufgebaut, wodurch viele Aufgaben der Sozialisation an staatliche und öffentliche Einrichtungen übergingen. Trotz dieser Entlastung bleiben die Elementarbeziehungen des Kindes die zu seinen Eltern. Sie konstituieren seine Bindungsfähigkeit und die Ausdifferenzierung seiner psychischen Struktur und stiften als äußere und verinnerlichte Objekte die Grundlagen seines Selbstgefühls und seiner Identität. Der Zusammenbruch dieses ursprünglichen Systems der Einheit von Eltern und Kindern und seine Reorganisation durch alternative Familienmodelle kann immer nur zu Teillösungen führen. Nach den Erfahrungen der letzten Jahrzehnte müssen wir jenseits aller Utopien diese Tatsache realisieren lernen. Besonders die zur Ideologie geratene Auffassung, die Mutter könne allein den Ausfall des Vaters kompensieren, entstammt einem illusionären Wunschdenken im Rahmen einer mißverstandenen Emanzipation. In diesem Zusammenhang ist auch der Begriff der „alleinerziehenden" Mutter ein Euphemismus. Mit der Erziehung ist es nicht getan. Entscheidend für die psychische Entwicklung des Kindes sind seine Beziehungen. Erst von ihrer Qualität hängt der Erfolg jeder Erziehung ab. Im Sinne einer ganzheitlichen Persönlichkeit benötigt das Kind dazu das komplementäre Bindungs- und Beziehungsgefüge zur Mutter und zum Vater. Es gibt daher keinerlei Veranlassung, das Los der Mütter nach Ausscheiden des Vaters schönzureden. Entsprechend überfordert fühlt sich die Mehrzahl dieser Mütter trotz aller Hilfen, die ihr vom Ersatzpartner, Stiefvater, Verwandten,

Freunden und außerfamiliären Institutionen angeboten werden. Dabei geht es auch um Überforderungen, die durch die ökonomischen und sozialen Veränderungen der äußeren Lebenssituation auftreten. Wesentlich schwieriger ist die psychische Überforderung zu bewältigen, die durch die äußere noch erhöht wird. Psychologisch drückt sie den Verlust der inneren Balance durch übermäßige Streßbelastungen aus. Die Mutter muß nach dem Verlust des Mannes allein die psychischen Bedürfnisse des Kindes befriedigen, muß deren Verletzung, Trauer, Trennungsschmerz und Wut nach der Vaterentbehrung auffangen, muß die eigenen aus der Tiefe andrängenden irrationalen Kräfte unter Kontrolle bringen und die Kinder vor deren zerstörerischem Potential schützen. An dieser wirklich heroischen Aufgabe zu scheitern ist menschlich. Aber das Scheitern ist mit Schuld- und Versagensgefühlen verbunden, wodurch das innere Gleichgewicht noch stärker erschüttert wird. Wenn dann noch der kollektive Erwartungsdruck dazukommt, die Ideologie, die Mutter müsse und könne das alles allein bewältigen und sogar besser als mit einem anwesenden Vater, kann die Hilflosigkeit und Ohnmacht in panische Ängste, schwere Depressionen und Verzweiflung umschlagen. Unter dieser Voraussetzung sind dem Durchbruch der Irrationalität keine Grenzen mehr gesetzt.

Die häufigsten Gefahren, die entstehen können:

1. Es kommt zu einer Gefühlsabwehr, die zu einer Gleichgültigkeit, seelischen Stumpfheit und Einfühlungsverweigerung gegenüber dem Leiden der Kinder unter der Vaterentbehrung führt. Wir haben es hier mit einem Abwehrmechanismus zu tun, der auch kollektiv zur Wirkung kommt.
2. Der Selbsthaß wird auf den Vater projiziert. So zum „Bösen" verurteilt, kann alle Schuld auf ihn verschoben werden und rechtfertigt, auch vor den Kindern, seine Verfolgung und Entwertung. In den Worten von Frau H.: „Die Frauen müssen stärker werden, um den Männern zu zeigen, was für Scheißkerle sie sind, und wie sie als Väter versagen." Auch dieser Abwehrmechanismus wird durch eine kollektive Ideologie untermauert. Frau H. bezeichnet sich selbst als Feministin.
3. Die Kinder werden – neben ihren eigenen Gefühlen – mit den Verlassenheitsängsten, der Trennungswut, der Trauer, der

Depression und anderen psychischen Problemen der Mutter überflutet.[35]
4. Kinder werden als Bündnispartner im Kampf gegen den Vater eingesetzt und mißbraucht und geraten dadurch in schwere Loyalitätskonflikte zu beiden Eltern.
5. Bei Mädchen kommt es zu einer ausgeprägten Mutterfixierung, wodurch ihre Ambivalenz zum anderen Geschlecht verfestigt wird.
6. An Jungen wird häufig die Rolle des Partnerersatzes delegiert. Ihre libidinöse Fixierung auf die Mutter erschwert die Ablösung von ihr und behindert die notwendige Identifizierung mit dem Vater.
7. Andererseits sind besonders Jungen in der Gefahr, mit den negativen Seiten des Vaters identifiziert zu werden. Dadurch erleben sie sich als „böse" und „schlecht". Diese Stigmatisierung kann ihr Selbstgefühl erheblich beeinträchtigen.
8. Kinder werden parentifiziert (parentes = Eltern), indem sie als Tröster und Beschützer die Erwachsenenrolle gegenüber der in kindliche Verhaltensmuster und Erwartungen regredierten Mutter übernehmen müssen.
9. Kinder geraten nach Vaterentbehrung leicht in die Rolle von „Sündenböcken". Statt sich mit eigenen Schuldanteilen beim Scheitern der Partnerschaft auseinanderzusetzen, projiziert die Mutter sie auf die Kinder und ahndet sie mit zahlreichen, zum Teil gewalttätigen Sanktionen.
10. Kinder werden zum Lebensersatz und müssen die innere Leere der Mutter ausfüllen. Dabei erfüllen sie die Funktion von narzißtischen Substituten, die das verletzte Selbst der Mutter stabilisieren. Jeder Ablösungsschritt führt bei ihr zu panischen Trennungsängsten, weshalb die Kinder auf die eigene Verselbständigung verzichten oder in dramatische Ablösungskämpfe verwickelt werden.

Alle diese Verschiebungen im Mutter-Kind-Verhältnis nach dem Ausscheiden des Vaters sind Ausdruck einer Überforderung. Die psychische Balance der Mutter ist tief erschüttert. Die Psychoanalyse spricht in diesem Zusammenhang von einem periodischen oder dauerhaften Zusammenbruch der gesunden Anpassungs- und Abwehrstruktur. Dabei werden solche pathologischen Abwehrmechanismen aktiviert, um die geschwächten Kräfte des Ich, die unter den Einfluß ungesteuerter Affekte und Triebbedürfnisse geraten, vor dem völligen Zerfall zu schützen. Die Streßpsychologie nennt solche Zustände Disstreß. Durch überwältigende Ereignisse entgleist das psychophysische Gleichgewicht des Organismus, und das Ich gerät in einen Zustand absoluter Hilflosigkeit, Hoffnungslosigkeit und Ohnmacht, auf den es mit der Mobilisierung aller noch vorhandenen Verteidigungskräfte reagiert.

Die Überlegungen machen eins sehr deutlich: Ob die Vaterentbehrung durch Vaterlosigkeit, Vaterverlust oder Vaterabwesenheit bedingt ist – immer ist die Mutter als die primäre Umwelt des Kindes in den Prozeß einbezogen. In einer systemischen Formel ausgedrückt: Ein Vater-Kind-Drama ist ein Mutter-Kind-Drama ist ein Paardrama. Von ihrer psychischen Disposition und von ihren Reaktionen auf den Partnerverlust und dessen Verarbeitung hängt maßgeblich der Grad der Belastung ab, den Kinder zusätzlich zu der Vaterentbehrung zu bewältigen haben. Damit wird Müttern, ob freiwillig oder unverschuldet, eine Hypothek aufgelastet, die kaum jemals ohne schwerwiegende Konflikte für sie selbst und die Kinder abgetragen werden kann.

Zum Glück gibt es auch Gegenbilder. Zwei haben wir bereits in den Müttern von Martin und Heinrich in Bölls Roman „Haus ohne Hüter" kennengelernt. Ein anderes wird in dem Märchen „Schneeweißchen und Rosenrot" der Brüder Grimm in symbolisch verschlüsselter Form entworfen. „Eine arme Witwe, die lebte einsam in einem Hüttchen, und vor dem Hüttchen war ein Garten, darin standen zwei Rosenbäumchen, davon trug das eine weiße, das andere rote Rosen; und sie hatte zwei Kinder, die glichen den beiden Rosenbäumchen, und das eine hieß Schneeweißchen, das andere Rosenrot. Sie waren aber so fromm und gut und unverdrossen, als je zwei Kinder auf der Welt gewesen sind."[36] So beginnt die berühmte Geschichte von zwei Schwestern, die ohne Vater aufwachsen. Von der Mutterliebe getragen sind sie stark genug, gemeinsam das Böse in der Welt zu bekämpfen und sich das Glück zu erobern. Die Mutter ist nach dem Tode ihres Mannes „arm" und „einsam", Attribute, die, sollte man sie in unsere Zeit übersetzen, automatisch mit Unglück assoziiert werden. Aber als Schatz besitzt die Mutter zwei Rosenbäumchen als Sinnbilder der Liebe, die sie auf ihre Töchter überträgt. Damit garantiert sie ihnen Fürsorge und Geborgenheit und versucht nach besten Kräften durch sie den Vaterverlust für die Kinder auszugleichen. Nicht die äußeren Umstände, so scheint das Märchen auszudrücken, entscheiden über das Schicksal, sondern die Qualität der menschlichen Beziehungen. Auf der Symbolebene handelt das Märchen nicht von einer idealistischen Verklärung der Realität, sondern von der Erfahrung, daß Mütter aus der Liebe zu ihren Kindern die Kraft schöpfen können, den eigenen Schmerz zu überwinden und ihre Entwicklung in menschlich reifer Form zu fördern. Damit bleibt die Vaterentbehrung für die Kinder zwar ein traumatisches Ereignis, aber eines, das durch die mütterliche Zuneigung und Verantwortung so weit gemildert wird, daß ein relativ konfliktfreier Lebensaufbau möglich ist.

3. Geschwister – Bollwerk gegen Einsamkeit und Konkurrenten

Das Märchen von „Schneeweißchen und Rosenrot" bietet auch ein anschauliches Beispiel für die Bedeutung von Geschwistern bei der Bewältigung der Vaterentbehrung an. Denn ihre Liebe ist das unverbrüchliche Band, das sie zusammenhält und die Belastungen des Lebens gemeinsam meistern läßt. Die verbreitete Auffassung, daß Geschwisterbeziehungen hauptsächlich durch Gefühle von Neid, Konkurrenz und Eifersucht geprägt seien, klammert die positiven Anteile wie Zuneigung, Zusammengehörigkeit und wechselseitige Verantwortung zu stark aus. Nach neuesten Forschungsergebnissen besitzen Geschwisterbindungen als die längsten Beziehungen im Leben auch den höchsten Grad einer sozial verläßlichen Dauerhaftigkeit. Der Grund dafür liegt darin, daß nicht nur die Eltern als innere Objekte verinnerlicht werden, sondern auch die Geschwister. Im positiven Fall unterstützen sich Geschwister daher in zweifacher Weise. Als reale Personen mit einem gemeinsamen „Wir-Gefühl" bilden sie eine verschworene Schutzgemeinschaft gegen alle Formen der Außenbedrohung. Sie zeigen Verständnis, geben Rat, leisten Hilfe, teilen

Geheimnisse und spenden Trost. Als verinnerlichte „gute" Objekte werden sie zu einer tragenden Kraft, die das Selbstgefühl des Geschwisters gegen Verletzungen festigt und sein Ich bei der Überwindung von Schwierigkeiten stärkt. Diese fundamentale Bedeutung von Geschwistern für den gesamten Lebensprozeß wurde entwicklungspsychologisch bisher zu wenig erkannt.[37]

Gerade das Thema Vaterentbehrung verweist auf die elementare Rolle von Geschwistern für die Abpufferung des traumatischen Ereignisses. Psychologisch sind vier Funktionen besonders zu betonen.

1. *Die Solidarität.* Nach dem Motto „geteiltes Leid ist halbes Leid" tragen Geschwister das Los gemeinsam und erleichtern sich dadurch das Gefühl des Verlassenseins. Der Halt, den sie aneinander finden, mildert ihre Einsamkeit. Sie können sich gegenseitig trösten und Mut machen, sie können die Ursachen der Vaterentbehrung besprechen, dadurch mehr Klarheit über die Situation gewinnen und gemeinsam nach konstruktiven Lösungen von Problemen suchen. Der Austausch ihrer Gefühle von Liebe und Haß, von Hoffnung und Enttäuschung sowohl über den Vater wie über die Mutter vermittelt ihnen wechselseitiges Verständnis, Vertrauen und Nähe.

2. *Schutzgemeinschaft gegen elterlichen Machtmißbrauch.* Durch ihre Solidarität sind Geschwister besser als Einzelkinder gegen alle Versuche der Mutter oder des abwesenden Vaters gefeit, die Kinder zu eigenen Zwecken zu mißbrauchen, ob als Bündnispartner, als Machtinstrument, als Partnerersatz oder als Sündenbock. Je stabiler der Geschwisterzusammenhalt ist, um so weniger gelingt es einem Elternteil, die Geschwister zu spalten und eins auf die eigene Seite zu ziehen.

3. *Geteilte Last des mütterlichen Leidens.* Das Leiden der Mütter nach einem Partnerverlust bedeutet für Kinder immer eine schwere zusätzliche Belastung. Wenn sich die Trauer, der Zorn und die Angst auf mehrere Kinderseelen verteilt, geht etwas von ihrer Wucht verloren. Dadurch sind Kinder ihrerseits mehr in der Lage, den Kummer der Mutter aufzufangen. Auch bedeuten Geschwister für verlassene oder verlassende Mütter einen geringeren Grad an Einsamkeit und eine höhere Würdigung und Selbstbestätigung in ihrer Identität als Frau und Mutter.

4. *Vaterübertragung.* Auf der unbewußten Ebene gibt es Geschwisterkonstellationen, bei denen es bevorzugt zu Vaterübertragungen kommt. Davon sind besonders ältere Brüder betroffen, die für ihre jüngeren Geschwister in die Fußstapfen des Vaters treten müssen und allen entsprechenden Wünschen und Erwartungen ausgesetzt sind. Während der Kindheit und Jugend kann eine solche Vaterübertragung für alle Beteiligten eine ausgesprochen stabilisierende Funktion haben. Der ältere Bruder wird in seinem Selbstgefühl durch die Bewunderung und Zuneigung seiner Geschwister und durch den Zuwachs an Kompetenz und Machtfülle gestärkt, wodurch er die Vaterentbehrung leichter verwindet. Die jüngeren Geschwister finden im älteren Bruder, der seine Verantwortung und Beschützerrolle übernimmt, Teile des verlorenen Vaters wieder, mit denen sie sich identifizieren können. Entwicklungspsychologisch stellt diese Chance einen gewissen Ausgleich zu dem Verlust her.

Kritisch werden solche Konstellationen in der Regel erst jenseits der Adoleszenz, wenn sich die Geschwister in ihren jeweiligen Rollen zu sehr verfestigt haben. Die wechselseitige Loslösung aus solchen Fixierungen kann mit heftigen Konflikten einhergehen, etwa wenn der ältere Bruder an seinem Machtpotential festhält oder die jüngere Schwester ihre Übertragungsliebe zu dem Bruder-Vater nicht aufgibt.

In der Praxis gibt es auch zahlreiche Beispiele von Vaterübertragung zwischen einer älteren Schwester und einem jüngeren Bruder. Dieser muß entsprechend der unbewußten Erwartung über sein Alter hinauswachsen, während die Schwester die Position der kleinen Tochter einnimmt. Aber auch ältere Schwestern können leicht zum Vaterersatz werden, zumal dann, wenn sie vor der Vaterentbehrung stark mit dem Vater identifiziert waren und entsprechende Charaktermerkmale ausgebildet haben.

Die positive Einschätzung von Geschwisterbeziehungen bei der Entschärfung der traumatischen Folgen einer Vaterentbehrung kann sich leider nicht auf durchgängige Erfahrungen stützen. Es gibt kaum wissenschaftliche Untersuchungen zu dieser speziellen Fragestellung, die eine einheitliche Aussage zuließen. Bei dieser Unklarheit ist wieder zu berücksichtigen, daß Geschwister nur einen Faktor von Umweltbedingungen darstellen, die unter ungünstigen Voraussetzungen, zum Beispiel bei Armut in Verbindung mit einer hohen Geschwisterzahl, selbst primär harmonische Beziehungen nach dem Ausfall des Vaters schwer beeinträchtigen können. Da außerdem Geschwister nicht nur durch positive Kräfte verbunden sind, sondern ihr eigenes Konfliktpotential besitzen, kann sich dessen Dynamik unter dem Einfluß der Vaterentbehrung in eine destruktive Richtung entwickeln. Ein sehr anschauliches Beispiel liefert dafür folgender Fall:

Herr M., ein 33jähriger Jurist, hatte seinen Vater im Alter von sieben Jahren durch einen Verkehrsunfall verloren. Ich greife hier aus dem Spektrum seiner Schwierigkeiten nur den Bruderkonflikt von der Intensität eines Kain-Abel-Komplexes heraus. Herr M. berichtete zu Beginn der Analyse über seinen zwei Jahre älteren Bruder, einen erfolgreichen, verheirateten Mediziner mit drei Kindern: „Er war schon immer ein begabter Hund, spielte mehrere Instrumente. Eine Zeitlang sind wir zusammen aufgetreten. Obwohl ich viel schlechter war, hat er mir immer die Führungsrolle gegeben. Er war der eindeutig Überlegene; er hatte etwas Geheimnisvolles, fast Überirdisches an sich. In seiner Gegenwart fühlte ich mich geborgen und war sicher, daß alles gut geht. Wenn er Orgel spielte, hatte es etwas Mystisches."

In dieser Beschreibung ließen sich noch deutlich die stabilisierende Funktion des Bruders und die Idealisierung erkennen, die ihn in eine enge Vaterübertragung rückten. Auch der Vater war ein angesehener, tatkräftiger Mann von einer fast unnahbaren Größe, ein Gott-Vater der ersten Kinderjahre. Der Bruder wurde als ältester Sohn sein Favorit, während Herr M. sich mit der Lieblingsrolle bei der Mutter begnügen mußte. Die Behandlung förderte dann zu Tage, was sich im Unbewußten hinter der Idealisierung verbarg. Ich konnte zunächst nur aus der Tatsache, daß die Brüder schon seit Jahren keinen Kontakt mehr zueinander hatten, auf einen stark verdrängten Rivalitätskonflikt schließen. Seine ganze Dramatik möchte ich an einer Traumserie aufzeigen, die ich aus zahlreichen Träumen über den Bruder ausgewählt habe, weil sich an ihr die Veränderungen exemplarisch darstellen lassen, die das Unbewußte unter dem Einfluß einer aufdeckenden Therapie durchläuft.

„Ich liege hier auf der Couch. Mein Bruder und Sie sitzen an der anderen Seite des Raumes. Mein Bruder erzählt unheimlich positive Sachen über mich. Ich habe das Gefühl, verstanden zu sein. Ich bin so begeistert, daß ich mich aufrichte."

„Ich und mein Bruder sind in einem KZ, abgemagert und mit nacktem Oberkörper. Das Lager wird von einer Interkontinentalrakete bedroht. Ich bin ziemlich ruhig und gehe zu meinem Bruder unter die Decke ins Bett."

Nach diesen einleitenden Träumen, in denen der Bruder Herrn M. in seinem Narzißmus bestätigt, in seinem Stolz „aufrichtet" und ihn vor Außenbedrohungen beschützt, tauchen durch die Erinnerungsarbeit frühkindliche Affekte von oralem Neid und ödipaler Konkurrenz auf:

„Ich sitze mit mehreren Leuten in einem Lokal. Mein Bruder ist auch dabei. Ich bekomme etwas zu essen, obwohl ich mir nichts bestellt habe. Aber ich hatte Hunger und schütte mir deswegen noch mehr auf den Teller, damit es mir keiner wegnehmen kann. Mein Bruder hat nichts gekriegt, obwohl er was bestellt hatte."

„Im Garten bei meinen Eltern ist ein Fest. Ich wollte mich schön anziehen, hatte aber keine Krawatte. Ich nehme die von meinem Bruder und eine Hose von ihm, die mir viel zu groß ist. Aber sein Jackett paßt mir. Mein Bruder kam ganz leger gekleidet ins Zimmer und wundert sich über den Anachronismus mit dem Anzug."

Im nächsten Traum muß die zunächst harmlos erscheinende „Krawatte" nicht mehr symbolisch verschlüsselt bleiben:

„Ich führe mit meinem Bruder einen Kampf mit unseren eregierten Penissen. Es war ziemlich ernst. Ich nahm beiläufig Maß. Meiner war größer."

Der „ziemliche Ernst" wird langsam zur ernsten Gefahr:

„Ich saß mit meinem Bruder am Tisch und habe ihn mit niederträchtiger Aggression fertiggemacht."

Nach diesem Traum erzählte Herr M. zum erstenmal verzweifelt über seine Unterlegenheitsgefühle. „Der Gegensatz zu meinem Bruder ist für mich zu einer schweren Belastung geworden. Während ich bis heute wackelig auf meinen Füßen stehe, ist er immer seinen graden Weg gegangen. Ich werde nie auf einer Stufe mit ihm stehen, ich muß ihm immer noch was beweisen."

Während des Berichtes steigerte sich Herr M. immer stärker in eine unbändige Wut hinein. „Ich will nicht, daß er da ist. Ich will endlich Ich sein und nicht immer von deinem Handeln bestimmt werden." Dann schrie er laut heraus: „Hau' ab!"

Wie zur Bestätigung und Bestrafung zugleich träumte er in der folgenden Nacht.

„Ich ringe mit meinem Bruder, ich bin der Kleine. Ich nehme ihn fest am Handgelenk. ‚Mensch, hast du Kraft', sagt er. Dann wirbelt er mich durch die Luft; ich fliege an ganz gefährlichen Dingen vorbei und lande vor einem Zaun."

Viel später wird für Herrn M. dann endlich durch einen Traum die tiefere Wurzel des unbewältigten Rivalitätskonfliktes aufgedeckt:

„Ich ging durch den Garten und kam an eine Höhle, aus der Klaviermusik klang. Ich krabbele hinein, die Höhle wurde immer mehr zu einer Luxuswohnung. Da unten saß mein Bruder am Klavier. Unglaublich, was der sich alles hier gebaut hat! Er sagt, er hätte die Höhle mit ‚Vati' gebaut, am ersten Tag. Ich sagte, das sei unmöglich. Es mußte monatelang gegangen sein, was sie mir verheimlicht haben. Ich fühlte mich ausgeschlossen. Ich drückte meine Enttäuschung aus, meinen Neid und meine Wut. Es kommt zum Handgemenge. Plötzlich hat er einen Schraubenzieher in der Hand und will auf mich einstechen. Ich halte seinen Arm fest, wir zittern beide vor Kraftanstrengung. Dann wachte ich vor Angst auf."

In der Koalition mit dem Vater kann es nur einen Sohn geben. Offenbar hat auch sein Bruder nichts ausgelassen, um den Jüngeren beim Vater „auszustechen". Da der Bruder dessen Günstling war, kann Herr M., getreu dem biblischen Vorbild, das Unrecht nur durch Brudermord rächen:

„Ich habe meinen Bruder mit einem Messer umgebracht und wollte ihn in einem Waldgrundstück verstecken."

Um die Dramatik noch zu überspitzen und ganz sicher zu sein, die verhaßte Bruderrepräsentanz in sich beseitigt zu haben, erzählte Herr M. in einer noch späteren Therapiestunde den letzten Traum vom Bruder:

„Ich habe mit meinem Bruder gekämpft. Er hatte eine Eisenstange. Ich bin auf ihn los und habe ihn mit einer Axt erschlagen, in der Mitte durch. Ich mußte dreimal zuschlagen, bis Kopf und Oberkörper vom Unterkörper getrennt waren."

Nur wenn der Gegner vollständig zerstückelt wird, ist er auch wirklich „weg", ein „leerer Platz", wo vorher etwas war, was da nicht hingehörte.[38]

Kurze Zeit danach konnte Herr M., nachdem seine Traumphantasie vom Brudermord durchgearbeitet war, nach Jahren des Schweigens wieder Kontakt zu seinem Bruder aufnehmen. Sie verabredeten sich zu einem gemeinsamen Wochenende und tauschten bei langen Wanderungen ihre Erinnerungen an den Vater aus, die bei jedem der Brüder zu starken Verzerrungen des realistischen Vaterbildes geführt hatten. Durch die Erkenntnisse, die Herr M. in der Analyse über die komplexe Dynamik ihrer Beziehungen zum Vater gewann, fanden die Brüder zu einer erwachsenen Form der Verständigung. Den letzten Abend ihrer Begegnung verbrachten sie mit gemeinsamem Musizieren.

Konkurrenz zwischen Geschwistern gehört, wie die Liebe und das Zusammengehörigkeitsgefühl, zu jeder normalen Entwicklung. In bestimmten Lebensphasen ist sie sogar notwendig, weil in den Abgrenzungskämpfen der Geschwister die eigene Individualität erst herausgebildet werden kann. Im Schonraum der Familie bilden sie zudem ein geeignetes und relativ sanktionsfreies Übungsgelände, um im späteren Leben unvermeidbare Konkurrenzkämpfe konfliktfreier austragen zu können.

Die Tragik des Bruderkonfliktes von Herrn M. lag darin, daß der Vater ihn zu einem Zeitpunkt „verlassen" hatte, als er noch voll in der ödipalen Auseinandersetzung mit ihm stand. Durch den frühen Tod konnte der Vater ihm nicht mehr helfen, diesen Konflikt auszutragen und zu einer reifen psychosexuellen Identität zu finden. In dem Zwischenstadium trat der Bruder an die Stelle des Vaters. Teilweise idealisiert, teilweise als Vater-Bruder bekämpft, blieb Herr M. in dieser ödipalen Konstellation an den Bruder fixiert. Dieser besaß jedoch noch nicht die „väterliche" Reife und Souveränität, um dem „kleinen" Bruder die Überwindung des Konfliktes zu erleichtern, zumal er nicht ohne Konkurrenzgefühle dem jüngeren Rivalen entgegentrat. Wenn der Vater weitergelebt hätte, wäre beiden Brüdern die Bewältigung der ödipalen Auseinandersetzung leichter gefallen. Damit wären sie zu Freunden und „Brüdern" geworden, statt zu dauerhaften Rivalen.

Geschwister sind also nicht nur Bündnispartner bei der Verarbeitung der Vaterentbehrung. Je nach Konstellation können sich die entwicklungspsychologisch unvermeidbaren Affekte von Neid, Eifersucht und Rivalität zu dramatischen Konflikten ausweiten, wenn eines der Geschwister oder alle noch zu stark an den verlorenen Vater gebunden sind. Die Hintergründe der meist unbewußten Spannungen aufzudecken und die Geschwister wieder zusammenzuführen, ist oft nur noch mit Hilfe einer tiefenpsychologischen Beratung oder Therapie möglich. So konnte auch Herr M. in dem Maße, wie er den Stellvertreterkonflikt mit seinem Bruder durcharbeitete, schrittweise sein Vaterschicksal annehmen und alle daraus resultierenden Folgen für sein Selbstgefühl und seine entfremdeten Beziehungen zu Frauen in konstruktive Lösungen umwandeln.

4. Die Licht- und Schattenseiten von Stiefvätern

Weder die Scheidungs- noch die Vaterforschung kennt eine klare Unterscheidung zwischen Stief- und Ersatzvätern. Entweder sind beide Begriffe gleichbedeutend, oder als Ersatzvater wird bezeichnet, wer in einer freien Partnerschaft mit der Mutter des Kindes zusammenlebt. Aus psychologischen Gründen erfordern diese Unklarheiten eine genauere Unterscheidung. Schon auf den ersten Blick bedeutet es für ein Kind einen gewichtigen Unterschied, ob die Mutter in erster Linie für sich einen neuen Mann an Stelle des leiblichen Vaters gefunden hat, oder ob es selbst bestimmt, wen es als „Ersatz" emotional annehmen kann. Deswegen soll die Rolle von Stief- und Ersatzvätern in zwei verschiedenen Kapiteln dargestellt werden.

Solange die seit altersher mit dem Attribut „böse" belasteten begriffe Stiefmutter und Stiefvater die offizielle Nomenklatur bestimmen, sollten sie wenigstens den gewandelten Familienstrukturen Rechnung tragen. Mir sind keine Versuche bekannt, die beiden unseligen Wörter durch wertneutralere oder gar freundlichere zu ersetzen. Etymologisch hat die Vorsilbe „stief" die Bedeutung von „abgestutzt, beraubt, verwaist". Ein Stiefkind ist laut „Großem Duden" ein „,vernachlässigter Gegenstand', z. B. der Gesetzgebung". Wie elegant nehmen sich dagegen die romanischen Sprachschöpfungen aus. Im Französischen ist die Stiefmutter die „belle-mère", der Stiefvater der ‚beau-père', im Italienischen „matrigua" und „patriguo", im Spanischen „madrostra" und „padrostra" – Mutter- und Vatergestirne. Mir erscheinen im Deutschen die Begriffe „Muttertante" (Tante ist eine Weiterbildung des lateinischen Verbs amare = lieben) und „Vateronkel" angemessen, um das „böse" Erbe abzustreifen. Beide Begriffe lassen sich nicht nur auf neuverheiratete Paare mit Kindern aus früheren Beziehungen vorbehaltloser anwenden, sondern auch auf unverheiratete Lebensgemeinschaften mit Kindern aus früheren Beziehungen. Damit würden sie dem Zeitgeist gerechter.

Denn bekanntlich nehmen nichteheliche Gemeinschaften mit Kindern ständig zu, und mit ihnen das bunte Patchwork der Lebensformen. Schlagworte wie Lebensabschnittspartner, serielle Monogamie, Ehe auf Zeit, Ehe ohne Trauschein, living-apart-together-Beziehungen, Mehrelternfamilien und Fortsetzungsfamilien weisen auf ein neues Verständnis von Partnerschaften hin, bei denen, immer wenn Kinder beteiligt sind, deren Bindung besonders zu Männern ihre frühere Dauer und Verläßlichkeit einbüßt. Genau hier liegt ein kritischer Punkt, der im öffentlichen Bewußtsein bisher kaum berücksichtigt und deswegen an dieser Stelle besonders betont werden soll. Während bei allen genannten Wechselfällen familiärer Organisation in der Regel die Mutter als konstante Bezugsperson erhalten bleibt, erlebt ein wachsender Teil von Kindern „Männer auf Zeit", die jedesmal als „Väter" in Erscheinung treten. Wenn in dieser Situation der leibliche Vater, wenn auch als außerfamiliäre, aber Kontinuität garantierende Person endgültig verlorengeht, fühlt sich das Kind als Spielball mütterlicher Interessen und wird seine Bereitschaft zur Identifikation zunehmend aufgeben. Entsprechend der veränderten Familienstrukturen ist es sinnvoll, als Stiefväter alle Männer zu bezeichnen, die unabhängig vom Heiratsstatus und der Dauer der Beziehung, eine enge Partnerschaft mit der Mutter eines nichtleiblichen Kindes eingehen. Der Grund für diese Vereinheitlichung ist einleuchtend: Alle diese Männer entwickeln neben der Bindung an die Mutter auch eine emotionale Beziehung zu dem Kind, übernehmen eine stellvertretende Verantwortung und tragen in unterschiedlichem Ausmaß zur sozialen und ökonomischen Stabilität des neu entstandenen Familiensystems bei. Durch diese umfassenden Funktionen werden sie selbst zu einem Teil des Systems. Das ist das Gemeinsame ihrer Rolle und unterscheidet sie, wie wir sehen werden, grundsätzlich von Ersatzvätern.

Da mit den Wandlungen der Familie Stiefväter im obigen Sinne ständig zunehmen, ist auch in der Forschung das Interesse an ihnen gewachsen. Die bisherigen Ergebnisse verweisen in ihrer Tendenz stärker auf die Schatten- als auf die Lichtseiten der Stiefvaterrolle. Die geläufigsten Erklärungen befassen sich mit den Schwierigkeiten eines Stiefvaters, seine Rolle den Kindern gegenüber in dem neu entstandenen System zu bestimmen. Dabei steht er vor folgenden Fragen: Soll er versuchen, dem Kind ein „Vater" zu sein, auch wenn der Kontakt zum leiblichen Vater noch besteht? Wie stark soll er sich in die Erziehung einmischen oder an ihr beteiligen, also auch Autorität repräsentieren? Soll er sich darauf beschränken, nur ein „Freund" zu sein? Solche und andere Fragen sind von sehr realer und alltagsbestimmender Natur und müssen mit allen Beteiligten geklärt werden.

Aber aus psychologischer Sicht bleiben sie zu sehr an der Oberfläche und verdecken eine tiefere Ebene der Beziehungsschwierigkeiten zwischen Stiefvätern und den ihnen anvertrauten Kindern. Dies gilt in gleicher Weise für Stiefmütter. Erst die Analyse der unbewußten Ursachen für die gehäuft auftretenden Konflikte kann das Wesen des „Stiefdaseins" erhellen und darüber aufklären, warum es so archetypisch mit dem Stigma des „Bösen" assoziiert wird. Den Versuch zu einer tieferen Ausleuchtung des Problems möchte ich mit einer kurzgefaßten Fallskizze einleiten, wobei sie als extreme Überzeichnung der „Normalität" wiederum dazu dient, an ihr einige grundsätzliche Züge zu verdeutlichen. Die Behandlung gehört zu einer der bedrückendsten und verstörendsten Erfahrungen in meinem Berufsleben als Psychoanalytiker. Ich beschränke mich im folgenden auf die wichtigsten Fakten im Zusammenhang mit der Stiefvaterthematik.

Herr R., ein zu Beginn der sechsjährigen Analyse 35jähriger Buchhändler, wurde während des Zweiten Weltkrieges geboren. Sein Vater fiel kurz vor Kriegsende. Herr R. hatte keinerlei Erinnerungen an ihn, zumal nach der Neuverheiratung der Mutter noch während der Nachkriegswirren der Stiefvater mit ihrem erzwungenen Einverständnis alle Spuren seines Vorgängers systematisch vernichtete. Über ihn durfte auch nicht mehr gesprochen werden. Die Mutter ermahnte ihren Sohn ständig zur Bravheit und Dankbarkeit dem Stiefvater gegenüber, da er sie beide aus ihrem Elend gerettet hätte. Dieser war ein strenger und ehrgeiziger Studienrat, der eine Karriere als Rektor machte. Jede Trotzreaktion des Stiefsohnes wurde zum Anlaß für drakonische Strafmaßnahmen mit Rohrstock und Peitsche. Die Mutter entwickelte sich zu seinem willigen Werkzeug. Nachdem zwei weitere Kinder aus der neuen Ehe geboren waren, behandelte sie ihren ersten Sohn mit unnachgiebiger Härte und Gewalt, um dem Ehemann keinen Anlaß zur Klage über das Stiefkind zu geben. Die Grenzen zwischen Realität und Märchen sind oft fließend.

Das Schicksal von Herrn R., ein Ausgestoßener zu sein, sollte sich bitter rächen. Als Junge wurde er immer aufsässiger. Seinen Haß entlud er oft an schwächeren Kindern, und noch als Erwachsener zettelte er in angetrunkenem Zustand blutige Schlägereien an. Seit seiner Jugend betäubte er sich mit Tabletten und Alkohol; seine Sucht trieb ihn immer tiefer in sein Unglück hinein. Als er deswegen zur Behandlung kam, begegnete mir ein emotional fast erstarrter Mann, der seinen Haß auf Menschen und seinen Selbsthaß hinter einer undurchdringlichen Maske aus schneidendem Zynismus verbarg. In seinen Frauenbeziehungen bevorzugte er Prostituierte und Transvestiten. Während er tagsüber seinem Beruf dank hoher Begabung noch ausreichend nachgehen konnte, zog es ihn nachts in die Schatten der Halbwelt.

Es gelang mir in mehreren mühevollen Behandlungsjahren nicht, dem Patienten mit Hilfe der Übertragung ein „guter" Ersatzvater zu werden, der die Verletzungen seiner Kindheit und die Zerrissenheit seiner Person hätte heilen können. Er mußte mich aus Angst vor neuerlicher Enttäuschung auf Distanz halten und mich immer wieder „ausstoßen", wenn die Gefahr der

Nähe zwischen uns zu groß wurde. Sein Vertrauen in Menschen war restlos zerstört. Schließlich brach er die Therapie ab, als er einsehen mußte, daß sein Widerstand und seine negative Übertragung stärker waren als aller Gesundungswille.

Zwei Jahre später machte er wahr, womit er mich während der gesamten Behandlungszeit unter Spannung hielt. Ich bekam die Nachricht von einer flüchtigen Bekannten. Herr R. tötete sich im Keller seines Hauses mit einem Pistolenschuß in den Mund. Er hinterließ die Welt so, wie er sie als Kind erlebt haben mußte, als einen Ort des Grauens. Mit dieser real-symbolischen Inszenierung opferte er auch endgültig seinen zehnjährigen Sohn aus einer flüchtigen Ehe, um den er sich schon seit Jahren kaum noch gekümmert hatte.

Während der Arbeit an diesem Buch sah ich „durch Zufall" den preisgekrönten Dokumentarfilm „Gemeinsam sind sie stark. Löwinnen der Serengeti".[39] Das Schicksal von Herrn R. erschien mir plötzlich in einem neuen Licht. Der Film begleitet zwei Löwenrudel, die hauptsächlich aus Weibchen und ihren Jungen bestehen und von nur wenigen Männchen beschützt werden. In einem der Rudel müssen die bisherigen Führer zwei stärkeren, von außen kommenden Löwen weichen. Einer von ihnen greift ein Weibchen mit ihren zwei Jungen an. „Er ist entschlossen, alle Neugeborenen zu töten." Die Mutter versucht vergeblich, ihre Jungen zu verteidigen. „Wie alle Löwen, die ein neues Rudel übernehmen, ist das Männchen nicht bereit, seine Energie in die Aufzucht von fremdem Nachwuchs zu stecken. Sein Instinkt treibt ihn dazu, die Jungen zu töten." Aus dem Drehbuchtext erfährt man weiter, daß ein Viertel aller Löwenbabys auf diese Weise umkommen. „Sie sind die Opfer, wenn fremde Männchen die Macht übernehmen." Und wie verhalten sich die Mütter, nachdem ihre Jungen von den neuen Machthabern umgebracht wurden? Im Zuschauer regt sich Empörung, wenn er erfährt: „Nur wenn die neuen Herrscher die Babys töten, sind die Löwinnen schnell wieder bereit, sich mit ihnen zu paaren."

Analogien aus der Tierverhaltensforschung sollte man nicht strapazieren, auch wenn wir dieser Wissenschaft wichtige Erkenntnisse über menschliches Verhalten verdanken. Je gründlicher man dieses beobachtet, um so häufiger drängt sich der Eindruck auf, daß atavistische Instinktmuster eine stärkere Prägekraft besitzen, als der Mensch sich selbst einzugestehen bereit ist. Die Tragödie von Herrn R. zählt keineswegs zu den seltenen Ausnahmen. Aus der Mißhandlungsforschung ist geläufig, daß Stiefkinder mit einem besonders hohen Risiko belastet sind. Jeder Leser kennt die sensationsträchtigen Presseberichte über Stiefväter und Mütter, die gemeinsam über Jahre ein oder mehrere frühere Kinder der Mutter den grausamsten Torturen aussetzen und ihren Tod billigend in Kauf nehmen. Auch Herr R. hat mit seinem späteren Selbstmord die latenten Tötungswünsche seines Stiefvaters und seiner Mutter symbolisch und real zum Ausdruck gebracht.

Getreu dem patriarchalen Denken waren es bisher hauptsächlich die „bösen" Stiefmütter, die die Kinder aus der ersten Ehe des Mannes „weggebissen" haben. Die Grimmschen Märchen „Schneewittchen" und „Aschenputtel" stehen als berühmte Beispiele für diese kulturelle Traditionslinie. Mit dem wachsenden Heer von Stiefvätern sind dringendes Umdenken und eine Erweiterung des Blickwinkels angesagt. Nach dem heutigen Forschungsstand läßt sich resümieren, daß es bei der Spezies Mensch keinen erkennbaren Unterschied zwischen Frauen und Männern im Umgang mit dem nichtleiblichen Nachwuchs gibt, weder im positiven noch negativen Sinne. Was sind aber die Motive von Stiefvätern, die nichtleiblichen Kinder „auszustoßen"? Unter „Ausstoßung" sind hier alle bewußten und unbewußten Impulse gemeint, die eine von Fürsorge, Schutz und Verantwortung getragene Integration der betroffenen Kinder in das neu entstandene Familiensystem verhindern.

Hier greife ich auf das Modell des gespaltenen Motivsystems zwischen „Eigenem" und „Fremden" zurück. In bezug auf die Ausstoßungstendenzen des Stiefvaters scheint einer der tiefsten Gründe für sein Verhalten in der Tatsache zu liegen, daß ihm das Kind der Mutter „fremd" ist. Nur was von einem selbst stammt, kann auch das „Eigene" sein. Diese Spaltung entspricht einem tief verankerten Motivsystem im Menschen, das „Fremde" auszugrenzen, um das „Eigene" zu bewahren. Neben der Faszination, die von allem Fremden ausgeht, wird es zunächst als elementare Bedrohung der Grenzen erlebt, mit denen das „Eigene" nach draußen verteidigt wird. So bedeutet das „fremde" Kind eine Gefahr für das „eigene", neu gegründete Familiensystem, weil es durch sein Anderssein etwas Unkontrollierbares in die Regulation des Systems einführt. Hinzu kommt, daß das Stiefkind mit all seinen „fremden" Eigenschaften nicht für sich allein steht, sondern sein Fremdsein durch seine Geschichte und seine Abstammung von einem „Fremden", dem leiblichen Vater, verlängert wird. Je mehr dieser noch präsent ist, den Kontakt zu seinem Kind aufrechterhält und eigene Rechte einfordert, um so stärker nimmt er als „Fremder" Einfluß auf das neugeschaffene Familiengefüge. Damit wird er auch zur realen Bedrohung und fördert unabsichtlich seine eigene Ausgrenzung wie die des Kindes. Dieser Prozeß wird zusätzlich durch Wechselseitigkeit kompliziert. Denn das Kind erlebt seinerseits nur den leiblichen Vater als das „Eigene" und den Stiefvater als „Fremden", der real oder in der kindlichen Phantasie das ursprüngliche Familiensystem zerstört hat. Es wird also zunächst mit allen Mitteln versuchen, diesen „Fremden" wieder auszustoßen.

Dieses Modell vermittelt eine Ahnung von dem Konfliktpotential, das für alle Beteiligten aus der Spaltung resultiert. Dabei ist jeder durch verschiedene Loyalitäten gebunden, zum Beispiel das Kind zum leiblichen Vater oder die Mutter zum neuen Partner, wodurch seine Anpassung an die neue Realität außerordentlich erschwert wird. Nur diese meist unbewußten Motive machen die Dramen bei der Konstituierung eines neuen Familiensystems deutlich. Die Ausgrenzung des leiblichen Vaters durch seine ehemalige Frau und den Stiefvater und die innere „Verfolgung" des Stiefkindes zählen zu den häufigsten Komplikationen. Sie werden erst durch diese unbewußte Dynamik der Beziehungen verständlich. Hier dürfte eines der ernsthaftesten Probleme bei der Gestaltung alternativer Familienmodelle und der Vermeidung der Vaterentbehrung nach Trennung und Scheidung liegen.

Eine andere Gefahr der Spaltung in das „Eigene" und das „Fremde" besteht bei Familienneugründungen in der Verletzung des Inzesttabus. Dieses hängt, wie wir an früherer Stelle sahen, sehr eng mit der Verinnerlichung der Familie als Einheit, mit einer intakten „Familienrepräsentanz" zusammen, die dem „Eigenen" zugerechnet wird. Ein „fremdes" Kind erfüllt diese Voraussetzung nicht. Dadurch entfällt ihm gegenüber auch das Inzesttabu. Der häufige sexuelle Mißbrauch von Stieftöchtern durch ihre Stiefväter gehört zu der tragischen Logik dieser Spaltungsdynamik. Denn die genauere Untersuchung dieser Delikte zeigt in der Regel auch hier als Grundmotiv die Ausstoßungsimpulse. Jeder sexuelle Mißbrauch ist ein Akt der Gewalt, mit dem das Selbstgefühl des Mädchens zerbrochen und es in seine „fremde" Welt zurückgestoßen werden soll. Darauf weist auch die häufige Kombination von Sexualität und körperlicher Mißhandlung hin.

Die bisherige Darstellung mag ausreichen, um die schicksalhaften Folgen für Kinder zu illustrieren, die nach der Vaterentbehrung mit einem Stiefvater zusammenleben müssen, der aus inneren Gründen nicht in der Lage ist, das zunächst „fremde" Kind als „eigenes" anzunehmen. Die Ausgrenzungsimpulse müssen nicht so grob ausgeprägt sein, wie es die Beschreibung nahelegt. Aber die Extreme weisen zugleich auf die vielen subtilen Formen der Ausstoßung hin, die unter der Decke scheinbarer Harmonie oft verborgen bleiben. Sie können in Kombination mit anderen ungünstigen Einflüssen im Kind oft nicht weniger intensive Gefühle der „Ent-Fremdung" von seiner Umwelt und schließlich von sich selbst erzeugen. Eine zentrale Rolle spielt in diesem Zusammenhang auch wieder die Mutter. Wenn sie die Liebe und Loyalität zu ihrem Kind aufrechterhält, selbst unter der Gefahr vermehrter Konflikte mit ihrem neuen Partner, kann sie die seelischen Folgen der Zurückweisung durch den Stiefvater besser ausgleichen.

Ich bin allerdings überzeugt davon, daß die tiefgreifende Umgestaltung der Familie in den letzten Jahrzehnten und die parallel dazu grundlegend gewandelten Vaterbilder in breiten Teilen der Männerwelt auch bei Stiefvätern zu einem veränderten Verständnis ihrer Rolle geführt haben. Nach breiten Erfahrungen gibt es heute ungezählte Stiefväter, besonders wenn sie selbst Väter sind, die nach dem Grundsatz „Ich liebe mein Stiefkind genauso wie mein eigenes" ihre Verantwortung besser wahrnehmen und emotional verläßlichere Bindungen zu ihm aufbauen, als es die leiblichen Väter jemals vermochten. Damit wird zwar die Verletzung der Vaterentbehrung nicht ungeschehen gemacht. Aber bezogen auf ihre gesamte Persönlichkeitsreifung können Kinder durch solche Stiefväter mehr profitieren, als es bei den eigenen Vätern möglich gewesen wäre. Unter dieser Bedingung und in dem Gefühl, an „Tochter oder Sohnes statt" angenommen worden zu sein, läßt sich auch das frühe Trauma leichter verarbeiten.

5. Ersatzväter helfen bei der Entwicklung der eigenen Identität

Freud hat aus dem weiten Reich kindlicher Phantasietätigkeit eine verbreitete Beobachtung auf den Begriff „Familienroman" gebracht.[40] Er bezeichnet die Neigung des Kindes, sich für alle elterlichen Versagungen durch die Einbildung zu entschädigen, von anderen Eltern abzustammen. Diese vereinigen in der Phantasie alle positiven Eigenschaften in sich, die die eigenen Eltern vermissen lassen: Sie sind gütig, reich und vornehm und immer bereit, alle Bedürfnisse des Kindes zu befriedigen – Traumeltern aus einer Märchenwelt. Der „Familienroman" ist die Geburtsstätte der Ersatzmütter und -väter. Mit zunehmender Reife des Kindes schält sich aus den Phantasiegestalten eine konkrete Person des nahen Umfeldes heraus, die seine Wünsche nach einer besseren Mutter oder einem besseren Vater auf sich zieht. Aus der Menge von Tanten und Onkeln, Erzieherinnen und Lehrerinnen, Müttern und Vätern von Freunden oder von Nachbarn „erkennt" das Kind mit sicherem Instinkt einen Menschen, der es auffängt, hält und versteht. Die gleichen Schwingungen ziehen es an. Zu ihm flieht es immer häufiger aus der häuslichen Enge. Geborgenheit findet es in erster Linie außerhalb. Viele Erwachsene kennen das Glücksgefühl, wenn ein Kind zu ihnen sagt: „Ich wünschte, du wärest meine Mutter / mein Vater." Dieses Vertrauen beseligt jeden, weil es das eigene Urbedürfnis nach Harmonie, Einheit und Aufgehobensein in der Welt berührt.

Der erwählte Ersatzelternteil wird durch Projektionen und Idealisierungen von seiten des Kindes meistens verzerrt wahrgenommen. Er ersetzt auch dem Kind nicht die Auseinandersetzung mit den häuslichen Lebensbedingungen und Beziehungsproblemen. Diese ist für die Entwicklung seines Realitätssinns und die schließliche Verinnerlichung der Elternbilder unverzichtbar. Aber Ersatzeltern können emotionale Defizite und Sozialisationsmängel ausgleichen und als „gute" innere Objekte aufgenommen werden. Mit dieser doppelten Aufgabe erfüllen sie eine bleibende Leitbildfunktion.

Ersatzmütter und -väter besitzen den unschätzbaren Vorzug, durch keine offiziellen Verpflichtungen in das Familiensystem eingebunden zu sein. Erst durch diesen Freiheitsgrad ist es ihnen möglich, dem Kind eine konfliktfreie Sphäre von Empathie und Verständnis anzubieten. Sie können die ungeteilte Bewunderung und Dankbarkeit des Kindes genießen und werden dadurch in ihren Bemühungen bestärkt. Und das Wesentliche, das sie weiter auszeichnet: Sie sind von dem Kind freiwillig erwählt worden. Alle diese Eigenschaften und Merkmale unterscheiden Ersatzeltern grundsätzlich von Eltern und besonders von Stiefeltern. Deswegen scheint mir die klare Trennung der Begriffe Stiefvater und Ersatzvater sehr sinnvoll.

In seiner Arbeit über den „Familienroman" betont Freud einleitend, daß die Ablösung von den Eltern zu „einer der notwendigsten, aber auch schmerzlichsten Erfahrungen der Entwicklung" gehört.[41] Dies sei ein wesentlicher Grund, warum sich Kinder Traumeltern phantasierten, die ihnen die Trennung erleichterten. Das gleiche gilt für die später realen Ersatzeltern. Auch sie werden zu Katalysatoren der Emanzipation vom Elternhaus. Wenn man noch weiter in die kindliche Entwicklung zurückgreift, lassen sich Ersatzeltern in diesem Sinne auch als „Übergangsobjekte" definieren. Der Kinderanalytiker Winnicott hat diesen Begriff für Gegenstände wie Nuckel, Knuddeltücher, Schmusekissen und Kuscheltiere eingeführt, die Babys ab dem sechsten Lebensmonat und dann weit in die Kindheit hinein benutzen, um sich über die Zeiten der Abwesenheit der Eltern hinwegzutrösten. Auch Haustiere erfüllen diese Funktion. Durch Symbolisierung gelingt es dem Kind auf diese Weise, sich den Gegenstand quasi als Ersatz für die Eltern anzueignen. Auch dem „Übergangsobjekt" kommt dabei die Funktion zu, die notwendige Ablösung von den Eltern schrittweise einzuleiten und in ihrer traumatischen Wirkung abzumildern.[42] Die phantasierten Personen des „Familienromans" lassen sich im Vergleich mit den „Übergangsobjekten" als reifere Stufen der Symbolisierungsfähigkeit auffassen. Erst wenn das Kind zu einer ausreichenden Unterscheidung von Eltern und Außenwelt in der Lage ist und diese selbst aktiv mitgestaltet, kann es auch die Phantasien aufgeben und sich einen realen Elternersatz schaffen.

Es ist mehr als einleuchtend, daß Kinder, Jugendliche und Heranwachsende ohne Vater in besonderem Maße auf „gute" Ersatzväter angewiesen sind. Aus psychologischer Sicht garantieren sie nach meiner Einschätzung unter allen Umweltbedingungen eine der wichtigsten Voraussetzungen, um das Trauma der Vaterentbehrung relativ unbeschadet zu überstehen. Vom Stiefvater muß sich das Kind nicht nur, ähnlich wie vom leiblichen Vater, ablösen; es muß auch alle Konflikte verarbeiten, die durch seine Existenz auftreten: die Ambivalenz zwischen Haß und Sehnsucht, die geteilten Loyalitäten, das Gefühl der „Fremdheit" und Ausgrenzung und die eigene Oppositionshaltung, die sich durch dramatische Konkurrenz, Rivalität und grundsätzlichen Widerstand gegen alle Angebote des Stiefvaters ausdrückt. Erst wenn in einem langsamen Prozeß der Annäherung der Stiefvater das Kind als „eigenes" annehmen und dieses ihn als identitätsstiftendes Vorbild akzeptieren kann, erreicht die Beziehung die Qualität, wie sie durch „ideale" Ersatzväter erreicht wird. Man kann auch sagen: Der Stiefvater hat seinen schwierigen Auftrag dann gelöst, wenn im Erleben des Kindes aus ihm ein wirklicher Ersatzvater geworden ist.

Die günstige Vorbedingung von Ersatzvätern liegt in ihrer relativ ambivalenzfreien Einstellung durch die innere „Wahlverwandtschaft" mit dem Kind. Auch das Kind muß sich in dieser Beziehung nicht abgrenzen, sondern es sucht im Gegenteil die Nähe zum Ersatzvater als Leitbild, das Hoffnung, Mut und Kraft gibt, um das Leben zu verändern. Durch ihn erfährt es ein ungebrochenes Vertrauen in die eigenen Fähigkeiten. Jemanden zu haben, der einem etwas zutraut, gibt die Chance für ein starkes Selbstvertrauen. Das Grundgefühl, anerkannt zu sein, fördert die Identifikationsbereitschaft des Kindes und trägt nach den Verletzungen durch die Vaterentbehrung zu seiner schwierigen Identitätsbildung bei.

Im Jugendalter und in der Adoleszenz reichen die nur gefühlsmäßigen Bindungen und Idealisierungen des Ersatzvaters nicht mehr aus. In diesen kritischen Phasen müssen Ersatzväter eine überzeugende Integrität besitzen, diese ungreifbare Mischung aus fachlicher Kompetenz, Unbestechlichkeit, Zuverlässigkeit und menschlicher Wärme. Wenn sie als „gute" Objekte verinnerlicht werden, bleiben sie auf Dauer nicht nur in der Erinnerung, sondern vor allem als unterstützende innere Instanzen erhalten. In jedem Fall gehört es besonders für vaterverlassene junge Menschen zu den großen Glückserfahrungen in ihrem Leben, solchen Ersatzvätern begegnet zu sein. Es sind nicht viele nötig, vielleicht nur zwei, vielleicht nur einer. Wenn er ein wirklicher Ersatzvater war, bleibt die Vaterentbehrung ein zwar weiterhin schmerzhaftes, aber zu bewältigendes Trauma.

Ab dem Jugendalter beschränkt sich die Suche nach einem Ersatzvater nicht mehr nur auf reale Personen, die handelnd in das eigene Leben eingreifen, Entscheidungen beeinflussen und Orientierung geben. Neben ihnen gewinnen ideelle Ersatzväter zunehmend an Bedeutung. Es sind meist Personen des öffentlich-kulturellen Lebens, die ihr Charisma der Fähigkeit verdanken, ein Talent, ein Ziel mit höchstem Engagement zu verfolgen und gegen alle Widerstände durchzusetzen. Ihre Überzeugungskraft resultiert aus der Einheit von Werk und Persönlichkeit. Der dazu notwendige Mut, Leidenschaft und Abenteuerlust sind Eigenschaften, die für junge Menschen richtungweisend sind. Sie berühren bei jedem unterschiedliche Interessen und Begabungen, aus denen das eigene Ich-Ideal geformt wird. Die Identifikation mit einem oder mehreren solcher „Ersatzväter" ist besonders bei Heranwachsenden ausgeprägt, die auf Grund eines schwachen oder fehlenden väterlichen Vorbildes nur eine brüchige Identität aufbauen konnten. In diesen Fällen werden die ideellen Ersatzväter libidinös besetzt und innerlich zu „guten" Objektrepräsentanzen umgebaut. Ihre Bedeutung zur Stabilisierung des psychischen Gleichgewichts reicht weit über die Adoleszenz hinaus. Vielmehr bleiben sie lebenslange innere Begleiter und tragen wesentlich zur Verarbeitung der Vaterentbehrung bei.

Der genauere Blick auf die identitätsstiftende Funktion von Ersatzvätern ist notwendig, weil wir uns in einer Zeit befinden, in der durch die Veränderung in der Familienlandschaft immer mehr Väter verlorengehen. Immer mehr Ersatzväter werden benötigt, um die kollektiv entstehenden Lücken auszufüllen: Großväter, Onkel, Lehrer, Erzieher, Väter von Freunden, Jugendleiter, Sporttrainer, Lehrherren, Vorgesetzte, Doktor-Väter, Pastoren, Heimleiter, Hochschullehrer, Sozialarbeiter und, nicht zuletzt, Therapeuten. Ihre Aufgabe ist es, sensibel für solche Kinder zu sein und sich fachlich über Kinder, Jugendliche und Heranwachsende mit einem vaterlosen Schicksal zu informieren. Nur so können sie Zeichen der Annäherung erkennen und Bedürfnisse nach Nähe annehmen. Das in den letzten Jahrzehnten deutlich gewandelte Selbstverständnis von Männern, das den patriarchalen Gestus und die einseitige Beschwörung der Ratio zugunsten einer größeren emotionalen und zwischenmenschlichen Offenheit schrittweise verabschiedet, dürfte auch ein günstigeres Klima für vaterverlassene Kinder schaffen.

Ersatzväter müssen natürlich nicht die Verantwortung dafür tragen, allein die entsprechenden Defizite ausgleichen zu müssen. Schon unter normalen Bedingungen suchen sich Heranwachsende aller Altersstufen nicht nur Ersatzväter, sondern eine Vielzahl von Menschen, die ihnen unterschiedliche Identifikationsmöglichkeiten anbieten. Auch sie dienen sowohl der Ablösung von den Eltern, und im Fall der Vaterentbehrung zu deren Verarbeitung, als auch dem Ausprobieren verschiedener Vorbilder auf dem schwierigen und wechselvollen Weg der eigenen Identitätsfindung und Ich-Ideal-Bildung.

Es ist bisher zu wenig erforscht, ob und welche Unterschiede zwischen Jungen und Mädchen bei ihrem Angewiesensein auf Ersatzväter bestehen. Naheliegend ist die Annahme, daß Jungen in diesem Punkt ein intensiveres Bedürfnis entwickeln, weil ihre männliche Identität nur von Männern gefördert werden kann. Die Betonung „nur" akzentuiert einen übereinstimmenden Forschungsbefund, nach dem Mütter in aller Regel erhebliche Schwierigkeiten haben, die „Männlichkeit" ihrer Söhne zu bestärken oder gar zu stimulieren. Bei Mädchen ist die Frage ihrer Identität eindeutiger durch die Mutter garantiert. Sicher dürfte der Unterschied auch die insgesamt größeren psychischen und sozialen Auffälligkeiten bei Jungen nach einer Vaterentbehrung erklären. Dennoch scheinen nach breiten Erfahrungen auch bei Mädchen Ersatzväter eine wichtige Rolle zu spielen. Eine Erklärung dafür liefert der Umstand, daß sich die weibliche Identität nicht nur im Spiegel der Mutter herausbildet, sondern in starkem Maße von männlicher, primär väterlicher Bestätigung abhängig ist.

Das Thema Ersatzväter macht noch den Blick auf eine Szene notwendig, die das Lebensgefühl und den Lebensstil einer breiter werdenden Bevölkerungsgruppe bestimmt – die spirituell-esoterische Bewegung. Ohne ihren gesellschaftlich-historischen Motivbündeln hier ausführlicher nachzugehen, scheint mir ihr Gurukult eng mit dieser Thematik zusammenzuhängen. Gurus sind nach indischer Auffassung „ehrwürdige Lehrer", die sich als Führer zum Heilsweg verstehen. Auch wenn sie nur Mittler zur Erlangung kosmischer Erleuchtung sein wollen, ähneln die Formen ihrer Verehrung manchmal denen eines Gottes. Nachdem der christliche Gott für viele „tot" ist, der die projizierte Vorstellung von einem allumfassend gütigen und gerechten Vater symbolisierte, haben heute Gurus diese Vaterposition besetzt. Sie genießen das heidnische Privileg, sichtbar, hörbar und greifbar zu sein. Damit nähren sie stärker als der christliche Gott bei den Gläubigen die Illusion, in der eigenen Verlorenheit und Verlassenheit persönlich gemeint zu sein, wenn der Guru einem die Hand auf den Kopf legt, den Arm um die Schultern, wenn er einen wenigstens eine Sekunde lang anblickt oder mit der Masse gemeinsam meditiert, ob an einem heiligen Kraftort der Natur, in einem weiten Zelt oder in einer Kongreßhalle.

Es sind sozusagen heilige Ersatzväter, die von einem innerlich Besitz ergreifen. Und man ist bereit, die Seele, den Geist und den Geldbeutel zu opfern, um mit ihnen zu verschmelzen. Diese Regression macht sie ebenso groß und vollkommen wie den verlorengegangenen, narzißtisch geliebten und idealisierten Vater der frühen Kinderjahre. Aus dieser Beschreibung läßt sich auch eine Antwort auf die Frage herauslesen, wie ausgeprägt bei jungen Mädchen und Frauen das Bedürfnis nach einem Ersatzvater ist.

Sicher wäre es von einigem sozialpsychologischen Interesse, genauer zu ergründen, wie groß innerhalb der New-Age-Bewegung der Anteil derer ist, die eine reale Vaterentbehrung zu betrauern haben. Auch wenn der Zusammenhang einleuchtend erscheint, ist ohne konkrete Befunde jede Vermutung verfrüht. Es gibt nur zu denken, daß bei der Rückgebundenheit spiritueller Menschen an Natur und Kosmos, den Symbolen weiblicher Ganzheit, nicht Frauen als Führerinnen auf diesem Weg gewählt werden, sondern sich hier wieder patriarchale Ordnungen herstellen, denen wir in erster Linie den bedrohlichen Zustand unserer Welt zu verdanken haben. Die Sehnsucht nach dem Vater oder dem Ersatzvater dürfte daher in der Bewegung eine größere Rolle spielen, als ihr bisher eingeräumt wurde.

Um Mißverständnisse zu vermeiden: Die leichte Überzeichnung richtet sich nicht gegen spirituelle Bewegungen selbst. Eine neue Form des Bewußtseins und ein ganzheitliches Fühlen, Denken und Handeln im Sinne einer humanistischen Ökologie stellt eine dringend notwendige Korrektur blinder Fortschrittsgläubigkeit und ihrer destruktiv gegen Mensch und Natur gerichteten Kräfte dar. In diesem Zusammenhang mag auch Gurus eine wichtige Vermittlerfunktion zukommen. Darüber hinaus stellen sie für viele Menschen sicher wichtige Vorbilder in Gestalt eines Vaterersatzes dar, die Trost, Kraft, Hoffnung und Lebensfreude ausstrahlen. In diesem doppelten Sinne war auch Albert Schweitzer ein Guru und wurde Menschen verschiedener Generationen zu einem idealen Ersatzvater. Seine auf Ganzheit ausgerichtete Ethik von der „Ehrfurcht vor dem Leben" übt seit einigen Jahren in der „Wassermann-Bewegung" eine neue Anziehungskraft aus.[43]

Aber Schweitzer war jeder Kult fremd. Er haßte falsche Rituale und blinde Verehrung. Die Emanzipation des Menschen zur Mitmenschlichkeit und zur sozialen und politischen Verantwortung war sein Hauptanliegen. Der Gurukult verstellt solche Ziele. Viele Gurus werden durch die ihnen zugewiesene oder selbst beanspruchte Macht zu besitzergreifenden, entmündigenden und entindividualisierenden Ersatzvätern. Der Sektenkult, dem viele, häufig auch vaterverlassene Jugendliche verfallen, bildet hier nur eine Extremvariante: Statt Ganzheitlichkeit nicht nur zu propagieren, sondern auch anzustreben, erfolgt bei Gurus oftmals eine einseitige Ausrichtung auf transzendente Mythen, wobei der Schüler im Bann seines Meisters in seinem Verstand vernebelt und von seiner gesellschaftlichen Verantwortung enteignet wird. Auf diese Weise entsteht ein manipulierbares Objekt, das beliebig in Dienst genommen werden kann. Hier tun sich manche Parallelen zur Sozialpsychologie faschistischer Führerpersönlichkeiten auf, die gleichfalls von der verführten Masse in den Rang idealisierter Ersatzväter gehoben werden.

Die Grenzen zwischen „guten" und „bösen" Ersatzvätern sind manchmal unscharf. Leider läßt es sich nach dem anfänglich so positiv gezeichneten Bild nicht vermeiden, an zwei gesellschaftsrelevanten Beispielen auch ihre gefährliche Seite zu demonstrieren.

In der Debatte über Skin-Heads, Hooligans und andere rechtsradikale Cliquen taucht immer wieder die empirisch bisher nicht eindeutig nachgewiesene Vermutung auf, daß in diesen Randgruppen überzufällig häufig vom Vater verlassene Jugendliche Zuflucht finden. Diesen Zusammenhang unterstellt, treffen dabei zwei psychologische Bedingungen zusammen. Erstens sind bei solchen, in der Regel männlichen Jugendlichen durch die Vaterentbehrung die inneren Strukturanteile von Über-Ich, Selbst, sozialem Ich und Ich-Identität nur defizitär entwickelt. Damit entfallen in Konfliktsituationen die notwendigen Kontrollmechanismen und steuernden Funktionen gegenüber den Triebwünschen und Affekten. Zweitens hat die Vaterentbehrung bei ihnen zu massiven Verlassenheitsängsten, Einsamkeit, Enttäuschungswut und Vergeltungsaggression geführt. Wenn diese explosive Mischung nun noch mit einer entsprechenden Ideologie aufgeladen wird, die antisoziales Verhalten nicht nur billigt, sondern herausfordert, ist der Durchbruch der Gewalt geradezu vorprogrammiert. Träger der Ideologie und Propaganda sind in der Regel rechtsradikale Führer, die sich als reale oder historisch-ideelle Ersatzväter anbieten. Nicht umsonst ist daher Hitler im Spektrum faschistischer Gruppen zu neuem Leben erwacht.

Sozialpsychologisch kommt jedoch hinzu, daß der einzelne nur in der Gruppe stark ist. Dabei verschmilzt sein schwaches Ich mit einem kollektiven Gruppen-Ich, an das die Verantwortung für das eigene Handeln abgetreten werden kann. Das Gruppen-Ich wiederum unterwirft sich in blindem Gehorsam der als stark ersehnten Vater-Repräsentanz in Gestalt der Ersatzväter und wird zu ihrem willigen Werkzeug. Die ungeheure Brutalität und vor allem die immer wieder beobachtete Eiseskälte des Hasses, mit dem die Opfer verfolgt werden, lassen sich bei allem Entsetzen nur verstehen, wenn man dabei die ganze Dramatik des Vaterschicksals im Auge behält.

Nicht nur auf der politischen Ebene gibt es „böse" Verführer, die sich im Gewand „guter" Ersatzväter tarnen. Sie treten auch im privaten Bereich in Erscheinung. Es ist die große Zahl sexueller Straftäter, speziell der Pädophilen unter ihnen.

Breite kriminologische Erfahrungen bestätigen die Geschicklichkeit pädophil veranlagter Männer, sich durch Einfühlung das Vertrauen des Kindes zu erobern. Besonders gefährdet sind dabei sowohl Mädchen als auch Jungen ohne Väter, was sich leicht aus ihrer Suche nach väterlichem Schutz und ihrem starken Anlehnungsbedürfnis ableiten läßt. Genau für diese Defizite haben Pädophile ein feines Gespür. Die Kinder verfallen zunächst dem Sog an emotionaler und materieller Zuwendung, an Bestätigung, Wärme und Geborgenheit, bis sie schließlich, überzeugt von der Liebe der Ersatzväter, auch die körperliche Nähe bis zur Sexualität zulassen. Beiden wird die wechselseitige Abhängigkeit dann zum Verhängnis, wenn das Kind größer wird und sich selbst aus der Umklammerung befreien will, oder von dem Ersatzvater fallengelassen wird, weil es nicht mehr seinen sexuellen Präferenzen entspricht.

Traumatisch wirken solche oft langlebigen Beziehungen deshalb nach, weil dem heranwachsenden Kind irgendwann die schmerzhafte Erkenntnis dämmert, daß es seine Seele an einen Menschen verraten hat, der letztlich nur auf seine körperliche Ausbeutung bedacht war. Noch tragischer sind die Verläufe, bei denen durch unvermeidbare Konflikte oder die unberechenbare Pathologie des pädophilen Ersatzvaters die ursprünglich zärtliche Beziehung in Mißhandlung, sadistische Praktiken oder sexuelle Vergewaltigung umschlägt. Davon sind sowohl Mädchen als auch Jungen von der frühen Kindheit bis zur Pubertät betroffen. Diese körperlichen und seelischen Verletzungen zu verarbeiten, übersteigt oft die Ich-Kräfte des ohnedies durch die Vaterentbehrung traumatisierten Kindes. Es ist daher nicht überraschend, unter psychisch schwer erkrankten jungen Menschen, ob an einer Magersucht, einer Drogenabhängigkeit, an chronischer Selbstverletzung oder einer Dauerdepression mit wiederholten Selbstmordversuchen, viele zu treffen, die einer oft langjährigen sexuellen Ausbeutung durch Ersatzväter ausgeliefert waren. Der „goldene Schuß" oder andere Formen eines gelungenen Suizids stellen in diesen Fällen nicht selten Höhepunkt und Ende einer solchen Katastrophenentwicklung dar.

■ 6. Verwandtschaft – ein Netz mit Löchern

Frau D. bemüht sich um ein Lächeln, als ich sie nach ihrer Verwandtschaft frage. „Was ist das?", fragt sie zurück. „Sowas kenne ich nur aus türkischen Familien. Wenn ich dort Hausbesuche mache, wuseln sie alle durcheinander, Kinder in allen Altersstufen, Eltern, Großeltern, Tanten, Onkel, Nichten, Neffen. Unvorstellbar, wieviele Menschen in diese großen Berliner Wohnungen passen. Wenn ich dann in meine Dreizimmerwohnung zurückkomme und Markus wieder vor der Glotze sitzt, denke ich: Großfamilie, ja, das wäre schön."

Frau D. ist eine 32jährige Sozialarbeiterin, die ihren achtjährigen Sohn wegen Schulschwierigkeiten, motorischer Unruhe, störendem Sozialverhalten und gesteigerter Aggressivität vorstellt. Wie das Gespräch klärt, verließ ihr Mann sie, als Markus vier Jahre alt war. Er zog zu einer anderen Frau, fünfhundert Kilometer entfernt. Bis vor einem Jahr gab es noch gelegentlichen Besuchsaustausch zwischen Vater und Sohn, der nach der Geburt eines Kindes aus der neuen Beziehung abbrach. Seitdem hätten sich Markus Probleme massiv verschlechtert.

Frau D. stammt selbst aus einer geschiedenen Ehe, auch sie ist Einzelkind. Zu ihrem Vater hat sie den Kontakt schon seit vielen Jahren abgebrochen, weil sie ihm die Trennung nicht verzeihen konnte. Ihre Mutter, eine seit der Scheidung alleinlebende, depressive Frau, hat ihr Markus hin und wieder abgenommen, jetzt fühlt sie sich durch die wachsenden Schwierigkeiten überfordert. Die Beziehung zur Familie ihres Mannes endete mit dessen Auszug. „Wie Sie sehen, unsere kleine Verwandtschaft existiert nur noch im Stammbuch. Mein Sohn und ich sind zwei Mikroteilchen in einer partikularisierten

Gesellschaft", versucht Frau D. zu scherzen, während sie mit den Tränen kämpft.

Sehr viel mehr Glück hatte Frau E., ebenfalls eine alleinerziehende Mutter einer inzwischen zwölfjährigen Tochter. Ich kenne sie weitläufig aus dem Bekanntenkreis. Angelika ist ein fröhliches, kontaktfreudiges Mädchen und hat den Wechsel zum Gymnasium spielend geschafft. Auch sie hat ihren Vater seit dem sechsten Lebensjahr nicht mehr gesehen. Im letzten Sommer fragte ich sie, bei wem sie in diesem Jahr die Ferien verbringen werde. „Ach, du weißt ja, es ist jedesmal die gleiche Qual", lachte sie, „alle haben mich eingeladen, jetzt fangen sie schon an zu würfeln, wer diesmal dran ist, meine Tante Inge in der Lüneburger Heide, mein Onkel Hans im Allgäu, meine Omi in Westfalen und Oma und Opa im Schwarzwald. Tante Lisa hier in Berlin will mich drei Wochen mit nach Mallorca nehmen. Ich weiß noch nicht. Überall ist es anders, aber ich fühle mich eigentlich bei allen wohl."

Frau E. ist als Krankenschwester beruflich sehr eingespannt und ist froh, in den Sommerferien mal eine Zeitlang ohne ihre Tochter zu verreisen, allein oder mit Freunden. Trotz der Entfernungen hat sie regelmäßigen Kontakt zu ihren beiden Geschwistern und zur Schwester ihres geschiedenen Mannes, alle ebenfalls geschieden mit ein oder zwei Kindern. Seit ihr Vater gestorben ist, kümmert sich ihre Mutter noch häufiger um Angelika, und auch die Schwiegereltern halten den Kontakt zu ihr und ihrer Tochter aufrecht. Einmal im Jahr findet an wechselnden Orten für ein verlängertes Wochenende ein Familientreffen statt, ein Ritual, das auch zu wichtigen Geburtstagen und manchmal zu Weihnachten eingehalten wird.

Die beiden Beispiele bilden zwei entgegengesetzte Pole auf der Skala der Verwandtschaftsbindungen nach einer Vaterentbehrung. Zwischen der Lebenssituation von Frau D. und Frau E. liegen alle denkbaren Möglichkeiten. Es ist schwer einzuschätzen, wie die Realität in der Gesamtheit der vaterverlassenen Kinder und Jugendlichen aussieht, nach welchem Pol sie mehr tendiert. Darüber gibt es keine Statistiken, noch nichtmal breitere Untersuchungen. Wenn man dem öffentlichen Lamento glauben soll, ist die verwandtschaftliche Isolation von Frau D.

repräsentativer für unsere Gesellschaft als die Eingebundenheit von Frau E. Auch wenn ich diese pessimistische Sicht nicht teile und das soziale Netz der Verwandtschaft im Durchschnitt noch für tragfähiger halte, als man ihm nachsagt, so sind doch folgende Entwicklungen für die Zukunft nicht zu leugnen.

Erstens nimmt in deutschen Familien die Zahl der Einkindfamilien kontinuierlich zu; über 50 Prozent der Ehepaare haben nur ein Kind, knapp 40 Prozent zwei Kinder.[44] Es gibt also immer weniger Kinder, die Geschwister haben. Damit wird auch das Fundament von Verwandtschaft unterhöhlt: Woher kommen die Onkel und Tanten? Zweitens werden immer mehr Kinder nichtehelich geboren. Dieser Trend entspricht der Abnahme der Eheschließungen und der Zunahme alleinerziehender Eltern (darunter fallen in der Statistik auch Unverheiratete, die mit einem Partner eine Familie bilden); 1997 waren es 2,8 Millionen bei insgesamt 13 Millionen Familien mit Kindern; das entspricht einem Anteil von mehr als zwanzig Prozent.[45] Drittens und am schwerwiegendsten: Die Scheidungslawinen nehmen an Breite und Geschwindigkeit zu.

Alle diese Entwicklungen schmelzen Verwandtschaftsstrukturen ein. Bezogen auf die Gesamtbevölkerung mögen, je nach Standpunkt, die Zahlen noch nicht dramatisch sein. Aber besonders in den nichtehelichen Lebensgemeinschaften, die statistisch eine wesentlich geringere Stabilität als eheliche besitzen, und bei denen der Einkindstatus vorherrscht, dürfte der Gefährdungsgrad durch die Kombination von Vaterentbehrung und fehlenden verwandtschaftlichen Haltestrukturen als vergleichsweise hoch anzusetzen sein.

Der Wandel der Familie, soviel steht fest, führt auch zu einer tiefgreifenden Umstrukturierung oder dem Verlust naher und ferner Verwandtschaftsbeziehungen. Im öffentlichen Bewußtsein scheint bisher zu wenig realisiert worden zu sein, daß mit der ideologischen Abwertung der traditionellen Familie gleichzeitig der Ausverkauf verwandtschaftlicher Wertorientierungen mit auf die Rechnung gesetzt wurde, die die nachfolgenden Generationen zu zahlen haben. Das Erschrecken setzt heute bei den Eltern ein, die, nachdem sie einst die Befreiung von Elternhaus und Verwandtschaft leidenschaftlich propagiert und praktiziert haben, durch Scheidungen und anschließend wiederholte Partnertrennungen in die Krise geraten und die problematischen Folgen für die Kinder nicht mehr verleugnen können. In solchen Krisen erfolgt in der Regel ein Rückgriff auf die Ressourcen der Verwandtschaft, meist bei den eigenen Eltern oder den Geschwistern, falls dieses Netz noch existiert.

Für Kinder besitzt Verwandtschaft noch den gleichen elementaren Charakter wie in früherer Zeit. Sie erleben sie als einen Kreis von Menschen, der eng mit der Kernfamilie verbunden ist. Erst die Verwandtschaft rundet das verinnerlichte Familienbild zu einer Ganzheit ab und trägt damit zur inneren Stabilisierung des Selbstbildes bei. Darin unterscheidet sich Verwandtschaft grundlegend von Freundschaften. Freunde der Eltern haben oft einen emotional und zeitlich engeren Kontakt zum Kind, aber in dessen Gefühl bieten solche Erwachsenen nicht die gleiche Garantie von Zusammengehörigkeit und Kontinuität wie die Beziehung zu Großeltern, Tanten und Onkeln. Auch wenn sie aus unterschiedlichen Gründen über lange Zeiträume kaum gelebt wird, zieht das Kind aus dem Bewußtsein, eine Verwandtschaft zu haben, ein tiefes Gefühl der Sicherheit und Befriedigung, dazuzugehören.

Durch die Familienforschung wissen wir heute, daß solche schwer beschreibbaren, oftmals unbewußten Gefühle sich kaum aus einer erbbiologischen Veranlagung erklären lassen. Vielmehr sind es die über viele Generationen tradierten, ungeschriebenen Gesetze familiären Zusammenlebens, die schon in früher Kindheit verinnerlicht werden. Die Familientherapie arbeitet häufig mit einem Mehrgenerationenansatz, der Großeltern, Eltern und Kinder als geschlossene Systeme auffaßt, die in gemeinsame Regeln eingebunden sind. Wie die Familienforscher Boszormenyi-Nagy und Spark beschreiben, geht es bei solchen „unsichtbaren Bindungen" hauptsächlich um Prinzipien wie Loyalität, Verpflichtung, Verantwortung und Gerechtigkeit.[46] Ein gut funktionierendes und generationenübergreifendes System mißt sich daran, wie stabil das Gleichgewicht durch die Einhaltung der genannten Prinzipien ausbalanciert ist.

Konkret bedeutet dies im Fall einer Vaterdeprivation, daß alle übrigen Familienmitglieder im Verbund der drei Generationen enger zusammenrücken müssen, um in Erfüllung der ihnen aufgetragenen Regeln die Lücke zu schließen. Nur so lassen sich die ökologische Balance des Systems und das Zusammenleben in ihr ausreichend sichern.

Diese Ableitung verdeutlicht erst die ganze Tragweite der Vaterentbehrung in der Familie von Frau D. im Unterschied zu der von Frau E. für die Entwicklung der beiden beschriebenen Kinder. Frau D. wünscht sich eine „Großfamilie", weil sie in den Verhaltensstörungen von Markus deutlich erkennt, wie sich in ihnen das Fehlen eines haltenden Familiennetzes ausdrückt. Der Vaterverlust stellt für ihn nur eine, aber keineswegs ausreichende Bedingung für seine soziale Gefährdung dar. Auch Angelika hat, wie ich im Laufe der Jahre beobachten konnte, Phasen von Verlassenheitsängsten und tiefer Trauer erlebt. Aber die Geborgenheit in einem dichten Netz verwandtschaftlicher Beziehungen hat ihr bei der Verarbeitung des Traumas entscheidend geholfen.

Wenn entlang der historischen Entwicklung nach Urhorde, Clan und Großfamilie nun auch noch die Kleinfamilie durch den zunehmenden Verlust von Vätern zerfällt, steht am Ende die Kleinstfamilie in der Dreieinigkeit von Großmutter, Mutter und Kind. Sie ist die radikalisierte Folge der Individualisierungsschübe in unserem Jahrhundert und läßt sich, wie die Geschichte von Frau D. stellvertretend für viele zeigt, nicht mehr schönreden. Die Familiensoziologin Beck-Gernsheim beantwortet die Frage „Was kommt nach der Familie?"[47] – so der Titel ihres Buches – mit einem idealistischen Gegenentwurf: „Unter diesen Bedingungen heißt die Antwort auf die Frage, was kommt nach der Familie, ganz einfach: Die Familie! Anders, mehr, besser, die Verhandlungsfamilie, die Wechselfamilie, die Vielfamilie, die aus Scheidung, Wiederverheiratung, Scheidung, aus Kinder deiner, meiner, unserer Familienvergangenheiten und -gegenwarten hervorgegangen ist."

Sozialpsychologisch und familienpolitisch ist sicher zu begrüßen, wenn in Konsequenz der familiären Umbrüche auch alternative Formen des Zusammenlebens als „Familie" bezeichnet werden. Dabei darf jedoch nicht in Vergessenheit geraten, daß es aus individualpsychologischer und systemischer Sicht keineswegs „ganz einfach" ist, zwei unter völlig unterschiedlichen Voraussetzungen entstandene und nach anderen Regeln funktionierende Systeme mit dem gleichen Namen zu bezeichnen. Der Verlust von Verwandtschaft zumindest, und was dieser für das Identitätsgefühl und die Kompensation der Vaterentbehrung bedeutet, wird durch diese formale Gleichstellung nicht erfaßt. Nach allen bisherigen Erfahrungen kann ich deswegen nicht die optimistische Auffassung teilen, daß die Beziehungen, die durch neue Partnerschaften für die Kinder gestiftet werden, den Verlust von ursprünglicher Verwandtschaft aufwiegen. Bei allen Errungenschaften, so viele Vorteile sie bringen mögen, sollte man statt falscher Schönfärberei die Kosten nicht verschweigen, die man für sie auf sich genommen hat. Denn ob man sie wirklich auch abträgt, bleibt häufig zweifelhaft.

Verwandtschaftliche Verantwortung als gemeinsame Aufgabe dort zu praktizieren, wo sie dringend benötigt wird, und das betrifft Kinder ohne Väter zu allererst, wird in einer Zeit zu einer Herausforderung, in der auch Verwandtschaftsbeziehungen im Strom ideologischer Meinungen und chaotisierter Bindungsformen immer stärker zerrieben werden.

7. Arm oder reich – ein großer Unterschied

Geld ist ein Tabuthema. Keiner läßt sich dabei gerne in die Karten schauen. In der Arbeit des Therapeuten läßt es sich meist nicht umgehen. Ohne genauen Einblick in die finanzielle Situation einer Familie übersieht man leicht die vielschichtigen Konflikte, die durch das Haben oder das Nichthaben von Geld ausgelöst werden können.

Als ich Frau D. danach frage, reagiert sie zunächst reserviert. „Sie wollen aber auch alles genau wissen. Seit der Trennung von meinem Mann können wir uns keinen großen Urlaub mehr leisten. Ist es das, was Sie interessiert?" „Ja", sage ich, „aber das ist sicher nicht das einzige, was Ihnen Sorgen macht." „Ich habe eine Zweidrittelstelle; eine volle ist nicht frei, und ich will auch keine, weil ich mich dann noch weniger um Markus kümmern könnte. Was das bei einem Sozialarbeitergehalt bedeutet, wissen

Sie ja vielleicht." „Ich weiß nur, daß es unverschämt wenig ist." „Naja", sagt sie, „dann können Sie sich ja vorstellen, wie es geht."

Miete, Kleinauto, Versicherungen, die Versorgung eines achtjährigen Jungen und und und. Eigene Ansprüche zurückgeschraubt. Frau D. bekommt seit der Neuheirat ihres Mannes den Minimalbetrag für ihren Sohn; auf eigene Ansprüche hat sie verzichtet. „Ich bin nicht arm. Was Armut ist, weiß ich aus meiner täglichen Arbeit, besonders aus Familien ohne Vater. Aber auch ich muß rechnen, und das ziemlich genau. Da bleibt für Markus nicht viel Luxus übrig."

Dagegen geht es Angelika gold. Obwohl ihre Mutter durch ihre Volltagsstelle als Krankenschwester auch nicht viel mehr verdient und wegen einer chronischen Krankheit ihres geschiedenen Mannes keinen Kinderunterhalt bekommt, haben beide keine Geldsorgen.

Für mich klärte sich das Rätsel über die unterschiedliche Finanzlage zwischen Frau D. und Frau E., als mir der Zusammenhang mit der Verwandtschaftssituation auffiel. Eigentlich so naheliegend, brachte mich erst Angelika auf die Spur. Während eines Spaziergangs fuhr sie eines Tages mit einem blitzenden Sportrad an mir vorbei, sah mich, stoppte. Sie war von oben bis unten in die schicksten Klamotten gekleidet, die ein Teenie sich nur wünscht. „Meine Güte, durch welchen Kleiderladen bist du denn gestolpert?" fragte ich sie. „Da staunst du, was!", sagte sie mit dem selbstbewußten Charme einer Zwölfjährigen. „Vorige Woche hatte ich doch Geburtstag. Dann kann ich mir immer wünschen, was ich will. Genauso an Weihnachten. Ich muß meinen Wunschzettel an die ganze Verwandtschaft schicken, und die spricht sich dann ab." „Da haben Prinzessinnen im Märchen es auch nicht besser." „Doch", kontert sie, „die haben noch ein Schloß." „Das hast du doch auch, sogar ein ganz sicheres." Ich deute auf den massiven Stahlbügel an ihrem Fahrrad. Sie lacht und braust davon.

Geburtstage und Weihnachten gibt es nicht nur für Angelika, sondern auch für ihre Mutter. Da sie alleinerziehend ist und sich vom eigenen Geld keine großen Sprünge leisten könnte, sind ihre Eltern und Schwiegereltern, manchmal auch ihre Geschwister bereit, sich an größeren Auslagen wie Urlaub, Neuwagen, Möbelanschaffungen und Reparaturen zu beteiligen.

Verwandtschaft nicht nur als emotional abstützendes Hilfssystem, sondern auch als Quelle materieller Unterstützung. Dieser Zusammenhang taucht in keiner Statistik über die sozioökonomische Lage alleinerziehender Mütter auf. Er verweist noch einmal rückblickend auf die Bedeutung funktionierender Verwandtschaftssysteme, die bei den folgenden Überlegungen mitzubedenken sind.

Wie die Statistik ausweist, gehören alleinerziehende Mütter mehrheitlich zu den benachteiligten Gruppen in der Gesellschaft. Durch den Ausfall des Vaters, ob durch Tod oder Scheidung, kommt es fast regelmäßig zu einer Verringerung der Finanzmittel und damit oftmals zu einem Abdriften in eine niedrigere soziale Lage. Wie drastisch für viele diese Entwicklung verläuft, zeigen neuere Erhebungen des Familienministeriums. Danach bekommt ein Drittel aller Kinder unter zwölf Jahren, das sind zirka eine halbe Million Kinder in der Bundesrepublik Deutschland, die in einer Trennungssituation leben, keinen Unterhalt durch den unterhaltspflichtigen Elternteil, ganz überwiegend die Väter. Die Gründe dafür sind vielschichtig. Nur ein Teil ist durch „Zahlungsunwilligkeit" bedingt, der größere durch „Zahlungsunfähigkeit" bei Neuverheiratung, weiteren Kindern, Arbeitslosigkeit, Niedrigeinkommen oder Sozialhilfestatus.[48]

Neben dem Drittel der Kinder, die durch die Vaterentbehrung auf Sozialhilfe angewiesen sind und dadurch an der Armutsgrenze leben, rechnet man mit einem weiteren Drittel, dessen Mütter den Lebensunterhalt ohne staatliche Unterstützung, aber mit erheblichen Einschränkungen sichern müssen. Niedrige Renten oder Unterhaltszahlungen der Väter, die schlechte Arbeitsmarktlage für Frauen und ihr im Vergleich zu Männern geringeres Einkommen sowie die zusätzlichen Versorgungsaufgaben für die Kinder ergänzen sich zu einem sozialen Druck, der nicht nur die Mütter, sondern mittelbar auch die Kinder erheblich belastet. Frau D. steht stellvertretend für dieses Drittel alleinerziehender Mütter.

Das restliche Drittel der Kinder erleidet durch die Vaterentbehrung keine Einbußen im sozioökonomischen Status. Eigene profilierte Berufstätigkeit der Mutter, hohes Einkommen der getrennten „zahlungswilligen" Ehemänner und der oft zusätzliche Verdienst eines frei zusammenlebenden Partners garantieren der Mutter den Erhalt ihres ursprünglich erreichten sozialen Niveaus.

Es scheint mir der Sache wenig dienlich, hier ausführlich auf die Polemik einzugehen, die sich in jüngster Zeit an dem Verhalten einzelner Frauen aus dem privilegierten oberen Drittel alleinerziehender Mütter entzündet hat. Aber einige Bemerkungen lassen sich nicht umgehen. Die grotesk überzogene Anklage lautet: Frauen heiraten nur und bekommen Kinder, um nach der bald betriebenen Scheidung den Mann als lebenslange Versorgungsinstanz ausbeuten zu können. Nicht ganz unverschuldet haben entsprechend militant-feministische Empfehlungen zu dieser Eskalation beigetragen.[49] Aber auch ohne sie, das muß man festhalten, gäbe es genügend Frauen, die aus ihrer Lage Kapital zu schlagen wüßten, wenn es die Finanzmittel der geschiedenen Männer erlaubten; wie es ebenso viele Männer gibt, die die ehemalige Familie um ihre Rechte prellen. Schurken gibt es auf beiden Seiten.

Man könnte die Polemik leicht übergehen, wenn sie sich lediglich als Parodie auf das Scheidungsdrama der Neuzeit lesen ließe. Das tut sie aber nicht. Nach der Auflösung der Familie leiden Mütter, Väter und Kinder mehrheitlich an ihrer verschlechterten sozioökonomischen Lage, an ihrer Armut, ihrem geringen Sozialprestige, ihrer Scham und ihrem gebrochenen sozialen Ich-Gefühl. Aber Kinder leiden zusätzlich unter geschiedenen Eltern, die die soziale Misere nicht durch gemeinsame Anstrengungen abzumildern versuchen, sondern durch ihre Streitsucht noch vertiefen. Zwei Drittel der betroffenen Frauen und Männer haben nur geringe Möglichkeiten, sich gegenseitig auszubeuten, weil die ökonomischen Ressourcen ohnedies knapp sind. Aber auch sie könnten ihre Lage verbessern, wenn sie nicht zu unfreiwilligen Opfern des ideologischen Kampfes in den Luxusetagen der Gesellschaft würden, die, ohne selbst bluten zu müssen, über das Meinungsmonopol verfügen. Die medienwirksame Inszenierung von Kampfparolen zur Polarisierung der Geschlechter ist im Zeitalter der Massenkommunikation ein Kinderspiel. Und welche Masse wäre nicht auf Dauer jedweder Propaganda erlegen! Aber das Spiel mit der Macht ist immer auch ein Spiel mit dem Feuer. Der soziale Sprengstoff zeichnet sich schon jetzt in der wachsenden Kriminalisierung und Verelendung der jungen Generation in den unteren zwei Dritteln der von Vaterentbehrung betroffenen Bevölkerungsgruppe ab. Man kann die BrandstifterInnen unter uns nicht eindringlich genug vor dem drohenden Flächenbrand warnen.

8. Ohne Freunde geht es nicht

Michael war ein besonderer Freund. Eines Tages, wir waren zwischen neun und zehn Jahre alt, der Krieg war zu Ende, zog er mit seiner Mutter und kleinen Schwester in unsere Gegend. Er war körperlich schwächer als die anderen Jungen aus unserer Bande „Falkenauge". Aber er imponierte uns durch seine originellen Einfälle und seine Quirligkeit. Er führte sich durch eine Mutprobe ein: Sein Großvater hütete noch einen Restbestand an Brasilzigarren; davon wollte er eine klauen. Tatsächlich erschien er am nächsten Abend in unserer Höhle. Wir bröselten die Zigarre in unsere selbstgeschnitzten Holunderpfeifen. Uns wurde kotzübel. Seitdem gehörte Michael zu uns. Wie sehr ihm daran lag, wurde in seinen unerschöpflichen Vorschlägen für immer neue Abenteuer deutlich. Irgendwann hatte er die Idee, die in einer verwilderten Baggergrube gefundenen Eierhandgranaten in ein Feuer zu schmeißen und explodieren zu lassen. Wir mußten nur schnell genug hinter einem der hohen Sandhügel in Deckung gehen. Eines Tages stoben wir wieder in alle Richtungen auseinander und warteten auf die Detonation. Kurz danach hörten wir einen entsetzlichen Schrei und dann ein Wimmern. Wir kletterten einen Sandberg hoch. Als wir von oben aus Michael zusammengekrümmt in einem Erdloch liegen sahen, sprang er plötzlich auf, lachte wie ein Irrsinniger, tanzte wild herum und rief unaufhörlich: „Ätsch! Ätsch! Angeschmiert!" Michaels Vater war „in Rußland geblieben". Heute denke ich, sein Scherz sollte uns auf seine Tragödie aufmerksam machen, in der er die phantasierte Todesart seines Vaters nachspielte. Damals packte uns nur ein eisiges Entsetzen. Seitdem haben wir die Spiele mit der Munition aufgegeben. Michael wurde unser bester Freund.

Über Freundschaften nachzudenken, liegt beim Thema der Vaterentbehrung auf der Hand. Wenn sie schon unter ungestörten Entwicklungsbedingungen zum beglückendsten Fundus menschlicher Erfahrungen gehören, wie wichtig müssen sie dann bei der Bewältigung dieses Schicksals sein! Etwa mit Beginn des Schuleintritts ab dem sechsten Lebensjahr entwickelt sich bei Jungen das dringende Bedürfnis nach einem Freund, bei Mädchen nach einer Freundin. Der Zeitpunkt ist nicht zufällig. Der Schulbeginn stellt eine der schwierigsten Schwellensituationen dar, in der das Kind gleichzeitig die Ablösung vom Elternhaus, die Integration in eine neue soziale Gruppe und die Konfrontation mit Leistungsanforderungen durch fremde Autoritäten bewältigen muß. Diese komplexe Entwicklungsaufgabe wird durch Freunde wesentlich erleichtert. Ihre zentrale Funktion liegt in der Mittlerrolle zwischen der Intimität der Familie und der zunächst als bedrohlich erlebten Außenwelt. Freundschaften sind wie Brückenköpfe in Feindesland. Je stabiler sie sind, je mehr Schutz und Vertrauen sie bieten, um so verläßlicher ersetzen sie den Verlust an familiärer Geborgenheit und ermutigen zu weiteren Expeditionen in unbekanntes Gelände. In dieser Doppelfunktion liegt wohl das eigentliche Geheimnis von Freundschaften: Einerseits sind sie Ersatz für Familienbindungen, andererseits stiften sie etwas völlig Neues, etwas Freiwilliges, das außerhalb jeglicher Zwänge familiärer Verpflichtungen liegt. Der Streit, der Neid, die Konkurrenz und Eifersucht, die zwischen Kindern um „meinen Freund" oder „meine Freundin" entbrennen und zu Tummelplätzen heftiger Leidenschaften und Kämpfe werden können, drücken am eindringlichsten die Faszination und Magie dieses Geheimnisses aus. Die familiäre Wurzel läßt sich in vielerlei Ritualen und Wortprägungen nachweisen. Wenn Winnetou und Old Shatterhand ihre Haut mit Messern ritzen und die Wunden aufeinanderpressen, schlagen nicht nur Jungenherzen über die fürs Leben besiegelte Blutsbrüderschaft höher. Ein solcher Treuebund kann nur heilig sein, so wie Schwesternorden und Bruderschaften unter dem Geist eines Großen Vaters als Freunde vereint sind. Weltlich findet man sie bei Corpsbrüdern und -schwestern und anderen Gruppierungen, die die Ideale wahrer Freundschaft aus der familiären Ethik ableiten. So werden aus Freunden Wahlverwandte, deren Nähe aus einem emotionalen und intellektuellen Gleichklang erwächst.

Unabhängig von solchen direkten Hinweisen auf die nahe Beziehung zwischen Freundschaft und familiären Erfahrungsmustern existiert zwischen beiden eine hohe Übereinstimmung in der Wertehierarchie. Loyalität, Solidarität, moralische Unterstützung und konkrete Hilfe sind verinnerlichte Normen der Zusammengehörigkeit, wie sie zuerst in der Familie konstituiert werden. Darüber hinaus ähneln Freundschaften in der Art, wie sie zu verschworenen Gemeinschaften zusammenwachsen positiven Geschwisterbindungen, in denen ebenfalls Vertrauen, wechselseitiges Verständnis, das Teilen von Geheimnissen, das füreinander Einstehen und die Zuverlässigkeit zu wesentlichen Elementen der Beziehung werden.

Aber Freundschaften, und das macht ihr magisches Geheimnis aus, sind nicht nur in das Leben hinein verlängerter Ersatz für familiär erlebte oder entbehrte Gefühlsqualitäten, sondern sie dienen der Ablösung von der Familie und der Abpufferung entsprechender Trennungsängste und überbrücken die Kluft zwischen familiärer Vertrautheit und gesellschaftlicher Fremdheit. In dieser Weise gelingt einer wahren Freundschaft, alle positiven Kräfte zusammenzubringen, die Menschen aneinander binden. Deswegen kann jeder, der dieses Glück erlebt hat, die schönsten, unvergeßlichsten, abenteuerlichsten und ergreifendsten Geschichten über sie erzählen.

Die prägendsten und das Leben mitgestaltenden Freundschaften sind gleichgeschlechtlicher Natur – Frauenfreundschaften, Männerfreundschaften. Platonische Freundschaften zwischen Mädchen und Jungen, Frauen und Männern mögen für viele an Zahl überwiegen, unschätzbaren Reichtum bedeuten und das eigene Ich durch die fremde Identität des anderen Geschlechts ergänzen. Aber sie erreichen nur in Ausnahmefällen die Exklusivität gleichgeschlechtlicher Freundschaften. Die Gründe dafür sind einleuchtend. Es ist das Gleiche, das am stärksten anzieht, Gleichheit im Empfinden, Denken und Verhalten. Es erleichtert die Identifizierung, wodurch das eigene Selbst erweitert und die Identität abgestützt wird. Das Fremde dagegen ist ambivalenter besetzt und kann schwerer als Selbstanteil integriert werden. So verwundert es nicht, daß die Psychoanalyse bei Freundschaften einen Faktor für essentiell hält: die latent homoerotische Komponente, die in jedem Menschen angelegt ist. Sie wird in der Regel von der heterosexuellen Objektwahl dominiert und unter dem Diktat kultureller Normen zusätzlich verdrängt. Gleichgeschlechtliche Freundschaften bilden die ideale Beziehungsform, in der homoerotische Zuneigung und Liebe gegeben und empfangen werden kann, ohne daß es zu einem tabuierten Triebdurchbruch kommt.

Freundschaften sind also gar nicht zu unterschätzen. Michael hatte es besser als andere vaterlose Kinder. Er hatte eine Schwester. Die beiden hielten wie Pech und Schwefel zusammen. Aber das jungenhafte und männliche Prinzip fehlte in der Familie. So waren seine Bemühungen verständlich, in unserer Clique Freunde zu finden, die dieses Prinzip ersetzten. Für Einzelkinder ist selbstverständlich, daß sie sich durch Freunde für fehlende Geschwister zu entschädigen versuchen. Für Kinder ohne Vater sind Freunde vielleicht noch existentieller. Selbst wenn Stief- oder Ersatzväter existieren, die die väterlichen Funktionen im besten Bemühen auszugleichen versuchen, besitzen gleichaltrige Freundinnen oder Freunde Beziehungsqualitäten, die diese nicht anbieten können. Sicher haben wir Michaels makabren Scherz damals nicht verstanden; aber ich erinnere ziemlich deutlich, daß uns allen das Unfaßbare der Situation bewußt wurde. Unser Mitleid war stärker als unsere Empörung. Wir machten ihm keine Vorwürfe, und in der allgemeinen Sprachlosigkeit entstand eine Nähe, die unsere Freundschaft besiegelte.

In dem bereits zitierten Roman „Haus ohne Hüter" beschreibt Böll eine solche Freundschaft mit psychologischer Genauigkeit. Martin hat im Unterschied zu Heinrich einen Ersatzvater, der ihn liebt, sich um ihn kümmert und voller Verständnis mit seinen Schwierigkeiten umgeht. Aber an die Trauer und Einsamkeit des Jungen kommt er nicht heran. Diese Gefühle kann er nur mit Heinrich teilen. Die Jungen sprechen wenig miteinander, fragen sich nicht aus, dringen nicht ein, und doch vermittelt ihr fast wortloser Umgang eine Intensität an Nähe, die ihren tiefen Kummer in der Gewißheit absoluten Verstehens auffängt. Über quälende Fragen, die durch die Pubertät aufbrechen, oder konkrete Sorgen um das Schicksal der eigenen Mütter kann man sich mit niemandem besser verständigen als mit dem Freund. Es kommt nicht häufig zu solchen Gesprächen, aber die Sicherheit, daß sie möglich sind, wenn die Flut andrängender Probleme nicht mehr allein bewältigt werden kann, gibt ein Gefühl tröstender Zuversicht.

Kinder gewinnen durch ihre Freundschaften mehr Abstand zu den Konflikten der Restfamilie. Das gilt ebenso für Jugendliche und Heranwachsende. Diese Freiheit brauchen sie für ihren weiteren Lebensentwurf, um aus dem Schatten der Vergangenheit heraustreten zu können, die der Vaterverlust über die Familie geworfen hat. Aber es gilt auch für später. Da das Trauma der Vaterentbehrung wohl nie restlos verarbeitet werden kann, sind auch Erwachsene mit diesem Schicksal in besonderer Weise auf Freundschaften angewiesen.

So wichtig sie sind, so häufig sind sie auch in Gefahr. So paradox es zunächst erscheinen mag, kann die Vaterentbehrung zu einem unausweichlichen Hindernis bei der Gestaltung von Freundschaften werden. Ihren Bestand zu sichern, setzt eine Reihe von psychischen Reifekriterien voraus wie anteilnehmendes Interesse, Loyalität, Verläßlichkeit, Altruismus, Vertrauen und die Bereitschaft zur Hilfe. Solche kommunikativen Fähigkeiten entwickeln sich aber nur auf der Basis entsprechender familiärer Erfahrungen. Genau an diesem Punkt machen sich häufig die verheerenden Folgen der Vaterentbehrung bemerkbar. Durch den frühen Verlust und den Zusammenbruch des Familiengefüges wird die Kontinuität im Aufbau der seelischen Strukturen unterbrochen, wovon sowohl das Selbst als auch die Objektbeziehungen betroffen sind.

Wie kompliziert unter diesen Voraussetzungen Freundschaften sein können, läßt sich unschwer vorstellen. Einerseits werden Freunde dringend ersehnt, andererseits aus Furcht vor neuerlicher Enttäuschung abgewehrt. Das hohe Konfliktpotential entsteht aus der größeren Abhängigkeit der vaterverlassenen Person, die sich oft süchtig anklammert, kleinste Kränkungen als schwere Zurückweisung erlebt und eifersüchtig auf jeden reagiert, der die Freundschaft gefährden könnte. Aus eigener Unsicherheit und Verletzlichkeit wird der andere im Sinne der Vorwärtsverteidigung herabgesetzt, zurückgestoßen und mißachtet. Es besteht auch die Gefahr, daß solche Freundschaften ausbeuterisch werden, sowohl materiell, wobei Geld und Geschenke als symbolische Liebesbeweise dienen, als auch narzißtisch. In diesem Fall soll der andere den Schwächeren stützen, bestätigen, ermutigen und bewundern. Es sind ungleiche Beziehungen, von Unfreiheit und geringer Toleranz geprägt, die oft einen ausgesprochen quälerischen und selbstquälerischen Charakter haben. Aber die Wahl ist meist nicht zufällig, sondern einer Konstellation geschuldet, bei der beide Seiten auf ihre Weise von der Freundschaft profitieren.

Die Chancen und Risiken von Freundschaften nach einer Vaterentbehrung hängen, wie alle bisher beschriebenen Lebensbedingungen, von der Gesamtheit der fördernden oder hemmenden Einflüsse auf die Verarbeitung des Traumas ab. Nur ein integriertes Konzept von Hilfen wird daher auch die Gestaltung von Freundschaften in ihrem Reichtum zur Geltung bringen.

9. Verwickelte Verhältnisse in Liebesbeziehungen und Partnerschaft

„Schneeweißchen ward mit ihm vermählt und Rosenrot mit seinem Bruder." Mit diesem Satz endet die Geschichte von den beiden vaterlosen Mädchen, und wenn man dem Märchen glauben darf, leben sie mit ihren reichen Prinzen noch heute glücklich zusammen. „Oh", wollte man da hoffnungsfroh ausrufen, „wäre des Schicksals Fügung doch immer so gnädig!" Wahrhaftig, in der Realität ist sie das selten. Kann man das Märchen deswegen Lügen strafen? Wir wissen, seine einfachste Botschaft lautet: die Guten werden belohnt, die Schlechten bestraft. Aufgeklärt wie wir sind, müssen wir solche Spaltungen verwerfen. Und doch bleibt die Frage: Wie wird man „gut", wie wird man „schlecht"? Schneeweißchen und Rosenrot sind aus drei sich ergänzenden Gründen „gut": sie haben eine gütige Mutter, die ihre Kinder liebt und trotz aller Begrenzungen des Lebens in Harmonie mit sich und der Umwelt ist; die Mädchen besitzen Veranlagungen, mit denen sie ihr Schicksal günstig beeinflussen können; und sie verfügen über die Kraft ihrer Geschwisterliebe. Alle drei Komponenten lassen sie die Vaterentbehrung verschmerzen und machen sie zu dauerhaften Bindungen fähig. Der Zwerg im Märchen dagegen ist deswegen so „schlecht" und bösartig und zu menschlichen Beziehungen unfähig, weil die Natur ihn mit Mißgestalt und Häßlichkeit benachteiligt hat, die ihn aus jeder Gemeinschaft ausschließen.

Beim Studium aller Therapieverläufe meiner bisherigen Berufspraxis war ich selbst überrascht, wie gehäuft und mit welcher tragischen Intensität Partnerprobleme bei den vaterverlassenen Patienten im Unterschied zu denen mit anwesendem Vater auftraten.

In den vorangehenden Fallbeschreibungen sind jeweils bestimmte Konflikte hervorgehoben worden, um ihre Besonderheit als Folge der Vaterentbehrung deutlich zu machen, zum Beispiel die Autoritätskonflikte bei Herrn K., den Bruderkonflikt bei Herrn M., die Stiefvaterproblematik bei Herrn R., den psychosexuellen Identitätskonflikt bei Marina, den Mutter-Adoptivsohn-Konflikt bei Frau L., um nur einige zu nennen. Dabei wurden die Beziehungsschwierigkeiten zunächst ausgeklammert. Tatsächlich bestanden aber bei allen bisher beschriebenen und bei den vielen anderen vaterverlassenen Frauen und Männern neben der psychischen und psychosomatischen Symptomatik, die sie in die Therapie geführt hatte, ausgedehnte Schwierigkeiten in ihren heterosexuellen Partnerschaften. Nun gehört es zur Charakteristik jeder Neurose, daß die verdrängten Trieb- und Gefühlskonflikte und die Selbstwertproblematik auch zu mehr oder weniger starken Störungen in den Objektbeziehungen führen. Aber nach meinen Befunden erreichen sie nicht annähernd das Ausmaß wie bei Patienten mit Vaterdeprivation. Ausnahmen von dieser Regel fanden sich nur bei ausgesprochen destruktiven Ehen der Eltern oder bei Müttern und Vätern mit einer ausgedehnten Pathologie.

Wie sehen die Beziehungsstörungen vaterverlassener Patienten aus? Auch wenn es bei der Verschiedenartigkeit der Einzelschicksale keine allgemeingültigen Muster gibt, zeigten sich bei der Durchsicht meiner Behandlungsprotokolle gehäuft auftretende Konstellationen, wie sie bei Patienten aus intakten Familien nicht oder nur andeutungsweise zu finden waren.

Zunächst zu den Männern. Bei vielen von ihnen war ich immer wieder verblüfft, wie sehr sich ihre Beziehungen zu Frauen ähnelten, eine Beziehungsform, die sich als Don Juanismus oder als Casanova-Syndrom bezeichnen läßt.

Don Juan gehört bekanntlich zu einer der schillerndsten Gestalten der europäischen Dichtung. Seit dem spanischen Drama von Tirso de Molina „Der Spötter von Sevilla und der steinerne Gast" von 1630 wurden das Motiv des trunkenen Frauenhelden und seine ungestillte sinnliche Leidenschaft durch die Jahrhunderte literarisch vielfach abgewandelt und diente als Vorlage für Komödien, Novellen, Epen, Trauerspiele, Ballettmusik, Opern und symphonische Kompositionen. Don Juan ist ein tragischer und lächerlicher Held zugleich, hin- und hergerissen zwischen verzehrender Liebessehnsucht und zynischer Liebesunfähigkeit, ein Narziß, der, anders als sein Namensbruder, die Frau als Spiegel des Selbst benutzt, um sie bei geringsten Enttäuschungen wieder von sich zu stoßen. Die psychoanalytisch geläufige Deutung, nach der Don Juan unbewußt in der Frau immer wieder vergeblich die allumfassende Liebe der Mutter sucht, mag in sein Problem hineinspielen, erfaßt es aber, wie wir sehen werden, nur zum Teil.

Knapp hundert Jahre nach der Erfindung des Don Juan betrat ein Mann die Bühne des wirklichen Lebens, der die Geschichte seines Vorgängers mit einem wahren Feuerwerk von Abenteuern fortschrieb: Giacomo Casanova (1725-1798), bildschön, hochintelligent, studiert, weitgereist, die Orte häufig wechselnd, listig, gotteslästerlich, eingekerkert, entflohen, Diener adliger Herren, Freund großer Geister. Frauen umschwirrten ihn, Frauen zogen ihn an. „Ein Philosoph ist, wer sich keine Lust versagt", „Ich fühlte mich immer für das andere Geschlecht geboren", „Der Kultus der Sinneslust war mir immer die Hauptsache", notierte er in seinem Alterswerk „Histoire de ma vie", Lebenserinnerungen, die erst posthum veröffentlicht wurden und ihn weltberühmt machten.[50] Brunn schreibt in seinem Nachwort zu Casanovas Autobiographie, daß zwei Motive sein Leben bestimmten: „unbändige Freiheitsliebe zum einen und der Wunsch nach gesellschaftlicher Anerkennung zum anderen, sich beliebt zu machen und dabei unabhängig zu bleiben, dazuzugehören, ohne sich zu binden."⁵¹ Diese treffende Charakteristik bereitet eine Entdeckung vor, die man bereits ahnen kann: Casanovas Abstammung bleibt den Biographen unklar. Der Schauspieler Gaetano Giuseppe Giacomo gilt als sein nomineller Vater; er stirbt, als der Sohn acht Jahre alt ist. Andere vermuten, daß er der nichteheliche Sohn von Michel Grimani ist, über dessen Verbleib man wenig erfährt. Feststeht, daß dessen Bruder Abbate Grimani Casanovas Vormund war, und daß der Junge von früher Zeit an teils bei der Großmutter, teils in einem Armenpensionat, teils bei Freunden der Familie aufwuchs. Eine verläßliche Vaterfigur, so wird man festhalten können, hat für Casanova nicht existiert.⁵² Auch Don Juan, sollte einst seine Kindheit literarische Gestalt gewinnen, muß man sich als vaterlosen Jungen vorstellen.

Der Don Juanismus oder das Casanova-Syndrom bei meinen Patienten ähneln sich oft zum Verwechseln. Keiner von ihnen hatte Schwierigkeiten, intime Kontakte zu Frauen herzustellen. Im Gegenteil: den meisten fiel es überraschend leicht. Sie wendeten ihren ganzen Charme und eine verführerische Kreativität auf, wenn es galt, eine neue Frau zu erobern. Dabei konnten sie sich ins beste Licht rücken, mit ihrem Narzißmus fast hochstaplerisch brillieren und der Frau den Himmel auf Erden herbeizaubern. Manche waren kurze Zeit verheiratet gewesen und hatten ein Kind. Bei diesen Patienten waren außereheliche Beziehungen die Regel. Die Partnerinnen wechselten häufig, oder es gab über längere Zeiträume Doppel- und Dreiecksbeziehungen. Ein chronisch straffällig werdender Exhibitionist, ein hochintelligenter und erfolgreicher Akademiker, hatte eine Liste angelegt und berichtete stolz von „hundertachtundzwanzig Frauen, mit denen ich bisher gepennt habe", Prostituierte und Besuche in Massagesalons nicht mitgerechnet. Unter allen Patienten war keiner, der offen rücksichtslos oder gar gewalttätig mit Frauen umging; sie waren keine Frauenfeinde, sondern eher zärtliche und leidenschaftliche Liebhaber, von denen viele das Bekenntnis Casanovas unterschrieben hätten: „Ich hatte immer die Schwäche, vier Fünftel meines eigenen Genusses in der Wonne zu finden, die ich dem reizenden Wesen verschaffte, dem ich mein Glück verdankte."⁵³

Zum Bruch kam es in der Regel, wenn die Frauen verpflichtende Bindungen einforderten. Die Angst vor dauerhafter Nähe zerbrach dann die Masken aus Grandiosität und Verliebtheit. Trotz des unbezwingbaren Dranges nach Unabhängigkeit und Freiheit versanken die Männer nach dem meist abrupt herbeigeführten Endes in einer bodenlosen Einsamkeit und Depression, die den Kern ihrer Neurose ausmachte. „Ich erniedrige Frauen wie mich selbst", sagte ein Patient, als er den Teufelskreis durchschaute, den er immer wieder inszenierte, um diesem inneren Problem der Vereinsamung und Selbstabwertung zu entgehen.

Es ist also nicht nur die ewig ungestillte Sehnsucht nach der Mutter und die gleichzeitig panische Angst, von ihr verschlungen zu werden, die die Männer in immer neue Frauenabenteuer stürzt, wechselnd zwischen unbedingter Bindung und Flucht. Es ist die innere Leere eines gebrochenen Selbstgefühls, die die Leidenschaft und den Narzißmus instrumentalisiert, um die eigene Kälte durch die Illusion von Geborgenheit und Wärme erträglich zu machen.

Aber ist diese innere Zerstörung und die tiefgreifende Bindungsschwäche allein aus der Vaterentbehrung erklärbar? Die Frage gibt die Antwort bereits vor. Bei allen Patienten bestanden massive Beziehungsstörungen zu ihren Müttern. Sie reichten in die frühe Kindheit zurück und erklärten sich zum Teil aus der primären Struktur der mütterlichen Eigenschaften, zum Teil aus den Reaktionen der Mütter auf den Verlust ihrer Männer. Anders als die Mutter von Schneeweißchen und Rosenrot hatten sie den Verlust nie verarbeitet und blieben entweder ihrer Trauer und Depression verhaftet oder ihrem Haß, den sie auf die Söhne übertrugen.

Für Therapeuten bedeutet es immer eine doppelte Belastung, die Klagen, Anklagen und Enttäuschungen der Patienten über ihre Mütter anteilnehmend zu begleiten und gleichzeitig deren Leiden vor Augen zu haben. Keine Mutter ist grundlos „böse". Ihre Bosheit, ihre Kälte, ihre Aggressionen sind das Produkt ebenso widriger Lebensumstände und Erfahrungen, wie sie später ihre Kinder in ähnlicher Form durchleiden. Die männlichen Patienten erinnern sie als „verbittert", „lieblos", „kontrollierend", „hart", „bestrafend", „freudlos", „traurig". Sie hatten Migräne, Magenerkrankungen, Schlafstörungen, die Kinder mußten leise sein, Rücksicht nehmen und fühlten sich ständig schuldig. Oft wurden sie abgeschoben, zu Verwandten, in Horte, Heime oder Pflegefamilien. Der Exhibitionist wurde tagsüber von der Großmutter beaufsichtigt. Beim Essen legte sie immer bleistiftstarke Nägel und einen Hammer auf den Tisch und drohte dem Jungen, seine Hände festzunageln, wenn er sie nicht neben dem Teller liegenließ.

Der Wunsch nach der Liebe der Mutter, nach dem immer Ersehnten und nie Erreichten, wurde in den späteren Beziehungen zu einem Wiederholungszwang, der sein Ziel verfehlen mußte, weil das unbewußte Motiv von keiner Realität einzulösen war. Die immer erneute Enttäuschung über sich selbst und die Partnerinnen führte in einen Teufelskreis, in dem die Männer schließlich herumtrabten wie blinde Pferde in einer Arena. Mit jedem neuen Scheitern sank das Selbstbewußtsein weiter gegen den Nullpunkt, wodurch auch ihr berufliches Versagen unausweichlich näherrückte. In dieser Situation wurde für sie die Therapie zu einem letzten Rettungsanker.

Die Selbstwertproblematik und ihre narzißtische Kompensation beim Don Juanismus resultiert nach psychoanalytischer Auffassung aus einer tiefen Kastrationsangst. Um sie abzuwehren, müßten, so die Lehre, die Männer sich durch stets wechselnde sexuelle Beziehungen von ihrer intakten Potenz überzeugen, wobei sie sich, wie das letzte Casanova-Zitat illustriert, besonders stark mit den weiblichen Bedürfnissen identifizieren. Die Kastrationsangst ist Ausdruck eines defekten männlichen Identitätsgefühls und besonders bei Männern zu erwarten, die über keinen Vater als notwendiges Identifikationsobjekt verfügten. Der fehlende Vater und eine sich versagende, ewig ersehnte Mutter ergänzen sich also im Don Juanismus zu einer tragischen inneren Konfiguration, aus der die Liebesabenteuer wie giftige Tropenblüten emporschießen.

Und die Frauen, die als Kinder oder junge Mädchen den Vater verloren? Wie unterscheidet sich ihr späteres Partnerschicksal von dem der Männer? Gibt es bei ihnen ein Pendant zum Don Juanismus und zum Casanova-Komplex? Die Durchsicht meiner Behandlungsprotokolle über vaterverlassene Frauen ergab ein völlig anderes Bild als bei den Männern. Der Eindruck ist für beide Gruppen nicht repräsentativ, wie mehrfach betont. Aber die Befunde lassen in Übereinstimmung mit anderen psychotherapeutischen und Alltagserfahrungen einige generelle Überlegungen zu. Zunächst zu den Ergebnissen. Keine der Frauen hatte häufig wechselnde Beziehungen im Sinne eines weiblichen Don Juanismus oder gar einer Nymphomanie. Einige von ihnen waren, meist kinderlos, ebenfalls nur kurze Zeit verheiratet gewesen und lebten nach der Scheidung allein. Zwei Frauen hatten sich nach ersten heterosexuellen Erfahrungen für ein lesbisches Leben entschieden. Auffallend war im Unterschied zu den Männern eine starke Neigung zu psychosomatischen Erkrankungen wie Eßstörungen, Fettsucht, Magen- und Darmentzündungen und Krebs. Als gemeinsames Merkmal fand sich in dieser Frauengruppe ein tiefsitzender Haß auf die Mütter, der viel unversöhnlicher war als bei den Männern. Einige hatten den Kontakt zur Mutter nach jahrelangen Zerwürfnissen definitiv abgebrochen. Große Übereinstimmung bestand in der Form der Auseinandersetzung mit dem verlorenen Vater: Chronische Verlassenheitsgefühle dominierten den Haß, Sehnsucht und die Suche nach dem inneren Vaterbild die Enttäuschung über sein Verschwinden.

Viele Unterschiede zur Männergruppe erklären sich aus der allgemeinen Erfahrung, daß Frauen ihre Konflikte und traumatischen Erlebnisse mehr durch Verdrängung und Somatisierung nach innen verarbeiten, während Männer mehr zum „acting out" neigen. Dieses Ausagieren wird im Don Juanismus sehr deutlich. Auffallend ist der ausgeprägte Haß auf die Mütter. Eigentlich könnte man davon ausgehen, daß sich Mütter mit ihren Töchtern identifizieren und sie nach dem Verlust des Mannes zu Bündnispartnern bei der Bewältigung der Trennung machen, während sie die Söhne stärker verfolgen müssen, weil diese als lebende Abbilder des Vaters die Erinnerung an ihn ständig wachhalten. Meine Beobachtungen legen eine andere Erklärung nahe. Unabhängig davon, wie früh der Verlust einsetzte, scheint es durch ihn zu einer entscheidenden Blockierung der psychosexuellen Entwicklung und zu einer Fixierung auf der ödipalen Stufe zu kommen, entweder in der ersten kindlichen oder in der zweiten pubertären Phase. In beiden Phasen geraten Mädchen in einen heftigen Rivalitätskonflikt mit den anwesenden Müttern und in eine libidinöse Sehnsucht und Abhängigkeit vom Vater, die durch seine Abwesenheit noch verstärkt werden. Jungen dagegen können die Rivalität mit dem Vater wegen dessen Abwesenheit nicht austragen und bleiben, wie oben beschrieben, daher stärker in einem regressiven Narzißmus und in einer libidinösen Bindung an die Mutter fixiert, eine Kombination, die den späteren Weg in den Don Juanismus vorbereitet. Frauen dagegen bleiben in ihrer Rivalität und ihrem Haß an die Mutter fixiert, während der Vater als weiterhin idealisiertes und ersehntes Liebesobjekt verinnerlicht bleibt. Da sie den traumatischen Verlust mehr nach innen verarbeiten und zusätzlich das gesellschaftliche Rollenverständnis trotz aller Umwälzungen und „sexuellen Revolutionen" für die meisten Frauen einen häufigen Partnerwechsel noch tabuiert, ist ihr Verzicht darauf doppelt verständlich.

Allerdings kannte diese Regel schon immer Ausnahmen. In vielen Biographien berühmter Frauen, bei denen die Vaterentbehrung einen wichtigen Schlüssel zum Verständnis ihrer ungewöhnlichen Entwicklungen und ihres Werkes an die Hand gibt, bilden die Ausnahmen eher die Regel. Da diese Frauen auch überzeugende Beispiele für den Zusammenhang von Trauma und Kreativität darstellen, auf den noch ausführlicher einzugehen sein wird, sollen einige Entwicklungen in der notwendigen Kürze skizziert werden.

Eine, die schon zu Beginn des 19. Jahrhunderts vehement mit den bürgerlichen Frauentugenden brach, die leidenschaftlich für die freie Liebe eintrat und gegen die Institution der Ehe revoltierte, war George Sand (1804-1876). Ihr immenses Werk machte sie zur erfolgreichsten Schriftstellerin ihrer Zeit. Mit starkem politischem Engagement kämpfte sie für die Rechte der unterdrückten Klassen und vertrat eine sozialistische Gesellschaftskritik. Sie trug Männerkleider, rauchte Zigarren – eine ungeheure Provokation für die Kreise, in denen sie als Adelige verkehrte. Sie zerstörte Ehen und machte als Geliebte viele Männer ebenso glücklich wie unglücklich. Sie wurde bewundert und geliebt von den einen, verachtet und geschmäht von den anderen.

Mit knapp vier Jahren verliert George Sand ihren Vater, der dreißigjährig beim Sturz von seinem Pferd tödlich verunglückt.

Mit neunzehn Jahren bekommt sie ihren ersten Sohn, den sie wie ihren Vater Maurice nennt, Ihre Ehe verläuft wegen der permanenten Untreue ihres Mannes unglücklich. Aber anders als die Frauen ihrer Zeit bricht sie ab ihrem sechsundzwanzigsten Lebensjahr ebenfalls aus und hat bis zu ihrem Tod noch viele außereheliche und nacheheliche Lieben, Liebschaften und Affären.

Zweifellos gehört George Sand zu den Frauenrechtlerinnen der ersten Stunde. Auch wenn die Zusammenhänge komplexer sind, dürfte der frühe Vaterverlust für diese Frau bei der Wahl ihrer Attribute und ihres Lebensstils eine wichtige Rolle gespielt haben. Ebenso sind ihr unermüdliches Schreiben und ihr lebenslanger Kampf gegen Ungerechtigkeiten typische Merkmale für den Versuch, das selbst erlittene Unrecht der Vaterberaubung durch altruistische Kompensation zu verarbeiten.[54]

Berühmte Schwestern im Geiste und in der Liebe von George Sand sind unter vielen anderen Lou Andreas-Salomé (1861-1937), Tania Blixen (1885-1962), Anaïs Nin (1903-1977) und Marguerite Duras (1914-1996). Allen gemeinsam ist der Verlust des Vaters zwischen Kindheit und Adoleszenz, ein Schicksal, das ihr Leben überschattet und bestimmt, das die Frauen unruhig in der Welt herumtreibt, Seiten um Seiten von Papier füllen läßt, immer auf der Suche nach dem inneren Kern, ihrem wahren Selbst.

Lou Andreas-Salomé trifft auf ihrer Reise durch die Literatur und die Psychoanalyse auf bekannte Männer – Hauptmann, Schnitzler, Rilke, Freud, Abraham, Tausk, Hofmannsthal, Nietzsche –, die ihr den Vater ersetzen und die sie in die Welt des Intellekts und, im Rahmen langer Analysen, in die des Unbewußten einführen. Aus der Schriftstellerin wird schließlich im Alter von 54 Jahren eine Psychoanalytikerin, eine Kombination, die das Ringen um die eigene Identität bei der Bewältigung eines frühen Traumas besonders pointiert. Viele namhafte und weniger namhafte Männer waren ihre Liebhaber, eine „femme fatale", wie manche meinen, „die Männer wie Trophäen sammelt".[55]

Die Malerin und Schriftstellerin Tania Blixen hat den Tod des bewunderten und ihr so ähnlichen Vaters nie verwunden. Er erhängte sich, als seine Lieblingstochter knapp zehn Jahre alt war, ein Verrat, wie sie es erlebte, der sie in den Irrungen und Wirrungen ihres Lebens nicht mehr losließ. Als phantasiebegabtes Kind und später als Frau liebte sie Rollenspiele, Verwandlungen, Kostümierungen und in ihren Publikationen ständig wechselnde Pseudonyme – Masken einer Künstlerin, die auf der Suche nach sich selbst die innere Einsamkeit und Verlassenheit kaschieren sollten. Vom Ort der Kindheit in Dänemark floh sie mit ihrem Mann nach Kenia, bewirtschaftete dort eine gekaufte Farm, liebte, wie ihr Vater, den Umgang mit Waffen bei der Jagd und schrieb einige Jahre nach ihrer Rückkehr die berühmte Autobiographie „Out of Africa" („Jenseits von Afrika"). Auch Tania Blixen war wie George Sand und Lou Andreas-Salomé einmal verheiratet und hatte während der Ehe und danach teils leidenschaftliche, teils romantische Liebesverhältnisse zu verschiedenen Männern.[56]

Wem die eigentliche Suche bei den wechselnden Partnerschaften gilt, hat keine so rückhaltlos vorgeführt wie die französische Schriftstellerin Anaïs Nin. Der Inzest mit dem Vater hat die Literaturgeschichte lange beschäftigt. Er verließ die Familie, als die Tochter, wie Tania Blixen, zehn Jahre alt war. Es gibt noch eine andere Übereinstimmung zwischen beiden: „Ich spiele tausend Rollen ... Wegen meiner Veränderbarkeit ist es unmöglich, mich zu portraitieren ... Ich liebe Kostümierungen" notiert sie in ihren Tagebüchern, die sie kurz nach der Trennung vom Vater beginnt und bis zu ihrem Tod weiterführt. Ein Leben in Tagebüchern. Die Biographin Linde Salber schreibt dazu: „So muß man sich fragen, gegen was Anaïs Nin anschreibt. Worin ist die Unruhe, die sich im Schreiben entlädt, begründet? ... Welchen Schmerz sollen die vielen Worte lindern, und wovon lenken sie ab?" Salber gibt keine Antwort auf die Fragen, obwohl sie naheliegt. Das Trauma, den geliebten Vater, einen bekannten Musikprofessor, Konzertpianisten und Komponisten, mit einer neuen Frau in Paris zu wissen, während die Mutter mit ihr und den beiden jüngeren Brüder ins ferne New York emigriert, bleibt ein lebenslanges Motiv ihrer schriftstellerischen Arbeit und Inhalt ihrer therapeutischen Analysen. Sie wertet sich ab, gibt sich die Schuld für das Verhalten des Vaters, ist innerlich zerrissen und fühlt sich der Auflösung oft nahe. „Das Schreiben stellt die Einheit wieder her", hofft sie. Und die Männer. Mit zwanzig Jahren heiratet sie ihren Mann; es bleibt eine lebenslange Liebe zwischen beiden. Aber ihre unruhige Getriebenheit, ihre innere Rebellion gegen Tradition und bürgerliche Normen, ihre ekstatischen Gefühle treiben sie hinaus, zuerst in eine leidenschaftliche Liaison mit dem zwölf Jahre älteren, damals noch unbekannten Henry Miller und seiner bisexuellen Frau June. Zur selben Zeit, 1932, beginnt sie ihre erste Analyse bei René Allendy, dem Begründer der Soçiété Française de Psychoanalyse, verführt ihn und läßt sich von ihm verführen. Die gleiche Erfahrung, die heute als schweres Sakrileg geahndet wird, wiederholt sich in der zweiten Analyse bei dem bekannten, neunzehn Jahre älteren Otto Rank. Neben der Therapie haben beide ein stürmisches Liebesverhältnis. Anaïs Nin folgt ihm von Paris nach New York, wird dort selbst kurze Zeit Analytikerin, bis sie sich von Ranks Einfluß befreit und, anders als Lou Andreas-Salomé, diesen Beruf – „Der Krebs der Innenschau" – aufgibt. Im Zentrum all dieser parallel laufenden, sich kreuzenden und später in andere Verhältnisse einmündenden Männerbeziehungen aber steht die eine, um die es ein Leben lang geht. Im Alter von dreißig Jahren verabredet sie sich mit ihrem Vater in einem Hotel in Südfrankreich. Die beiden erleben drei Tage lang die Obsession einer verschmelzenden Liebe, die die ewig ersehnte Einheit zwischen ihnen herstellen soll. „Ich liebe den Mann, ich liebe ihn mit meiner Seele, ich halte ihn in meinen Armen, in meinem Körper... den Mann, den ich überall auf der ganzen Welt suchte, der meine Kindheit brandmarkte und mich verfolgt hat. Es waren Fragmente von ihm, die ich in anderen Männern liebte ... und nun war das Ganze (sic!) da ..."[57]

Anaïs Nin wurde durch ihr Charisma als Frau und Künstlerin in Amerika, Frankreich und Deutschland zu einer Kultfigur der Frauenbewegung, die, nachdem die bürgerlichen Rechte erkämpft waren, jetzt auch die sexuelle Befreiung einforderte. Dazu trug auch, um sie als letztes Beispiel der „befreiten Frau" zu zitieren, Marguerite Duras bei, die grande dame der zeitgenössischen französischen Literatur. Ihren Weltbestseller „Der Liebhaber" schrieb sie mit siebzig Jahren, zwölf Jahre vor ihrem Tod, die Rückerinnerung an ihre Kindheit und Jugend in Indochina und ihre erste verbotene Liebe als Pubertierende zu einem fast doppelt so alten Chinesen. Eine amour fou zu einem verfremdeten Vaterersatz, eine Initation in eine sexuelle Leidenschaft, von der auch ihr weiteres Leben mit vielen Männern bestimmt war.

Ihr jüngster Biograph Frédérique Lebelley zeichnet das Bild einer Frau nach, die aus einer vaterlosen, verwahrlosten und verwilderten Kindheit zwischen Urwald und dem Strom des Mekong hinauswächst in die politischen, literarischen, cineastischen und erotischen Abenteuer der Großstadt Paris, immer im Widerstand, im Aufruhr, im Begehren des Unmöglichen – in sich eine Mitte zu finden. Ihr Vater, ein Lehrer im Dienst der Kolonialmacht Frankreich, mußte wegen einer Tropenkrankheit repatriiert werden, als seine Tochter ein Jahr alt war. Er starb drei Jahre später in Paris. „Drei Jahre, über die den Kindern nichts gesagt wurde."[58]

Als Elfjährige wird sie in Saigon gegen alle Gebräuche einen Männerhut tragen, etwas später mit Jagdgewehren hantieren, mit knapp dreißig Jahren aktiv an der Résistance gegen die deutsche Besatzung teilnehmen und der Kommunistischen Partei beitreten. Sie schreibt und schreibt, dreht Filme, ihr Werk wird mit Preisen überschüttet – sie trinkt und trinkt. Lebelley schließt seine Biographie mit den letzten Lebenstagen von Marguerite Duras, ihrer Agonie: „Widerwillig nimmt sie die Niederlage hin, zusammengeschrumpft auf die Angst, ihre Liebe, ihren angebeteten Verstorbenen für immer zu verlassen. Den bis zu ihrem zweiundachtzigsten Geburtstag bruchlos Verehrten. Den nie Genannten. Kein einziges Mal wird sie die Buchstaben jenes Namens gezeichnet haben, der ihr ganzes Leben beherrscht hat."[59] Der große Schatten des verlorenen Vaters schwindet erst mit dem eigenen Tod.

Marguerite Duras steht nicht nur für die Frauen, die in den letzten Jahrzehnten ihr Verhältnis zu Partnerschaft und Sexualität dem der Männer angepaßt haben, sondern speziell, wie alle zitierten Schriftstellerinnen, für vaterverlassene Frauen, für die bald auch zur Regel werden wird, was noch lange als Ausnahme galt. Viele von ihnen werden dann ihr Trauma nicht nur nach innen verarbeiten, sondern den Verlust in wechselnden Liebesverhältnissen zu Männern auszugleichen versuchen. Wilde Frauen. Im Alltag findet man sie schon wesentlich häufiger, als die von mir behandelte Gruppe von Patientinnen vermuten läßt.

Neben der ausführlich dargestellten Variante instabiler und wechselnder Beziehungen gibt es noch den Gegenpol. Hier haben spätere Liebes- und Ehepartner die Funktion, die existenzbedrohenden Trennungs- und Verlassenheitsängste aufzufangen. Im

Unterschied zur ersten Gruppe, bei der die Bindungsangst überwiegt, klammern sich in der zweiten der eine oder beide Partner auf Grund der frühen Verlusterfahrung so stark aneinander an, daß jeder Gedanke oder gar ein Impuls zur Trennung panische Angstreaktionen auslöst. Sie schweißen die Beziehung aufs engste zusammen. Bei genauerer Beobachtung ist immer wieder eindrucksvoll, wie diese nach außen hin meist harmonisch wirkenden Paarkonstellationen nur durch ein angstneurotisches Klima zusammengehalten werden, dem sie ihre Dauerhaftigkeit verdanken. Bei solchen Bindungsmustern ist wenigstens einer der Partner durch die Vaterentbehrung so stark in seiner Individuation und Identitätsfindung blockiert worden, daß er die Ablösung aus der mütterlichen Symbiose nicht bewältigt hat. Man könnte in diesem Zusammenhang von einem Triangulierungsschock sprechen. Das Fehlen oder der Verlust des Vaters hat hierbei zu einem Ausfall seiner Funktionen geführt, die er bei der Loslösung von der Mutter, der Abpufferung der Trennungsangst und der Autonomiegewinnung einnimmt. Auf der unbewußten Ebene versucht in einer entsprechenden Paarbeziehung die Frau ihren Mann in der Übertragung als Vaterersatz zu erhalten, während der Mann seine Frau als Mutterersatz nicht aufgeben kann. Es ist daher nicht verwunderlich, daß in dieser Konstellation gehäuft Paare zusammenfinden, bei denen beide Partner einen Vaterverlust erlebt haben. Wenn nur einer davon betroffen ist, delegiert er an den anderen die Helfer- und Beschützerrolle, die dieser aus ihm meist unbewußten Motiven nur zu gerne annimmt und einen hohen Grad der Befriedigung daraus zieht.

Es wäre eine zu einseitige und pessimistische Perspektive, wollte man das Schicksal von Partnerbeziehungen allein nach den beiden beschriebenen Varianten von Flucht oder Anklammerung betrachten. Es muß nicht nochmals betont werden, daß viele Bedingungen an solchen eher ungünstigen Lösungen beteiligt sind. Zum Glück gibt es aber für viele Menschen genügend haltende und fördernde Strukturen in ihrem Leben, die ihrer Entwicklung eine stabile Basis garantieren und das Trauma konstruktiv verarbeiten lassen. In diesen Fällen können auch Partner zu entscheidenden Hilfsobjekten werden, die zur Aufrechterhaltung der inneren Balance beitragen, und die damit gleichzeitig eine gleichberechtigte Beziehung ermöglichen. In ihr gleichen sich die Stärken und Schwächen beider Partner aus und ergänzen sich zu einer Kraft, die die Gefühle der Liebe, des Vertrauens und der Zusammengehörigkeit dauerhaft sichert.

Auch von dieser positiven Wende zeugt das Leben einiger bekannter Persönlichkeiten, von denen ich abschließend zwei Frauen als exemplarisch herausgreife, Agatha Christie (1890-1976) und Hannah Arendt (1906-1975). Agatha Christie war ein Nachzüglerkind, das Zeit seines Lebens eine enge, liebevolle und produktiv fördernde Beziehung zu seiner Mutter unterhielt. Die Eltern sollen sich sehr geliebt haben. Der Vater starb nach mehreren Herzattacken mit fünfundfünfzig Jahren in Agathas elftem Lebensjahr. Sein Tod bedeutete für sie das Ende ihrer Kindheit. Manche Biographen halten es für keinen Zufall, daß das introvertierte Kind eine höchst originelle Phantasietätigkeit entwickelte, mit Namen, Personen und Handlungen, vergleichbar der Verstellungskunst bei Anaïs Nin und Tania Blixen, jonglieren konnte, ohne dabei ihre eigenen Gefühle bloßzulegen. Diese kreative Bewältigung des Traumas führte sie, auch das wohl kein Zufall, zur Kriminalliteratur, in der es um bestimmte Grundmuster menschlicher Erfahrung wie Suchen, Finden, Geheimnisse erzeugen und aufdecken, Spionieren, Verdächtigen und Verfolgen geht, in deren Zentrum der Mord als spezielle Form des Todes steht. In Christies Geschichten wird er tausendfach reinszeniert, so als wolle sie damit den Tod des Vaters seinem Geheimnis entreißen. Wie auch die Deutungen ausfallen mögen, feststeht, daß sie durch ihre herausragende Produktivität und ihren Welterfolg offenbar zu einer inneren Harmonie gelangt ist, die sie unangefochten vom Trauma des Vaterverlustes bis zu ihrem Lebensende aufrechterhalten konnte.

In dieses Bild paßt auch der Verlauf ihrer zwei Ehen. Mit ihrem ersten Mann war sie zwölf Jahre verheiratet. Vier Jahre nach der Scheidung heiratete sie den vierzehn Jahre jüngeren, später berühmten Archäologen Max Mallowan, mit dem sie bis zu ihrem Tod sechsundvierzig Jahre in einer von Abenteuern, Reisen, Erfolg, Arbeit und enger Zusammengehörigkeit reichen Ehe zusammenlebte. Dieses Glück hing sicher in erster Linie mit ihrer harmonischen Kindheit, der Liebe der Eltern zueinander und der Liebe der Mutter zu ihr zusammen – optimale Bedingungen für ein stabiles Selbstgefühl und die produktive Verarbeitung traumatischer Erlebnisse.[60]

Bei Hannah Arendt steht die Person der großen Nach-Denkerin über die wichtigen politischen und philosophischen Fragen unseres Jahrhunderts so stark im Vordergrund der Aufmerksamkeit, daß ihre persönliche Biographie, wie es wohl auch ihrem Willen entsprach, dahinter fast entschwindet. Sie hier zu erwähnen ist auch deswegen riskant, weil ihr Leben vom Faschismus, vom Holocaust und von ihrem eigenen Schicksal als Jüdin mit der Erfahrung von Verfolgung, Internierung und erzwungener Emigration durchdrungen wurde. Daher ist der Einfluß von Kindheitstraumata auf ihre Intellektualität und ihre spätere Entwicklung kaum noch auszumachen. Aus diesem Grund beschränke ich mich hier auf ein paar spärliche Angaben zur Ergänzung des bisher beschriebenen.

Hannah Arendt erlebte den Tod ihres vierzigjährigen Vaters, eines Ingenieurs, nach langer Krankheit als Siebenjährige. Auch sie hatte, wie Agatha Christie, eine Mutter, die ihre Fähigkeiten förderte, ihr Selbstbewußtsein stärkte und der sie „vor allem eine Erziehung ohne alle Vorurteile und mit allen Möglichkeiten verdankte und die immer auf dem Standpunkt stand: Man darf sich nicht ducken! Man muß sich wehren!", wie sie in einem Brief an Karl Jaspers schreibt. Nach dem Tod ihres Vaters ließ sie sich, wie für Kinder dieses Alters typisch, ihre Trauer nicht anmerken, wurde aber verschlossener und für ihre Mutter „undurchsichtig". Die „eingefrorene Trauer", wie man diesen Zustand in der Traumaforschung nennt, mag man in der Gestaltung ihrer gesamten Schriften und in den Themen wiederfinden, die sie fortan beschäftigen sollten, aber auch in ihrer Überwindung, indem sie als erwachsene Frau die Freude zum Leben und den Reichtum von Freundschaften immer stärker betonte.

Auch Hanna Arendt führte in ihrem Leben zwei Ehen. Die erste mit dem Philosophen Günther Anders dauerte acht Jahre, die zweite mit dem Philosophen Heinrich Blücher bis zu dessen Tod dreißig Jahre lang. Diese Dauerhaftigkeit und ihr der Humanität verpflichtetes Werk mögen Zeichen dafür sein, daß sie die Erfahrung des frühen Vaterverlustes kreativ verarbeitet hatte.[61]

V. Die Folgen der Vaterentbehrung

Die ausführliche Darstellung der fördernden und hemmenden Einflüsse auf die Verarbeitung der Vaterentbehrung sollte ein plastisches Bild davon vermitteln, wie stark die seelischen und psychosozialen Folgen immer von einer Vielzahl sich wechselseitig verstärkender Lebensbedingungen abhängen, ob im positiven oder negativen Sinn. Das Gesamtverständnis der Vaterentbehrung erfordert jetzt noch einmal einen etwas systematischeren Blick auf einige spezielle Fragestellungen.

1. Was ist ein Trauma?

In der bisherigen Beschreibung wurden die Begriffe „Trauma" und „traumatische Situation" wie in den meisten psychologischen Sachbüchern im Vertrauen darauf benutzt, daß der Leser schon „in etwa versteht", was mit ihnen gemeint sein könnte. Das Thema der Vaterentbehrung macht aber eine genauere Betrachtung des Traumabegriffs notwendig. Die Psychologie hat ihn der Medizin entlehnt. Dort bezeichnet Trauma eine von außen verursachte körperliche Verletzung. Entsprechend ist eine seelische Verletzung im Sinne eines Traumas an äußere Einwirkungen geknüpft. In seiner allgemeinsten Form bezeichnet es ein Geschehen, bei dem das Individuum in einer Weise von Reizen überflutet wird, die seine Abwehr-, Anpassungs- und Verarbeitungsmöglichkeiten überfordern, wodurch die psychophysiologische Balance des Organismus außer Kontrolle gerät.

Für spezielle Traumata in der Kindheit hat Freud als einer der ersten eine „Traumatheorie" entwickelt, in deren Zentrum der sexuelle Mißbrauch von Mädchen durch ihre Väter stand. Neben diesem pathologischen Trauma unterschied er „unvermeidbare"

Traumata, die zu jeder menschlichen Entwicklung gehören, wie das Trauma der Geburt, des Abstillens, der schrittweisen Trennung von der Mutter und der Geburt eines Geschwisters. Sie sind nicht nur „unvermeidbar", sondern als Anreize zur Individuation unverzichtbar. Das eigentliche „Trennungstrauma" wurde erst später durch einige Kinderanalytiker bei Säuglingen und Kleinkindern beschrieben, die ihre Mütter für längere Zeit oder auf Dauer verloren hatten. Aus diesen Anfängen hat sich in den letzten Jahrzehnten in der Streßpsychologie und in der Psychoanalyse eine breite Traumaforschung entwickelt, die inzwischen das interdisziplinäre Fachgebiet der „Psychotraumatologie" begründet hat.[62]

Zu den wichtigsten Lebensereignissen, die heute, über die Kindheit hinausreichend, als traumatisch angesehen werden, gehören: Mutterentbehrung, sexueller Mißbrauch in der Kindheit, Kindesmißhandlung, Vergewaltigung, KZ-Haft, Folter, schwere Kriegserlebnisse, Flüchtlingsschicksal, Geiselhaft, Opfer von Natur- und technischen Katastrophen und tragische Verkehrsunfälle. Die Erweiterung des Traumabegriffs bezieht heute auch Bindungstraumata durch Trennung und Scheidung, lebensbedrohliche Erkrankungen und Operationen, Arbeitslosigkeit, Opfer von Gewaltkriminalität und Mobbing ein. Die Vaterentbehrung, darauf sei schon hier hingewiesen, taucht in solchen Auflistungen traumatischer Erlebnisse bis heute nicht auf.

Die Traumaforschung unterscheidet zwischen einmaligen, akuten Traumen, wie zum Beispiel Vergewaltigung, KZ-Haft und Folter, und chronischen Traumen, bei denen das akute in einen Dauerzustand einmündet, wie zum Beispiel bei dem endgültigen Verlust der Mutter. Eine dritte Form bilden sogenannte „kumulative" oder „sequentielle" Traumen. Bei ihnen summieren sich traumatische Situationen, von denen jede einzelne zunächst unterschwellig bleibt, ihre Wiederholung und Anhäufung aber irgendwann einen Zustand erreicht, in dem die Abwehrkräfte verbraucht sind und das innerseelische Gleichgewicht zusammenbricht.

Die Variationsbreite und unterschiedliche Intensität der heute untersuchten traumatischen Situationen macht das breite Spektrum seelischer, psychosomatischer und psychosozialer

Folgen verständlich, die unter dem Begriff des „posttraumatischen Syndroms" zusammengefaßt werden. Die folgende Beschreibung der als traumaspezifisch angesehenen Symptome soll der Überprüfung der Frage dienen, ob die Vaterdeprivation in Übereinstimmung mit den modernen Konzepten der Psychotraumatologie als Trauma einzustufen ist. Welche Symptome sind für diese Fragestellung besonders relevant?

Die systematische Traumaforschung begann nach dem Zweiten Weltkrieg mit der Untersuchung des Trennungstraumas bei Säuglingen und Kleinkindern. Nach den Beobachtungen von Bowlby können die Reaktionen des Kindes nach der Trennung von der Mutter in drei Phasen eingeteilt werden: Protest, Verzweiflung und Gleichgültigkeit. Ich zitiere hier seine anschauliche Beschreibung, weil sie, wie wir heute wissen, einen Modellcharakter besitzt, der das Wesen der Trennung in seinen Grundzügen festlegt:

„Die Initialphase, diejenige des ‚Protestes', kann einige Stunden bis eine Woche und länger dauern. In dieser Phase ist das kleine Kind akut darüber beunruhigt, seine Mutter verloren zu haben, und sucht sie mit all seinen beschränkten Kräften wiederzugewinnen. Es weint oft laut, rüttelt an seinem Bettchen, wirft sich herum und schaut begierig nach jeder Erscheinung und jedem Geräusch, ob sie sich als die fehlende Mutter erweisen. Sein ganzes Benehmen läßt die sichere Erwartung durchblicken, daß sie zurückkehren werde ...

Während der Phase der ‚Verzweiflung', die allmählich den Protest ablöst, ist die Präokkupation (intensive Beschäftigung, H. P.) des Kindes mit der fehlenden Mutter weiterhin augenfällig, obwohl sein Verhalten wachsende Hoffnungslosigkeit ahnen läßt. Die aktiven Körperbewegungen nehmen ab oder verschwinden, und das Kind weint häufig monoton oder periodisch. Es ist in sich gekehrt und apathisch.

Die Phase der ‚Gleichgültigkeit' ... Wenn die Mutter zu Besuch kommt, wird ersichtlich, daß etwas nicht stimmt. Denn das Benehmen, das für dieses Alter entsprechend der normalerweise starken Bindung charakteristisch ist, fehlt völlig. Weit davon entfernt, seine Mutter zu begrüßen, scheint das Kind sie kaum zu kennen. Weit davon entfernt, sich an sie anzuschmiegen, bleibt es in der Distanz und apathisch. Statt zu weinen, wendet es sich lautlos weg. Es ist, als ob das Kind jedes Interesse an der Mutter verloren hätte."[63]

Ich ergänze hier noch die lebendige Beschreibung der Schweizer Kinderforscher Meierhofer und Keller, die die erste und zweite Trennungsphase von Bowlby als „akutes Verlassenheitssyndrom" bezeichnen: „Eine psychomotorische Unruhe verbunden mit Schreien steigert sich, besonders vor den Mahlzeiten, zu eigentlichen Erregungszuständen, die nur durch kurze Pausen erschöpften Innehaltens unterbrochen werden ..."[64]

Die dritte Phase von Bowlby nennen sie das „chronische Verlassenheitssyndrom", für das René Spitz den Ausdruck „Hospitalismus" geprägt hat:

„Nachlassen der Protestreaktion, wobei das zornige Weinen in ein Wimmern, Jammern und gelegentliches Aufschreien übergehen kann; Verstärkung der autoerotischen Betätigungen; Auftreten von stereotypen Bewegungsformen und anderen Symptomen ... Aber bereits am Ende des 1. Lebenshalbjahres und später um so deutlicher treten auch Formen der Kontaktlosigkeit und des Rückzugs in sich selbst auf. Es kommt zu dem uns nun längst bekannten Prozeß der Resignation, bei dem der Antrieb gelähmt und die Aktivität gehemmt wird."[65]

Bowlby erklärt die Schwere der Trennungsreaktionen aus der Art der Mutter-Kind-Beziehung. Diese seien nicht nur aus dem Elementarbedürfnis des Hungers und aus den Sekundärbedürfnissen nach Schutz, Geborgenheit und mütterlicher Wärme erklärbar; vielmehr beruhe die tiefe Verbundenheit auch auf einem System instinktgebundenen Verhaltens. Beispiele dafür sind allen Eltern bekannt: das reflexhafte Sich-anklammern des Kindes, sein Schreien und sein reflexhaftes Nachlaufen besonders im zweiten und dritten Lebensjahr, wenn die Mutter sich auch nur kurze Strecken entfernt. Diese instinktmäßige Bindung löse im Falle einer Trennung eine reflexhafte Angst, die Trennungsangst aus. In ihr wird die erste Trennung, das Geburtstrauma, durch das Instinktsystem neu aktiviert.

Bei plötzlichen Trennungen kommt es zum Trennungsschock, in dessen Folge verschiedene Ich-Zustände durchlaufen werden: In der Protestphase mobilisiert das Ich alle Kräfte, um das Trauma ungeschehen zu machen. In der Phase der Verzweiflung wird das Ich von Gefühlen der Angst, Ohnmacht, Hilf- und Hoffnungslosigkeit überwältigt und verfällt in Resignation und Depression. In der Phase der Gleichgültigkeit schließlich gelingt es dem Ich nur noch, diese Gefühle wegen ihrer Unerträglichkeit zu verdrängen; es zieht seine libidinöse Besetzung von den Objekten seiner Umwelt zurück und kapselt sich in einer inneren Gefühllosigkeit ab.

Es gehört zum großen Verdienst Bowlbys, mit dieser Beschreibung des Trennungstraumas bei Kleinkindern zugleich Entdeckungen vorweggenommen zu haben, die die spätere Traumaforschung auch für andere Traumata und unabhängig vom Alter der Opfer bestätigt hat. Zum Beispiel wurden für die Streßforschung Gefühle wie Hilflosigkeit und Hoffnungslosigkeit zu Schlüsselbegriffen beim Verständnis traumatischer Reaktionen und ihrer Bewältigung. Die Überflutung durch bedrohliche Außenreize versetzt das Ich in einen Zustand absoluter Wehrlosigkeit, bei dem es zunächst sich selbst aufgibt, und sich schließlich auch von der Umwelt aufgegeben fühlt.[66] Für die daraus folgende Abkapselung der Affekte haben Traumaforscher verschiedene Begriffe eingeführt: Apathie, Gefühlsanästhesie, psychische Ertaubung, eingefrorene Trauer, Erstarrung und Abstumpfung. In einem solchen Zustand kann es dazu kommen, daß das eigene Selbst sich als entfremdet wahrnimmt, oder daß die Welt als fremd und fern erlebt wird. Innerlich überwältigen Bilder, Gedanken und Erinnerung an das traumatische Erlebnis den jeweiligen Menschen, während er sich nach außen mißtrauisch durch Kontakt- und Kommunikationsabbrüche abgrenzt. Manchmal füllt auch nur eine quälende innere Leere die Betroffenen aus, wobei das Ich-Selbst-System sämtliche Gefühlsanteile einschließlich der sexuellen Lustempfindungen abspaltet.

Nach diesem kurzen Abriß über das posttraumatische Belastungssyndrom läßt sich auch die Vaterentbehrung in das moderne Konzept der Traumatheorie einordnen. Die Phasen laufen in ähnlicher Weise ab, auch hier folgen Protestphase, Phase der Verzweiflung und die Phase der Gleichgültigkeit aufeinander. Ein klassisches Beispiel dafür könnte so aussehen: Ein Vater verschwindet eines Tages plötzlich aus der Wohnung. Das einzelne

Kind oder auch die Geschwister sind zwischen fünf und sieben Jahren alt. Sie erhalten die Mitteilung, daß sich die Eltern nicht mehr lieben und deswegen getrennt haben. Noch einige Zeit kommt der Vater gelegentlich zu Besuch oder die Kinder gehen zu ihm, bis sie, meist ohne Angaben von Gründen, nichts mehr von ihm hören. Tage, Wochen, Monate vergehen ohne ein Zeichen von ihm. So gehen die Jahre ins Land. Ein vaterverlassenes Leben.

In der „Protestphase" bitten und betteln sie bei der Mutter oder beim Vater, er soll zurückkommen, die Eltern sollen sich wieder vertragen. An diesem Wunsch halten sie trotz aller gegenteiligen Fakten lange fest. Sie weinen viel, schreien herum, werden aus nichtigem Anlaß wütend und zanken sich fast unaufhörlich. Bei jedem Klingeln des Telefons, jedem Schlüsselrasseln, jedem Geräusch horchen sie auf: „Papa kommt!" Enttäuscht wenden sie sich ab, werfen ihr Spielzeug in die Ecke, zerstören Puppen und Knautschtiere, quälen den Hamster im Käfig. Sie können nicht mehr ruhig am Tisch sitzen, springen auf, laufen unruhig hin und her, können sich nicht mehr konzentrieren. Ihre Motorik treibt sie um, ist auf Widerstand, Angriff und Flucht eingestellt. In der Protestphase wehrt sich das Ich mit allen Mitteln gegen den Verlust und versucht ihn rückgängig zu machen.

In der Phase der „Verzweiflung" wandelt sich das Bild. Das Kind erzählt viel vom Vater, beschäftigt sich mit Fragen, warum er gegangen ist, ob es selbst Schuld daran hat. Es wird stiller, wirkt oft traurig, in sich gekehrt, in Gedanken versunken. Es kann nicht mehr essen, bekommt Bauch- oder Kopfschmerzen, empfindet keine Freude mehr beim Spielen, ist schreckhaft und ängstlich und steht in der Schule hilflos vor Aufgaben, die es früher spielend erledigt hat. Seine Inaktivität und Lustlosigkeit nehmen zu. Es kommt zum schulischen Leistungsabfall. Das Interesse an Freunden schwindet, und diese ziehen sich langsam zurück. In der Verzweiflungsphase hat das Ich den Kampf um den Vater aufgegeben, es erkennt die Aussichtslosigkeit seiner Bemühungen und fügt sich resigniert in die hoffnungslose Lage.

In der dritten Phase, der „Gleichgültigkeit", in der das „akute Verlassenheitssyndrom" in das „chronische" einmündet, kapselt sich das Kind immer stärker von der Außenwelt ab, seine emotionalen Reaktionen werden flacher, seine Gefühlsbindungen an nahe Objekte wie Mutter, Geschwister, oder Freunde verlieren an Tiefe und Verbindlichkeit. Über den Vater spricht es nicht mehr. Das Kind zieht sich oft stundenlang von der Umwelt zurück, bevorzugt monotone Spiele am Computer oder die passive Schläfrigkeit vor dem Bildschirm. Die Schulleistungen sinken gegen den Nullpunkt. Die ursprüngliche Lebendigkeit ist einer allgemeinen Stumpfheit und chronisch depressiven Grundstimmung gewichen. Das Kind hat seine Fröhlichkeit, sein Lachen gänzlich verloren, es kann nicht mal mehr lächeln. Die Enttäuschung und der Trennungsschmerz sind in dieser Phase so unerträglich geworden, daß das Ich die Gefühlswelt radikal verdrängen muß, um sein Überleben zu sichern. Zurück bleibt die Empfindungslosigkeit der Leere.

Solche Verläufe sind in wechselnder Ausprägung jedem Therapeuten und Berater vertraut und werden in der Scheidungsliteratur immer wieder beschrieben. Die häufigste Diagnose für diese Zustände lautet „pathologische Trauerreaktion". Aber was steckt dahinter? Wie läßt sich die Annahme eines Traumas nicht nur streßpsychologisch, sondern auch tiefenpsychologisch begründen? Die Psychotraumatologie nähert sich dem Verständnis der Traumafolgen durch die detaillierte Beobachtung menschlicher Grundbedürfnisse und Motivsysteme. Bedürfnisse werden dem Triebbereich zugeordnet und dienen zum Beispiel der Befriedigung von Hunger, Durst, Aggression und Sexualität. Motive sind dagegen Ausdrucksformen des Selbst, des Teils der Psyche also, der als zuständig für die Regulierung der Gesamtheit menschlichen Fühlens, Denkens und Handelns im Sinne eigener Identität gedacht wird.

Unter den verschiedenen Motiven, die bis heute differenziert werden konnten, sind im Zusammenhang mit der Vaterentbehrung folgende von besonderem Gewicht: das Motiv der Bindung, das Motiv von Schutz und Sicherheit, das Motiv der Orientierung, das Motiv der Selbstbehauptung und Selbstbewahrung und das Motiv der Selbstwertschätzung in Form der Selbstverwirklichung. Nur wenn diese Motive durch die ständige Rückkoppelung mit der Umwelt bestätigt und weiterentwickelt werden, entstehen daraus ein ganzheitliches Gefühl sowie die Grundlage für ein stabiles Selbst-Bewußtsein und eine eigene Identität.

Wenn man zu diesem Konzept der Motivsysteme einige Funktionen des Vaters in Beziehung setzt, wird die traumatische Wirkung seines Verschwindens offensichtlich. Der Vater ist neben der Mutter die früheste und lebenswichtigste Bindungsperson des Kindes; er repräsentiert Schutz und Sicherheit gegenüber den Bedrohungen der Außenwelt; durch seine stärkere gesellschaftliche Verankerung bietet er dem Kind spätestens ab der ersten ödipalen Phase prägende Orientierungen bei dessen Lebensentwurf an; für Mädchen wie für Jungen sind die Identifizierungen mit dem Vater und die Verinnerlichung eines positiven Vaterbildes notwendige Bestandteile der Selbstbehauptung und Selbstbewahrung; und schließlich dienen Bestätigung, Besorgnis und Förderung durch den Vater in entscheidender Weise der Selbstwertschätzung, ohne die eine Selbstverwirklichung nicht gelingt.

Jede Vaterentbehrung stellt also eine Kombination aus akutem und chronischem Trauma dar. Der Trennungsschock und der anschließend dauerhafte Verzicht auf den Vater greifen maßgeblich in die psychischen Reifungsprozesse ein und behindern den Aufbau eines stabilen Selbst. Dabei geht neben dem Vater auch immer ein Teil des eigenen Selbst verloren. Die Erschütterung des Selbsterlebens führt, wie wir sahen, immer auch zu einem Kommunikations- und Bindungsverlust und zu einer Beeinträchtigung des Weltverständnisses. Damit kommt es zu einer Entfremdung von sich und den anderen, die die völlige Entwurzelung der Person besiegeln kann.

An dieser Stelle wird nochmals klar: Je stabiler der Halt ist, den andere menschliche Beziehungen und Lebensumstände dem Kind und Jugendlichen zum Zeitpunkt des akuten Traumas geben können und je besser die Umwelt dessen chronische Wirkung abfedert, um so mehr wachsen die Chancen zu einer produktiven Verarbeitung der Vaterentbehrung. Umgekehrt verstärken ungünstige Bedingungen das bestehende Trauma. Erst solche verschärfenden Bedingungen sind dann letztlich für schwere seelische Erkrankungen und soziales Scheitern verantwortlich.

2. Seelische und soziale Auswirkungen

Bisher sind wir zahlreichen seelischen, psychosomatischen und psychosozialen Symptomen und Verhaltensweisen begegnet, die im Zusammenhang mit der Vaterentbehrung stehen. Jedes Beispiel für sich allein ist gewiß nicht spezifisch für den Vaterverlust, aber ihre Häufung im Rahmen breiter Therapieerfahrungen läßt sie als charakteristisch und in begrenztem Maße als verallgemeinbar erscheinen. Doch uns bleibt der Blick auf quantitative Ergebnisse, wie sie durch empirisch-statistische Untersuchungen erhoben wurden, nicht erspart. Dabei werden zum Beispiel bestimmte Gruppen gebildet, bei denen durch Fragebögen, Testverfahren und Interviews die statistische Häufigkeit psychopathologischer Auffälligkeiten gemessen wird. So kann man Kinder unmittelbar nach einer Scheidung oder in bestimmten Zeitabständen danach untersuchen und feststellen, welche seelischen Symptome bei ihnen im Vergleich zu einer entsprechenden Gruppe aus intakten Familien durch das Ereignis aufgetreten sind.

Fthenakis verdanken wir die gründlichste Darstellung der international vorliegenden Befunde.[67] Besonders kritisch setzt er sich darin mit den methodischen Problemen und Fehlerquellen der empirischen Forschung auseinander. Hier seien nur einige Schwierigkeiten erwähnt: Die Stichproben sind häufig zu klein, nicht repräsentativ und unter sich zu verschieden, um die Ergebnisse vergleichen zu können; es existieren keine einheitlichen Definitionen über den Begriff der „Vaterabwesenheit"; die kulturellen Unterschiede zum Beispiel zwischen den USA und den europäischen Ländern erschweren allgemeine Aussagen; die meisten Untersuchungen sind sogenannte Querschnittstudien, die nur ein aktuelles Bild zum Zeitpunkt der Erhebung erfassen; auch Längsschnittstudien, die den Verlauf über zehn bis fünfzehn Jahre verfolgen weisen erhebliche methodische Probleme auf.[68]

Angesichts solcher Schwierigkeiten ist es verständlich, daß sich einzelne Untersuchungen in ihren Ergebnissen zum Teil kraß widersprechen. Welche Verwirrung dadurch in der Öffentlichkeit entsteht oder auch aktiv erzeugt wird, möchte ich nur an einem mir sehr typisch erscheinenden Beispiel illustrieren, an einer Artikelserie der Zeitschrift *Focus*.[69] In zwei Artikeln aus dem Jahr 1995 wird ein dramatisches Bild entworfen. Der erste „Wo ist Vati?" trägt den Untertitel: „Der Trend zur Ein-Eltern-Familie ist ungebrochen. Dabei zeigen neueste Forschungen: Kinder ohne Väter haben es ungleich schwerer im Leben." Er enthält die Zusatzinformation: „Die Seelennöte der Scheidungs- und Trennungskinder wurden lange Zeit schöngeredet." Der Text schreckt dann mit alarmierenden Zahlen auf: „Über ein Drittel der Kinder leidet unter schweren psychischen Störungen. Fast zwei Drittel aller Vergewaltiger, drei Viertel der jugendlichen Mörder und ein ähnlich hoher Prozentsatz junger Gefängnisinsassen sind ohne Vater groß geworden." Vaterlose Kinder neigen mehr zu Schulversagen, Drogensucht und sozialen Auffälligkeiten. Mädchen werden häufiger Opfer von sexuellem Mißbrauch und als Teenager schwanger. Folgerung: „Nachdem es schick gewesen ist, Väter als Machos und Machtmenschen, als unsensible, arbeitswütige, haushaltsscheue und mithin entbehrliche Figuren aus dem Kinderzimmer wegzurationalisieren, werden sie plötzlich von der Forschung als VIPs entdeckt, als besonders wichtige Leute."

Ein Folgeartikel neun Wochen später „Warum Väter zählen" berichtet von der „Riesenresonanz" auf den ersten und setzt sich sachlich mit den weltweiten Bemühungen auseinander, die negativen Folgen des Familienzerfalls und der Vaterentbehrung abzumildern.

Drei Jahre später, 1998, dann die erlösende Botschaft: „Mit Mama allein zu Haus." Auch hier bezeugen „Experten": „Einelternfamilien sind besser als ihr Ruf. Die Kids Alleinerziehender entwickeln sich tatsächlich nicht schlechter als ihre Altersgenossen aus ‚normalen' Familien. Eher im Gegenteil: Untersuchungen haben ergeben, daß sie besonders selbständig, konfliktfähig und kontaktfreudig werden." Die Studie von Wallerstein, die noch im ersten Artikel als Beleg für die negativen Langzeitfolgen mit Depressionen, Antriebsschwäche, Verstörung, Leistungsdefiziten und Beziehungsschwierigkeiten bei einer „bedeutenden Zahl" der Betroffenen zitiert wird, ist jetzt nicht mehr gültig, weil sie „hauptsächlich Kinder betraf, die während der Ehekrise der Eltern mit Gewalt, Alkoholismus und Psychoterror konfrontiert wurden." Und wir erfahren: „*Schwungvoll* wächst die Zahl der Kinder, die nur mit einem Elternteil groß werden. Trotz wirtschaftlicher Probleme und Scheidungsleid entwickeln sich viele dieser Kids überdurchschnittlich gut." Zum Beweis für eine erfolgreiche Karriere trotz Vaterentbehrung lichtet der Artikel eine Reihe Prominenter ab: Katja Riemann, Bill Cosby, Mehmet Scholl, Otto Solms, Sophia Loren, Jürgen Kohler, Arabella Kiesbauer, Hans-Olaf Henkel, Madonna, DJ Bobo.

Müssen wir in solchen widersprüchlichen Berichterstattungen eine gezielte Absicht im Sinne einer ideologischen Trendwende erkennen? Das wäre viel zu hoch gegriffen. Medien sind wie Wetterfahnen, sie handeln bad news und good news als gleiche Ware, Hauptsache es stimmt die Sensation.

Deswegen ist hier ein genauerer Blick auf den Forschungsstand notwendig, soweit er sich jenseits aller Widersprüchlichkeiten als gemeinsamer Trend aus den bisher vorliegenden Befunden zur Vaterdeprivation verallgemeinern läßt.

Die Entwicklung der Intelligenz

Der Einfluß der Vaterentbehrung auf die intellektuellen Fähigkeiten läßt sich an Leistungstests, Schulnoten, Berufsabschlüssen und am beruflichen Erfolg überprüfen. In der Forschung besteht weitgehende Übereinstimmung in der Auffassung über die diesbezüglich negative Wirkung der Vaterdeprivation. Davon sind Jungen und Mädchen in gleicher Weise betroffen. Scheidung und Trennung der Eltern wirken sich ungünstiger aus als der Tod des Vaters. Diese Gesamteinschätzung beruht auf dem Vergleich mit Kindern aus vollständigen Familien.

Man kann immer wieder über den Forschungsaufwand erstaunt sein, der zur Feststellung ohnedies selbstverständlicher Befunde investiert wird. Kaum eine Untersuchung bietet einen theoretischen Rahmen zum Verständnis des Phänomens. Die meisten beschränken sich auf die Feststellung, daß der Grad der Leistungsminderung von der intellektuellen Ausgangskapazität des Kindes, von seinem Alter beim Vaterverlust, von der sozioökonomischen Lage der Restfamilie und dem Vorhandensein oder dem Fehlen fördernder Rahmenbedingungen abhängig ist.

Das Trauma der Vaterentbehrung mit seiner Trennungsangst, dem Trennungsschock und seinen negativen Auswirkungen auf Ichstärke und das Selbstgefühl werden dabei nicht berücksichtigt. So bleibt die selbstverständliche Tatsache unerkannt, daß die traumatisierte Person, die sich von der Außenwelt abgrenzt, um sich vor weiteren Verletzungen zu schützen, auch nicht in der Lage ist, ihre angeborene Leistungsbegabung voll zu entfalten oder zu nutzen.

Vorübergehender oder dauerhafter Leistungsabfall in der Schule, Schulversagen, nicht abgeschlossene Berufsausbildungen und das Absinken auf ein niedrigeres soziales Niveau als das der Ursprungsfamilie sind daher in jeweiliger Abhängigkeit von der Gesamtheit familiärer und außerfamiliärer Einflußfaktoren kaum überraschende Befunde in klinischen Studien über vaterdeprivierte Kinder, Jugendliche und Erwachsene. Aber diese Verläufe sind keineswegs zwangsläufig. Es gibt auch, wie wir im Kapitel „Vom Trauma zur Kreativität" sehen werden, ganz entgegengesetzte Entwicklungen.

Gewissen und Moral

Die meisten Studien zur moralischen Struktur von Kindern nach Vaterentbehrungen entstanden aus einem gesellschaftspolitischen Interesse an sozial auffälligen Kindern und Jugendlichen, die etwa sozial verwahrlosen und in die Kriminalität abrutschen. Der Zusammenhang gilt heute als eindeutig belegt. Wie jedoch unterscheiden sich sozial unauffällige Kinder und Jugendliche ohne Vater in ihrer moralischen Entwicklung von solchen aus vollständigen Familien? Dazu gibt es nur wenige Studien, die verschiedene Gradmesser von Moralität benutzen, wie moralisches Verhalten, moralische Urteilsfähigkeit und moralische Gefühle. Schuld- und Schamgefühle, Zuverlässigkeit, Wiedergutmachungstendenzen, Selbstkritik, Altruismus, Selbstkontrolle, der Aufschub von Bedürfnisbefriedigungen und das Eingehen von Verpflichtung und Verantwortung lassen sich mit dem Instrumentarium der empirischen Forschung nur schwer erfassen.

Dennoch zeigen die Untersuchungen einige übereinstimmende Tendenzen. Danach erreichen besonders vaterlose Jungen ein geringeres moralisches Reifungsniveau als Jungen mit einem Vater, während für Mädchen dieser Zusammenhang weniger eindeutig ist. Dem entspricht bei Jungen ihre ausgeprägtere Neigung zu Regelverletzungen, Grenzüberschreitungen und aggressivem Verhalten, die unter entsprechend ungünstigen Umweltbedingungen nicht selten in Verwahrlosung und Kriminalität einmünden können.

Zur Interpretation dieser Befunde wird entweder das soziale Rollenkonzept von Parsons oder das psychoanalytische Entwicklungsmodell von Freud benutzt, wobei sich hinsichtlich der Vaterentbehrung beide Theorien ergänzen. Parsons erklärte das antisoziale Verhalten von Jungen aus ihrer Schwierigkeit, in unserer Kultur eine männliche Geschlechterrolle zu übernehmen. Der „männliche Protest" mit seinen überschießenden Reaktionen sei als Versuch zu verstehen, sich aus der primär femininen Identifikation mit der Mutter zu befreien. Je stärker diese ausgeprägt sei, und je geringer die Identifikationsmöglichkeiten mit dem Vater bestanden hätten, um so intensiver falle der „männliche Protest" in Form antisozialer Aktivitäten aus.

In der psychoanalytischen Entwicklungspsychologie bildet die Identifikation mit dem Vater als Repräsentanten gesellschaftlicher Normen die entscheidende Voraussetzung für die Gewissensbildung, das heißt für die moralische Struktur des Über-Ich. Die durchgängige Beobachtung, daß Jungen unter der Vaterentbehrung mehr leiden als Mädchen, und sich ihr Leiden vor allem in einem höheren Grad an „krimineller Potenz" ausdrückt, läßt sich daher mit ihrem stärkeren Angewiesensein auf männliche Identifikation erklären. Dagegen wirkt sich bei den überwiegend mit der Mutter identifizierten Mädchen die Vaterentbehrung offenbar weniger nachteilig auf ihre moralische Gewissensbildung aus.

Die Befunde werden zusätzlich durch die Theorie des sozialen Lernens gestützt. Innerhalb dieser von der bevahioristischen Psychologie entwickelten Theorie bildet der Vater ein wichtiges Modell für Selbstkontrolle und das Erlernen sozialer Normen und Verhaltensstandards. Das Fehlen eines solchen männlichen Modells kann besonders bei Jungen zu Defiziten in der Ausbildung ihrer Moral führen.

Das Gefühl für die eigene Weiblichkeit und Männlichkeit

Die Ergebnisse zur Geschlechtsrollenentwicklung sind sehr widersprüchlich. Während einige Studien bei Jungen nach Vaterentbehrung kaum Unterschiede zu solchen aus vollständigen Familien fanden, ergaben andere, daß vaterlose Jungen vor Schuleintritt ängstlicher und abhängiger von der Mutter waren, während sie ab dem Schulalter aggressiver und sozial unabhängiger wurden als Jungen mit Vätern. Aggression und Unabhängigkeit gelten allgemein als Attribute eines männlichen Selbstkonzeptes. Methodisch ist es allerdings schwierig, zwischen einer stabilen männlichen Identität und Kompensationsmechanismen zur Abwehr weiblicher Charakteranteile zu unterscheiden.

Die Ergebnisse zeigen jedoch tendenziell, daß in hohem Ausmaß Außeneinflüsse, insbesondere auch das Verhalten der Mütter dafür verantwortlich ist, wie sich die männliche Identität entwickelt. Übereinstimmend wird festgestellt, daß Jungen durch den Tod des Vaters in der Entwicklung ihrer Geschlechterrolle kaum beeinträchtigt werden, während sie nach Trennung und Scheidung diesbezüglich erhebliche Schwierigkeiten entwickeln. Alle Ergebnisse legen die Annahme nahe, daß der Unterschied wesentlich mit mütterlichen Einstellungsänderungen zusammenhängen dürfte, wobei nach einer Scheidung die Väter und Männlichkeit generell häufig eine starke Abwertung durch die Mütter erfahren.

Ebenso unterschiedlich wie bei den Jungen sind die Ergebnisse bei den Mädchen. Einige Studien stellen keine wesentlichen Beeinträchtigungen im weiblichen Selbstbild und in der Übernahme der Frauenrolle bei Vaterentbehrung fest. Andere dagegen konstatieren ähnliche Probleme in der psychosexuellen Identitätsfindung wie bei Jungen. Sie drücken sich vor allem in der Schwierigkeit aus, heterosexuelle Beziehungen einzugehen und zu halten; außerdem in einem frühen Heiratsalter und einer erhöhten Scheidungsrate. Töchter geschiedener Eltern scheinen sich öfter den „falschen" Partner mit einem niedrigeren Bildungsniveau zu suchen, während Töchtern nach dem Tod des Vaters eher eine realistische Partnerwahl gelingt. An anderer Stelle wurde bereits darauf hingewiesen, daß vaterlose Töchter in der größeren Gefahr sind, Opfer sexuellen Mißbrauchs zu werden.

Wie man sich in der Gesellschaft bewegt

Für Kinder und Jugendliche muß man nach den vorliegenden Befunden davon ausgehen, daß sowohl vaterlose Mädchen als auch Jungen durchschnittlich mehr Schwierigkeiten in der sozialen Anpassung und im Kontaktverhalten haben als Gleichaltrige mit Vater. Im ganzen gelten sie als unselbständiger, mit geringerem Selbstbewußtsein und als lebensuntüchtiger. Grundsätzlich gilt für solche und alle anderen bisher beschriebenen Abweichungen, daß sie um so ausgeprägter sind, je früher der Verlust des Vaters erfolgte. Untersuchungen an erwachsenen Patienten zeigen eine Häufung vaterloser Schicksale bei Neurosen, Depressionen, schweren Persönlichkeitsstörungen, Schizophrenien, Drogen- und Alkoholsucht und bei Selbstmordversuchen.

Auffälligerweise geht Fthenakis in der Beschreibung psychosozialer Störungen nicht auf den Zusammenhang von Verwahrlosung und Kriminalität mit der Vaterentbehrung ein. Einige Daten wurden bereits aus den *Focus*-Artikeln zitiert. Neueste Horrorstatistiken hat Matussek aus englischen und amerikanischen Quellen zusammengestellt.[70] Nach Ergebnissen einer englischen Langzeitstudie mit Teenagern wurden Fünfzehnjährige aus zerbrochenen Ehen doppelt so häufig drogensüchtig und waren mit achtzehn Jahren dreimal so häufig arbeitslos wie die Gleichaltrigen aus intakten Familien. Aus Amerika werden folgende Zahlen berichtet: „Aus vaterlosen Familien stammen 63 Prozent der jugendlichen Selbstmörder, 71 Prozent der schwangeren Teenager, 90 Prozent aller Ausreißer und obdachlosen Kinder, 70 Prozent der Jugendlichen in staatlichen Einrichtungen, 80 Prozent aller Heimkinder, 85 Prozent aller jugendlichen Häftlinge, 71 Prozent aller Schulabbrecher und 75 Prozent aller Heranwachsenden in Drogenentzugszentren." Oder anders ausgedrückt: „Kinder, die ohne Vater aufwachsen, sind 5mal mehr gefährdet, Selbstmord zu begehen; 32mal mehr gefährdet, von zu Hause wegzulaufen; 14mal mehr gefährdet, Vergewaltigungen zu begehen; 9mal mehr gefährdet, frühzeitig aus der Schule auszusteigen; 10mal mehr gefährdet, Drogen zu nehmen, 9mal mehr gefährdet, in einer Erziehungsanstalt zu landen; 20mal mehr gefährdet, sich in Gefängnissen wiederzufinden, 33mal mehr gefährdet, ernstlich körperlich mißhandelt zu werden und 73mal mehr gefährdet, Opfer tödlichen Mißbrauchs zu sein."

Solche Statistiken können das Gruseln lehren. Sie sollen Alpträume heraufbeschwören, die wir lieber in der Welt der Sciencefiction als in unserer Realität ansiedeln. Ich halte eine solche „Schocktherapie" aus drei Gründen für problematisch. Erstens operiert sie mit der bewußten Täuschung, daß die Vaterentbehrung als alleinige Ursache der Tragödien verantwortlich sei. Tatsächlich entstammen aber die meisten aufgelisteten Phänomene einer menschlichen und sozialen Gesamtzerstörung des betreffenden Familiensystems, in deren Rahmen die Vaterentbehrung nur eines von vielen anderen Traumata darstellt. Zweitens erweckt die Statistik, wie richtig oder verfälscht sie auch sein mag, in ihrer Monumentalität den Eindruck, als könne kaum ein vaterloses Kind diesem Schicksal entrinnen. Die bloßen Zahlen bekommen einen Gültigkeitsanspruch, der soziale Randphänomene zur Hauptsache macht. Drittens sind die Zahlen für einen interkulturellen Vergleich unbrauchbar. Die Massenverelendung großer Teile der amerikanischen Bevölkerung, besonders die der ethnischen Minderheiten, die den größten Teil der Kriminalitätsrate stellen, und der eklatante Mangel an sozialen und therapeutischen Netzwerken in den USA stehen in krassem Gegensatz zu den strukturellen Bedingungen in den meisten westeuropäischen Staaten.

Was solche Statistiken im besten Fall vermögen und auch bewirken sollten, ist eine Sensibilisierung für die extremen Entwicklungen, zu denen die Vaterentbehrung führen kann. Wir haben gesehen, daß dazu die Umwelt entscheidend beiträgt: Sie kann das Trauma verschärfen. Das hat dazu geführt, wie Fthenakis schreibt, daß heutige Forschungen sich „vermehrt auf die Rahmenbedingungen (ökonomischer, ökologischer und kultureller Art) konzentrieren, sowie auf die Bedeutung des sozialen Netzwerks, welche die Reorganisation der Familie nach dem Verlust des Vaters und die Entwicklung des Kindes in nicht geringem Ausmaß beeinflussen."[71]

So zentral dies ist, so wenig kann ich jedoch der Schlußfolgerung Fthenakis zustimmen: „Eine Familie ohne Vater ist demnach nicht per se als defizitär anzusehen." Damit wird ein Wunschdenken formuliert, ein Hoffnungsschimmer, wie er auch in der Öffentlichkeit immer wieder aufscheint. Das Defizit, das ein verlorengegangener Vater hinterläßt, bedeutet immer Schmerz, Trauer und Einsamkeit. Es ist immer ein Trauma. Ob und wie es sich ausgleichen und verarbeiten läßt, ist die Herausforderung an eine Kultur, die die Vaterentbehrung als kollektives Phänomen begreifen lernen und als Teil der eigenen Ordnung anerkennen und integrieren muß.

3. Vom Trauma zur Kreativität

Kreativität, der Drang etwas zu schaffen, ist ein menschliches Urbedürfnis. Kreativität ist die weite Landschaft menschlicher Betätigungsformen in ihrer unbegrenzten Vielgestaltigkeit. Von diesem Reichtum und Glück soll hier nicht die Rede sein. Vielmehr interessiert auf dem Hintergrund der Vaterentbehrung der Zusammenhang von Trauma und Kreativität. Genau gefragt: Kommt der Kreativität eine Funktion bei der Bewältigung eines Traumas zu und wenn ja, wie kann man sich die psychischen Prozesse vorstellen?

Ein Schlüsselerlebnis zum Verständnis dieser Vorgänge war für mich die Lektüre einer frühen Arbeit des holländischen Psychoanalytikers und Kreativitätsforschers William Niederland.[72] Darin geht er von der These aus, daß die prähistorischen Höhlenmalereien, die als Anfänge menschlicher Kulturgeschichte gelten, von körperlich behinderten Männern stammen, die zur Kriegsführung, Jagd oder sonstiger schwerer Arbeit unfähig waren. Das psychische Motiv ihrer neuen Erfindung sieht Niederland in dem Versuch der Künstler, durch ihre Zeichnungen ganzheitlicher Menschen- und Tierkörper ihre eigene Beschädigung ungeschehen zu machen und dadurch ihr verletztes Ich-Gefühl und die narzißtische Kränkung zu heilen. In der Folgezeit haben Niederland und andere Analytiker diesen „Reparationsversuch des Ich" in den Biographien zahlreicher Künstler, Schriftsteller und Forscher und in der Behandlung künstlerisch tätiger Menschen nachweisen können. Immer lagen den kreativen Impulsen eine offene oder verdeckte Behinderung, eine chronische Krankheit oder andere traumatische Kindheitserfahrungen zugrunde, die das Selbstgefühl tief verwundet hatten. Bush fand bei einer Untersuchung produktiver Wissenschaftler häufig eine Vaterentbehrung in der Kindheit. Sie zogen sich oft weit von menschlichen Kontakten zurück und verschoben die libidinöse Spannung auf unbelebte Natur. Dabei entsprang der Forscherdrang ihrem starken Bedürfnis nach Unabhängigkeit.[73]

Auch in den Biographien von Schriftstellern findet man auffällig häufig vaterlose Schicksale. Entweder sie haben den Vater nie gekannt oder zwischen früher Kindheit und Jugend durch Krieg, KZ, Krankheit, Suizid oder Trennung verloren. Einigen sind wir bereits begegnet. Ich nenne hier noch einige weitere bekannte Namen: Barlach, Baudelaire, Canetti, Genet, Handtke, Härtling, Hölderlin, Jean Paul, Keller, Kleist, Lenau, Heinrich und Thomas Mann, S. Maugham, Maupassant, Melville, C. F. Meyer, Mörike, Nietzsche, Pestalozzi, Plath, Poe, Rimbaud, Saint-Exupéry, Sartre, Seidel, Stifter, Tolstoi, Twain, Wagner und M. Walser.

Den eindeutigsten und zugleich tragischsten Zusammenhang zwischen Vaterverlust und dem Versuch, das Trauma kreativ zu bewältigen, belegen Leben und Werk von Sylvia Plath. „Nur soviel ist evident: Daß für diese Autorin ‚Vater' ein Schreibanlaß von unerschöpflicher Brisanz war, als getrübte Erinnerung, als Modell aller Erfahrungen von Verlust und Verrat, als Sehnsucht und Wunsch, und nicht zuletzt als Bild vom Mann", schreibt Heidi Gidion über Sylvia Plath, die mit acht Jahren ihren „Daddy" nach schwerer Krankheit verlor.[74]

In der jüngsten Biographie von Elisabeth Bronfen[75] wird der Vater-Tochter-„Mythos" und seine Ausstrahlung in das gesamte schriftstellerische Werk der Autorin mit einer erschütternden Zwangsläufigkeit enthüllt. Der Verlust des Vaters blieb noch für die junge Frau so traumatisch, daß sie ihn in ihren ersten Arbeiten nur zu einer Lichtgestalt verklären konnte, um sich seiner Auslöschung zu widersetzen. Aber wie bei allen überhöhten Idealisierungen und Illusionsbildungen schlug auch bei ihr die

Trauer in erbarmungslose Wut um. Sie konnte dem Vater nicht verzeihen und rächte sich an dem Toten für das frühe Verlassenwerden und die nicht verheilende Wunde durch seine literarisch gnadenlose Entwertung. Damit war ihr kreativer Selbstheilungsprozeß gescheitert. Mit der Vernichtung des inneren Vaterbildes brach zugleich ihre eigene, bis dahin in einem labilen Gleichgewicht gehaltene Mitte zusammen. Sylvia Plath beging mit dreißig Jahren Selbstmord.

Ganz anders Peter Härtling. „Mein Vater hinterließ mir eine Nickelbrille, eine goldene Taschenuhr und ein Notizbuch, das er aus grauem Papier gefaltet und in das er nichts eingetragen hatte als ein Gedicht Eichendorffs, ein paar bissige Bemerkungen Nestroys und die Adressen von zwei mir Unbekannten."[76] Mit diesem Einleitungssatz seines autobiographischen Buches „Nachgetragene Liebe" begibt sich der Autor im Alter von 57 Jahren auf die Suche nach der verlorenen Zeit, nach dem verlorenen Vater, der in den letzten Tagen des Krieges von Soldaten abtransportiert wird und kurze Zeit später in einem russischen Lager an den Folgen einer Darminfektion stirbt. Peter Härtling war damals zwölf Jahre alt. Die Erinnerungsstücke sind der Ausgangsort, die symbolischen Vateranteile selbst, über die der Vater aus der Verdrängung und dem Vergessen erlöst wird, Übergangsobjekte, die es dem Sohn ermöglichen, die Spuren des Vaters noch einmal zu suchen und zu finden. Es wird ein schmerzhafter Weg der Annäherung und Wiederbegegnung. Er ist notwendig, um die Ablagerungen der negativen Bilder zu durchdringen und zu einem Verständnis zu gelangen, das die Versöhnung mit dem Vater und die frühe und späte Liebe zu ihm wieder zuläßt.

Die kreative Bewältigung eines Traumas beginnt mit der Erinnerungsarbeit. Sie findet zunächst im Unbewußten statt, weil der Schock, der Schrecken und die Angst das Ich in einen Zustand versetzen, in dem es versucht, die überwältigenden Erfahrungen bis zur vollständigen Amnesie zu verdrängen. Aber das Unbewußte ist nicht korrumpierbar. Es speichert die Bilder als untrügliche Beweise des Leidens. Und es arbeitet mit ihnen, als wolle es dem Ich die Erinnerungen quasi „in kleinen Portionen" zurückführen, um sie besser „verdaulich" zu machen. Nicht wieder ins Ich reintegrierte Erfahrungen würden das Subjekt auf

Dauer krank machen. Erinnerungsarbeit beginnt also mit der kreativen Leistung des Unbewußten. Sein wichtigstes Ausdrucksmittel sind die Träume. Sie bringen „zur Sprache", was das Ich sprachlos vor Entsetzen gemacht hat. Ihre Bearbeitung im Rahmen einer Psychotherapie gehört deswegen zu den wichtigsten „Techniken", das verdrängte Material wieder schrittweise an die Wahrnehmungsfähigkeit des Ich anzukoppeln und der bewußten Auseinandersetzung zugänglich zu machen.

Ein weiteres Mittel des Unbewußten sind die freien Assoziationen. Bei dieser von C. G. Jung entwickelten Methode wird eine Person aufgefordert, unter möglichster Ausschaltung aller kritischen Einwände der Vernunft zu einem bestimmten Reizwort spontan beliebige Einfälle zu nennen. Auf diesen „Trick" fällt das Unbewußte herein und befördert Gefühle, Bilder, Empfindungen und Menschen aus dem reichen Fundus seiner Erinnerungsspeicher ans Tageslicht, die konflikthaft besetzt sind und deswegen verdrängt wurden. Auf dem gleichen Mechanismus beruht die „aktive Imagination", bei der das abstrakte Denken zugunsten bildhafter Vorstellungen aufgegeben wird. So gelangen abgespaltene Erlebnisinhalte ins Bewußtsein zurück und lassen sich dort durcharbeiten.

Absolute Meister im Umgang mit ihrem Unbewußten sind Kinder. Noch wenig von intellektueller Erkenntnis und rationaler Erfassung ihrer Umwelt getrübt, stehen sie ihrer unbewußten Gefühls- und Empfindungswelt noch sehr nahe. Deswegen gilt ihre Kreativität in der frühen Kindheit als ungebrochen. Sie ist der freie Fluß des Unbewußten, dem sich das Kind in seinen Malereien, erfundenen Geschichten und unbekümmerten Spielen überläßt – eine „Begabung", die in jeder Kindertherapie gezielt eingesetzt wird. Ein Kind „weiß" zum Beispiel nicht, warum der Vater bei einer gespielten oder gemalten oder mit Figuren nachgestellten Familienszene nicht auftaucht; es besitzt kein Bewußtsein darüber, warum es einen Baum ohne Wurzeln, ohne Blätter und mit abgestutzten Ästen zeichnet, oder die Menschen in einer Landschaft mit schwarzen Farben überzieht. Es kann den Vaterverlust, die dadurch verursachte Beschneidung, die Kastration seines eigenen Selbst und die Trauer und Depression nur mit Hilfe seines Unbewußten symbolisch zum Ausdruck bringen.

Sein Ich ist noch zu schwach zur Auseinandersetzung mit den ausgelösten Gefühlen und schützt sich gegen ihre Überflutung durch eine fast reflexhafte Verdrängung. Es bleibt die Aufgabe des Therapeuten, die symbolisch gestaltete Innenwelt des Kindes zu entschlüsseln und für das Kind verständlich zu übersetzen. Nur so wird das Trauma aus der Erinnerungslosigkeit befreit und durch die dosierte Konfrontation mit der Wirklichkeit bewältigt.

Besonders bei Trennungsverlusten haben Kinder oft große Schwierigkeiten, ihre damit verbundenen Gedanken und Empfindungen in Worte zu fassen. Daher findet man bei der Behandlung meist erst über ihre schöpferischen Produktionen einen Zugang zu ihrem inneren Erleben. Dabei hat der Therapeut zunächst die Funktion eines „Hilfs-Ich", das die aus dem Unbewußten auftauchenden Bilder sammelt und aus dem Mosaik die verdrängte Erfahrung neu zusammensetzt. Erst danach kann sich das Ich des Patienten durch behutsame Deutungen seine Kindheitsgeschichte wieder aneignen und in ein gereiftes Selbstbild integrieren.

In vielen der zurückliegenden Fallbeschreibungen haben wir die Mittlerfunktion des Therapeuten zwischen dem kreativen Potential des Unbewußten und dem des Bewußtseins des Patienten beobachten können. In allen Behandlungen geht es um den Kampf gegen die seelische Erstarrung und für eine größere Lebendigkeit. Dazu muß der Patient in die Keller seines Unbewußten hinabsteigen und dick verstaubte Mottenkisten öffnen, um mit Hilfe des Therapeuten aus den spärlichen Resten der Erinnerung seine Geschichte zu rekonstruieren. Die Überwindung von Traumata, das machten viele Therapien deutlich, setzt beim Patienten Verantwortung sich selbst und anderen gegenüber voraus. Ohne die Bereitschaft zur Arbeit an sich selbst lassen sich Selbstentfremdung und die Fixierung in der Opferrolle nicht auflösen. In dieser Weise wird jede Therapie zu einem schöpferischen Prozeß.

Ein eindrucksvolles Bild dafür, wie sich Unbewußtes und Ichleistungen zu einem kreativen Bündnis zusammenschließen können, lieferte eine Patientin, die unter quälenden Alpträumen litt. Jede Nacht wurde sie von unbekannten, gespensterhaften Gestalten bedroht. Sie gaben ihr unsinnige Aufträge, die sie sofort ausführen mußte, um eine Katastrophe zu verhindern. In einem somnambulen Zustand verließ sie das Bett, um, von peinigender Angst getrieben, die Anweisungen auszuführen. Erst danach konnte sie wieder einschlafen. Eines Tages kam sie auf die Idee, die Gespenster auf großformatige Papierbögen zu malen und sie anschließend zu verbrennen. Seit der Zeit erschienen sie ihr nachts nicht mehr. Dieses magische Ritual war von höchster Kreativität, da sich die Patientin mit den Dämonen ihres Unbewußten durch ihre bewußte Gestaltung und symbolische Vernichtung konfrontiert hatte und auf diese Weise besiegte. Voraussetzung dafür war, daß die Patientin durch die Therapie bereits eine Ahnung davon besaß, daß die „Gespenster" verinnerlichte „böse" Vateranteile waren.

Auch wenn die Wurzeln der Kreativität verzweigt sind, gilt in der Kreativitätsforschung als sicher, daß frühkindliche Traumatisierungen, von denen der Verlust eines Elternteils zu den schwersten gehört, oftmals zur Ausbildung eines besonderen schöpferischen Potentials führen. Phantasie, Erfindungsgabe und Gestaltungswille dienen dabei, wie wir sahen, einem „Reparationsversuch", um die frühen Verletzungen des Narzißmus und die Beschädigungen des Ich zu heilen und das Selbst zu einer neuen Ganzheit zusammenzufügen.

Seitdem die heilende Funktion der Kreativität wissenschaftlich als erwiesen gilt, wird sie überall dort besonders gefördert, wo Menschen das Bewußtsein, die Erinnerung oder die Sprache verloren haben, um das seelische Trauma in der direkten Kommunikation und im Dialog mit anderen zu verarbeiten. Das betrifft zum Beispiel Folteropfer, Opfer von Mißhandlungen und sexuellem Mißbrauch, Opfer von Naturkatastrophen, technischen Unglücken, Verkehrsunfällen, Entführungen und vielen anderen einschneidenden Erlebnissen. Auch in der Psychiatrie und besonders in der Psychotherapie von Kindern ist der gestalterische Akt, ob mit Malstiften, Farben, Tonerde, Holz- und Stoffmaterialien, Musikinstrumenten, Tanz und Bewegung, Puppen und Spielzeug, zu einem zentralen Bestandteil der Therapie geworden, weil oft erst durch ihn die seelische Erstarrung über das Trauma aufgelöst und durch den kathartischen Effekt der schöpferischen Selbstvergewisserung eine neue Lebendigkeit erreicht werden kann.

Neben der Therapie gibt es auch andere Wege, das Trauma der Vaterentbehrung abzumildern. Wenn man den Begriff der Kreativität nicht auf die Herstellung künstlerischer Produkte beschränkt, sondern ihn auf das weite Feld menschlicher Tätigkeiten erweitert, können jede Küche, jedes Wohnzimmer, der Hobbyraum, Garten und Sportplatz und jede Reise zum Abenteuer werden, zur lustvoll-kreativen Entfaltung eigener Möglichkeiten, Talente, Bedürfnisse und Interessen. Dabei sind der gestalterischen Phantasie keine Grenzen gesetzt. Es ist das Eigene, das selbst Erfundene und Erzeugte, das Befriedigung herstellt, Selbstwert schafft und das Gefühl für die unverwechselbare Identität vertieft. Nur so sind Sätze zu begreifen wie der von dem vaterlosen Saint-Exupéry: „In jedem Menschen steckt ein Mozart", oder die Auffassung von Joseph Beuys, daß jeder Mensch ein Künstler sei.

Daß bei vielen traumatisierten Menschen der Drang zur kreativen Gestaltung ihres Lebens und ihrer Umwelt besonders ausgeprägt zu sein scheint, ja, sich oftmals erst als Folge des Traumas entwickelt, könnte neben den bereits genannten Motiven noch mit einem anderen psychologischen Mechanismus zusammenhängen. Sowohl aus der Evolutions- als auch der Systemtheorie ist bekannt, daß Evolutionsprozesse und auch der Aufbau von Systemen danach streben, durch die Erfindung neuer Kombinationen aus einem bestehenden Chaoszustand ein Prinzip der Ordnung zu schaffen. Wenn man dieses Gesetz auf die innere Ökonomie eines traumatisierten Menschen überträgt, so ist sofort einleuchtend daß diese in buchstäblichem Sinne einem seelischen Chaos entspricht. Um seine innere und äußere Orientierung wiederzugewinnen, muß er also eine das Selbst stabilisierende Ordnung herstellen. In diesem Sinne erfindet er durch seine kreativen Versuche immer neue Kombinationen, die ihm sowohl äußeren Halt als auch innere Überlebensstrategien sichern.

Auf diese Weise kann er das Chaos in seinem inneren System überwinden und zu funktionierenden Kreisläufen in sich zurückfinden. Im Grunde bedeutet dieser aufregende Gedanke nichts anderes, als die bisher benutzten Metaphern vom „Reparationsversuch des Ich" und der „narzißtischen Selbstheilung" in die Sprache der Systemtheorie zu übersetzen. Dennoch wird durch die Übersetzung der kreative Prozeß als lebenserhaltendes Prinzip für das verletzte Subjekt nochmals besonders markant.

Ein entscheidendes Prinzip kreativer Leistung kommt hinzu: Sie kehrt Passivität in Aktivität um. Im Zustand der Passivität erlebt sich das traumatisierte Subjekt, wie wir an früherer Stelle sahen, als hilflos, ohnmächtig und aufgegeben. Die Aktivität steigert das Selbstwertgefühl. Dabei wird das passiv Erlittene in eine aktive Bemeisterung umgewandelt. Ein Patient formulierte den Zusammenhang so: „Ich muß ständig etwas tun, nur dann habe ich das Gefühl, daß ich bin." Er hatte seinen Vater mit fünf Jahren durch die Scheidung der Eltern verloren und danach nie wiedergesehen. Schon als Junge entwickelte er einen enormen Fleiß, um durch Leistung das emotionale Defizit zu kompensieren. In seinem Beruf war er sehr erfolgreich, wurde aber von seiner Umwelt wegen seines Ehrgeizes häufig abgelehnt. Die genauere Analyse des Ehrgeizes zeigte, daß er nicht dem üblichen Bedürfnis nach narzißtischer Selbstbestätigung entsprang; vielmehr verbarg sich dahinter ein intensiver Drang nach kreativer Tätigkeit, dem verschiedene Motive zugrunde lagen. Erstens diente er unbewußt dazu, nach immer neuen Problemlösungen für seine unbewältigten Konflikte zu suchen. Zweiten sollte ihm die Aktivität das Gefühl eigener Intaktheit garantieren. Wie bei vielen vaterlosen Kindern und Jugendlichen hatte ihn seit dem Ereignis die Scham, keinen Vater zu haben, nie mehr verlassen. Daraus leitete er die Selbsteinschätzung ab, ein „Unglücksfall", eine „unerwünschte Existenz", „selbst nicht in Ordnung" zu sein und „versagt zu haben". Ihren letzten Ausdruck fand diese Gewißheit in dem Gefühl „vernichtet zu sein".

Ein drittes Motiv seiner als Ehrgeiz beeindruckenden Überaktivität lag in der Abfuhr nicht integrierter Triebspannungen und angsterregender Innenvorgänge. Der scheinbare Ehrgeiz erwies sich somit als äußerst kreativer Versuch, mehrere innere Probleme gleichzeitig zu lösen. Die Produkte seiner Aktivität, die nicht zuletzt für seinen beruflichen Erfolg verantwortlich waren, vermittelte ihm das Gefühl: „ich bin". Aktivität schafft das Bewußtsein von Wachstum, Weiterentwicklung und Ganzheit und kann einen Teil der Zerstörungen wiedergutmachen, die durch die Vaterentbehrung angerichtet wurden.

Auf eine weitere Funktion der Kreativität möchte ich hier hinweisen, die im Kontext der Vaterentbehrung häufig anzutreffen ist. Wir erinnern uns an Freuds Beschreibung des „Familienromans". Er stellt eine besonders kreative Leistung des Kindes dar, durch die es sich für die Entbehrungen und Verletzungen in der Familie entschädigt, indem es sich in der Phantasie bessere Eltern herbeizaubert. Welch eine grandiose Schöpfung! Da schaffen sich nicht Eltern ihr ideales Wunschkind an, sondern das Kind selbst erfindet sich Eltern nach seinem Bilde. Dieser geniale Streich gelingt aber nur über den Weg der Einbildung, die Eltern seien gar nicht die leiblichen. Diese Einbildung wird im Schicksal unzähliger vaterverlassener Kinder zur konkreten Realität. Sie sind nichtehelich geboren, haben ihren Vater nie kennengelernt und tragen, entgegen der Regel in intakten Familien, den Nachnamen der Mutter; oder sie sind Scheidungskinder, die den Vater verlieren, noch bevor sie ein konkretes Bild von ihm verinnerlichen konnten; oder sie zählen zu den inzwischen millionenfach durch die moderne Reproduktionsmedizin künstlich gezeugter Kinder, von denen ein großer Teil seine Abstammung niemals erfahren wird. Alle diese Kinder wachsen mit einem dunklen Geheimnis auf. Die innerpsychischen und familiendynamischen Sprengsätze solcher Geheimnisse sind in jüngster Zeit von dem französischen Psychoanalytiker Serge Tisseron und der amerikanischen Familientherapeutin Evan Imber-Black in ihrer ganzen Dramatik beschrieben worden.[77] Damit eingekapselte Geheimnisse nicht zu dauerhaften Identitätsbrüchen führen und als Zentnerlast den weiteren Lebensweg beschweren, brauchen sie wenigstens die Phantasie, die kreative Einbildungskraft auf der Suche nach Antworten, einen „Mythos", um die Betroffenen nicht in einem vaterlosen Nichts versinken zu lassen. Nicht umsonst ist die Weltliteratur voll von Erfindungen der Vatersuche und Vatersehnsucht, den kreativen Bewältigungsformen eines sonst unheilbaren Traumas.

4. Die gesellschaftliche Dimension der Vaterentbehrung

Ein kritischer Blick auf das Spiel mit den Zahlen

Wie viele Kinder und Jugendliche sind vom Schicksal der Vaterentbehrung betroffen? Die Frage nach dem Umfang des Problems stellt sich angesichts des oft unübersichtlichen und widersprüchlichen Zahlenpuzzles, mit dem besonders in den Medien bei der Verfolgung sensationsträchtiger Schlagzeilen jongliert wird. Der dabei untergründig erzeugten Katastrophenstimmung verdankt dann folgerichtig das Schlagwort von der „Vaterlosen Gesellschaft" seine Dauerhaftigkeit und Verbreitung. Die Methode zur Verzerrung der Realität ist denkbar einfach: Man zitiert absolute Zahlen, zum Beispiel über die jährliche Rate an Scheidungskindern, ohne sie in Relation zur Gesamtheit der entsprechenden Altersjahrgänge in der Bevölkerung zu setzen. Deswegen erscheint hier trotz seiner Trockenheit ein kurzer Blick auf das verfügbare Zahlenmaterial notwendig.[78]

Die magische Zahl, von der das immer erneute Erschrecken ausgeht, ist der kontinuierliche Anstieg der jährlichen Scheidungsrate. 1997 erreichte sie den bisherigen Höchstwert von knapp 188 000, sieben Prozent mehr als noch 1996. Meist wird nicht erwähnt, daß ein großer Teil der getrennten Ehen kinderlos war. Die Scheidungsquote bei Familien mit minderjährigen Kindern lag 1997 bei 105 000, ein Anstieg von knapp neun Prozent. Davon waren 163 000 Kinder und Jugendliche bis zum achtzehnten Lebensjahr betroffen, fast zehn Prozent mehr als 1996. Auch daß in diesem Zusammenhang immer nur von „Kindern" gesprochen wird, ist eine bewußte Irreführung im Dienst der Sensationserzeugung. Für die gesamtgesellschaftliche Entwicklung sagt die letztgenannte Zahl nur etwas aus, wenn man sie zur Gesamtheit der Minderjährigen in Beziehung setzt. Bei einer Bevölkerung von 82 Millionen Einwohnern in Deutschland beträgt der Anteil der unter 18jährigen 16 Millionen. Die Scheidungskinder 1997 stellten davon also nur zirka ein Prozent. Über ihre Gesamtheit bis zum 18. Lebensjahr existieren keine exakten Zahlen. Als durchschnittliche Zugangsrate werden jährlich nach Abzug der inzwischen über 18jährigen 100 000 angegeben. Wenn man diese Zahl auf 17 Jahrgänge hochrechnet, nähert man sich der realistisch anmutenden Schätzzahl von 1,7 Millionen minderjährigen Scheidungskindern in der Bevölkerung, das entspricht einem Anteil von gut zehn Prozent in dieser Altersgruppe.

Die Berechnung ist aber nicht vollständig, weil sie durch die Zahl der nichtehelich geborenen Kinder ergänzt werden muß. Der Vergleich der letzten Jahre zeigt auch hier einen kontinuierlichen Anstieg. 1996 betrug ihr Anteil an allen Lebendgeborenen mit 136 000 17 Prozent, 1997 mit 146 000 bereits 18 Prozent. Die Gesamtheit aller nichtehelich geborenen Minderjährigen wird mit der Schätzzahl von 700 000 angegeben, das sind knapp fünf Prozent aller Minderjährigen in der Bevölkerung. Bei der enormen Steigerungsrate der nichtehelichen Geburten im letzten Jahrzehnt wird diese Zahl in Kürze nach oben hin erheblich zu korrigieren sein.

Wenn man nach diesen Hochrechnungen die 1,7 Millionen Scheidungskinder und die 700 000 nichtehelichen Kinder summiert, kommt man auf eine Zahl von 2,4 Millionen oder 15 Prozent aller Minderjährigen, für die man im schlimmsten Fall das Schicksal der Vaterentbehrung annehmen könnte. Gemessen an der Dramatik, mit der die Situation von Scheidungsfamilien und alleinerziehenden Eltern diskutiert wird, erscheint diese Zahl relativ beruhigend. Dieser Eindruck verstärkt sich, wenn man von einer definitiven Vaterentbehrung ausgeht. Die am häufigsten zitierte Schätzzahl über Scheidungskinder, die ihren Vater direkt oder im Laufe des ersten Jahres nach der Trennung endgültig verlieren, liegt bei 50 Prozent. In Zahlen ausgedrückt, beträfe das 850 000 Scheidungskinder oder fünf Prozent aller Minderjährigen. Für die andere Hälfte bleibt also der Vater, wenn auch nur in mehr oder weniger abgeschwächter Form erhalten.

Noch schwieriger gestaltet sich die Aussage über die nichtehelichen Kinder. Es existiert kein repräsentatives Material darüber, wie viele von ihnen aus unverheirateten Lebensgemeinschaften stammen, in denen der leibliche Vater anwesend ist. „Alleinerziehend" umfaßt in der Statistik alle alternativen Lebensformen, also auch das Zusammenleben mit gemeinsamen Kindern von Partnern ohne Trauschein. Ganz im Unterschied zu früheren Zeiten läßt daher die Entwicklung der letzten Jahrzehnte die Vermutung zu, daß heute ein erheblicher Teil der nichtehelichen Kinder über einen Vater verfügt, der den Vätern aus traditionellen Familien voll entspricht. Nimmt man in einer groben Schätzung diesen Anteil auch mit 50 Prozent an, müßte man von zirka 350 000 nichtehelichen Minderjährigen ohne Vater ausgehen.

Insgesamt lassen sich daraus 1,2 Millionen Scheidungskinder und nichteheliche Kinder errechnen, die vom Schicksal der definitiven Vaterentbehrung betroffen sind; das entspricht einem Anteil von siebeneinhalb Prozent an der Gesamtgruppe der Minderjährigen in der Bevölkerung.

Bei der Diskussion der Vaterentbehrung steht die Scheidungs- und Trennungsproblematik so stark im Vordergrund, daß dabei der frühe Verlust durch den Tod des Vaters völlig in Vergessenheit gerät. Ist es in Friedenszeiten überhaupt ein Thema, das Beachtung verdient? Was sagen die Statistiken?[79] Im Jahr 1996 starben in Deutschland knapp über 26 000 Männer im Alter zwischen fünfzehn und fünfundvierzig Jahren, dagegen nur etwas mehr als 11 000 Frauen. Der Unterschied wird noch krasser, wenn man einzelne Todesursachen differenziert. Dabei läßt sich auch das Alter genauer eingrenzen, in dem viele der Männer Väter von minderjährigen Kindern sind. An „Unfällen, Vergiftungen, Gewalteinwirkungen und Selbstmord" starben 1996 10 400 Männer im Alter zwischen fünfundzwanzig und fünfundvierzig Jahren; bei den Frauen lag die Zahl bei zirka 2 700. Wenn man die knapp vierfach höhere Sterberate bei Männern in diesem Alter noch um die anderen Todesursachen ergänzt, die sich hinter der Zahl von 26 000 verbergen, muß man schätzungsweise von mindestens 17 000 Männern ausgehen, die im Alter von fünfundzwanzig und fünfundvierzig Jahren jährlich sterben. Hochgerechnet auf siebzehn Jahre, dem Entwicklungszeitraum von Kindern bis zur Volljährigkeit, ergibt sich eine Zahl von 290 000 potentiellen und frühzeitig gestorbenen Vätern. Leider existieren keine Statistiken darüber, wie viele Kinder und Jugendliche tatsächlich im Laufe ihrer Entwicklung vom frühen Tod des Vaters betroffen sind. Geht man von der, zugegeben, völlig unwissenschaftlichen Annahme aus, daß nur die Hälfte dieser Männer auch Väter waren und mindestens ein Kind hatten, bekommt man eine annähernde Vorstellung vom Ausmaß der Vaterentbehrung durch frühzeitigen Tod. Nach dieser Schätzung tragen zirka 145 000 Minderjährige den tragischen Verlust in ihr weiteres Leben hinein, eine Zahl, die beim Thema der Vaterentbehrung durchaus Beachtung verdient. Es sind knapp ein Prozent der Altersgruppe. Damit erhöht sich der Anteil aller Minderjährigen mit definitiver Vaterentbehrung auf achteinhalb Prozent.

Die Weitergabe des Traumas von Generation zu Generation

Die genauere Überprüfung der vorhandenen Daten über den Umfang der Vaterentbehrung im Bevölkerungsdurchschnitt ergibt, rein statistisch, ein günstigeres Bild, als man nach den „alarmierenden" Zahlenspielen verschiedener Medien und der öffentlichen Propaganda vermuten könnte. Das kann dazu beitragen, die Dramatik zu entschärfen, die der Diskurs zwischen den Geschlechtern über dieses Thema angenommen hat. Andererseits läßt er sich nicht verharmlosen. Von den individuellen Schicksalen abgesehen, gibt er Anlaß zu einigen Überlegungen, die die Gesamtgesellschaft nicht unberührt lassen.

Ausgangspunkt soll hier noch einmal der Begriff „Vaterlose Gesellschaft" sein, der seit Mitscherlichs Buch von 1963 im öffentlichen Bewußtsein verankert ist. Wie bereits im ersten Kapitel beschrieben, verstand Mitscherlich unter dem Begriff das „Verschwinden" und „Unsichtbarwerden" des Vaters unter dem Einfluß der gesellschaftlich-strukturellen Veränderungen seit der Industrialisierung. Die reale Vaterentbehrung klammerte er in seiner Analyse ausdrücklich aus. Aus historischer Perspektive weist dieser Umstand auf eine bemerkenswerte Lücke in seiner Argumentation hin, auf die ebenfalls schon hingewiesen wurde. Mitscherlich erwähnt, wie auch Freud und Fromm, mit keinem Satz die Bedeutung des Zweiten, geschweige denn des Ersten Weltkrieges für das Problem der Vaterlosigkeit, obwohl bekannt ist, daß in diesem Jahrhundert kein Ereignis die normale Bevölkerungsentwicklung so nachhaltig unterbrochen hat wie diese beiden Weltkriege. Bereits der Erste Weltkrieg übertraf an Grauen alles, was die Menschheit bisher an Kriegen erlebt hatte und sich vorzustellen vermochte. Die neuen Technologien entfesselten eine Zerstörungsorgie ohnegleichen. Der Zweite Weltkrieg überbot diese dann um ein Vielfaches.

Die Bilanz: der Erste Weltkrieg kostete Deutschland 1,8 Millionen, der zweite 5,25 Millionen getöteter Soldaten. Die Gesamtbevölkerung betrug zur Zeit des Ersten Weltkrieges 65 Millionen, zur Zeit des Zweiten 66 Millionen Einwohner. Die Soldaten waren Männer im „wehrfähigen", biologisch exakter, im „potenzfähigen" Alter zwischen achtzehn und fünfundvierzig Jahren. Erst zum Kriegsende hin wurden auch Jugendliche und ältere Männer eingezogen. Entsprechend war ein hoher Prozentsatz von ihnen Väter, und das meist von mehreren Kindern. Die Kinderzahl übertraf bis zum Ende des Zweiten Weltkrieges die der heutigen Familien um ein Mehrfaches und wurde im Dritten Reich ideologisch noch höher aufgewertet und systematisch vermehrt, um das „Tausendjährige Reich" mit genügend jungen Menschen nachzurüsten.

Bereits der Erste Weltkrieg hatte zu einer erschreckenden Dezimierung der damaligen Vatergeneration geführt und hinterließ Heerscharen vaterloser Kinder, von denen die Jungen bei Ausbruch des Zweiten Weltkrieges im „kriegstauglichen" Mannesalter waren. Sie zogen in den Krieg, wurden wie ihre eigenen Väter getötet und hinterließen wieder eine diesmal ungleich größere Masse vaterberaubter Kinder. Diese Generation der kurz vor und in der Zeit von 1939 bis 1945 Geborenen ist heute zwischen vierundfünfzig und etwa fünfundsechzig Jahre alt.

Als Mitscherlichs Buch 1963 erschien, war diese Kriegsgeneration zwischen 18 und etwa 28 Jahren, und nur fünf Jahre älter, als 1968 die Studentenbewegung ausbrach. Mitscherlich analysierte also zu einer Zeit, als der millionenfache Vaterverlust noch als klaffende Wunde durch die Bevölkerung ging, die theoretische Frage der symbolischen „Vaterlosigkeit", als habe es die gewaltsame Ausrottung von zirka fünfundzwanzig Prozent der realen Väter nie gegeben. Diese Ungeheuerlichkeit setzte sich in allen mir bekannten psychologischen Analysen fort, die in der

Folgezeit zum Thema der „Vaterlosen Gesellschaft" und der „Studentenrevolte" erschienen. Auch zum letzten Thema wurde nach meiner Kenntnis nie die Frage diskutiert, wie viele Aktivisten und Sympathisanten der Bewegung während des Krieges ihre Väter verloren hatten, und inwieweit dieser Verlust ein entscheidendes Motiv ihres Aufruhrs gewesen sein könnte.

Heute stehen wir vor der Tatsache, daß es diese vaterlose Nachkriegsgeneration war, die der traditionellen Familie ideologisch und faktisch den „Krieg erklärte" und damit wiederum eine Kindergeneration gezeugt hat, von der große Teile ihre Väter, diesmal nicht durch einen militärischen, sondern durch den Krieg der Geschlechter verloren haben. Diese vaterverlassenen Kinder von Vätern ohne Vater stellen die heutige junge Vatergeneration dar.

Das Trauma wird also von Generation zu Generation weitergegeben. Erst in den letzten beiden Jahrzehnten wurde dieses Phänomen durch das gründliche Studium der Langzeitwirkungen des Holocaust entdeckt. Für seine Übertragbarkeit auf das Trauma der Vaterentbehrung soll hier eine kurze Skizze der wichtigsten Erkenntnisse genügen. Das Phänomen erstreckt sich bisher auf drei Generationen. Die erste bilden die Überlebenden des Holocaust, unabhängig davon, ob sie eigene KZ-Erfahrungen erlitten oder durch die Gunst des Schicksals der Tragödie entrinnen konnten. Die zweite Generation bilden die Kinder der Überlebenden, die dritte ihre Enkel.

Psychoanalytiker in vielen Ländern der Erde haben inzwischen zahlreiche Patienten aus allen drei Generationen behandelt und ihre Erfahrungen zusammengetragen. So unterschiedlich die Lebensverläufe und die Schwere der Erlebnisse waren, so gilt doch heute eines als gesichert: Das Trauma wird durch bewußte und mehr noch durch unbewußte Botschaften an die nächste Generation überliefert und schlägt sich dort als erneute Traumatisierung des Selbst-Systems und der psychosexuellen Identität nieder. Ein Ende dieser Weitergabe ist bis heute nicht absehbar.

Unter vielen Berichten anderer Analytiker hat die israelische Therapeutin Dina Wardi in ihrem 1997 erschienenen Buch „Siegel der Erinnerung" über ihre langjährigen Behandlungserfahrungen mit Angehörigen der zweiten Generation berichtet. Der Titel des Buches deutet bereits einen psychologischen Mechanismus an, der hauptsächlich für die unbewußte Weitergabe des Traumas verantwortlich ist. Die Überlebenden leiden so stark unter Schuld- und Schamgefühlen gegenüber den Opfern, selbst „davongekommen" zu sein, daß sie diese Gefühle und die Erinnerungen an das Grauen verdrängen müssen, um „überleben" zu können. Sie „versiegeln" die Erfahrungen in sich, übertragen aber die eigene innere Leere, das zerbrochene Selbstgefühl, die erlittene Demütigung und Gewalt auf ihre Nachkommen, die diese Last auf sich nehmen müssen, um die Eltern von dem Trauma zu entlasten. Durch diese Rollenaufträge werden die Nachkommen selbst zu Opfern. Indem sie das Trauma der Eltern zu heilen versuchen, entwickeln sie widersprüchliche Teilidentitäten, spalten dabei ihre eigenen Gefühle ab und werden dadurch ihres sinnlichen Erlebens beraubt. Die damit verbundene Selbstentfremdung, die Ängste und das Mißtrauen versuchen sie zu verdrängen, wodurch sie ihre Kinder, die Enkel der Überlebenden, wiederum in die Opferrolle bringen. Unauflöslich in den Schuldzusammenhang verstrickt unternehmen diese alle Anstrengungen zur Wiedergutmachung. Sie müssen Hoffnungsträger für das verlorene Leben ihrer Eltern und Großeltern sein, es mit neuem Sinn füllen und die durch den Holocaust unterbrochene Kette der Familientradition wieder aufnehmen.

Um zu verstehen, wieso die Vaterentbehrung so weitgehend verleugnet wird, müssen wir den Aspekt der Weitergabe eines Traumas von Generation zu Generation mit einbeziehen.

Rein statistisch kann für die heutige Kindergeneration von einer „Vaterlosen Gesellschaft" keine Rede sein. Aber bereits seit drei Generationen tradiert sich die Erfahrung massiver Vaterverluste, und viele Millionen von Menschen aller Altersgruppen in der Bevölkerung sind durch die historischen Ereignisse von diesem Schicksal betroffen. An dieser Stelle sei noch einmal an einige psychische Folgen der Traumaverarbeitung erinnert. Als besonders charakteristische Abwehrformen haben wir die „psychische Ertaubung", die „Gefühlsanästhesie", die „Abstumpfung", die „eingefrorene Trauer", die „Apathie" und den „Bindungsverlust" kennengelernt.

Wenn man diese Folgen für den einzelnen unter einem transgenerationalen Aspekt betrachtet, scheinen sich Zusammenhänge aufzuklären, die bisher, solange die Vaterentbehrung nicht als spezifisches Trauma erkannt war, völlig unerforscht sind.

Differenzierte Ansätze in der Scheidungsforschung gehen heute davon aus, daß Väter nach Trennung und Scheidung den Kontakt zu den Kindern nicht nur aus egoistischen Motiven und mangelnder Verantwortung definitiv aufkündigen. Bei vielen sind andere Motive verhaltensbestimmend, vor allem Schuld- und Schamgefühle über den Verrat ihres Vater-Ideals und das Scheitern ihrer familiären Loyalitäten und Verpflichtungen. Verbreitete Motive sind auch der Versuch, die Kinder durch den Verzicht auf den Kontakt vor den Nachscheidungskämpfen zu schonen oder ihnen die Anpassung an die neuen Stiefväter zu erleichtern.

Viele Väter, so könnte eine Hypothese lauten, brechen deswegen den Kontakt zu ihren Kindern endgültig ab, weil sie die Trennung als schweres Trauma mit allen beschriebenen Folgen für ihre psychische Ökonomie erleben. In ihrer „Empfindungslosigkeit" und „Abstumpfung" sind sie unfähig geworden, sich in das den Kindern zugefügte Leiden einzufühlen, zumal ihre Bindungsqualitäten so traumatisiert wurden, daß sie auch die innere Bindung an die Kinder verlieren. Nach breiten klinischen und Alltagserfahrungen sind dabei besonders Väter gefährdet, die in ihrer Kindheit selbst das Trauma der Vaterentbehrung erlitten haben.

Nach dieser Hypothese konnten diese Väter auf Grund der mangelnden Identifizierungsmöglichkeiten mit den eigenen Vätern nicht nur kein männlich-väterliches Selbstbild im Sinne eines Vater-Ideals in sich errichten; das Trauma wurde zudem im Unbewußten so stark „versiegelt", daß alle Gefühlsqualitäten unentwickelt blieben, die zu einer väterlichen Identität notwendig sind.

In Gesprächen mit alleinerziehenden Müttern habe ich oft folgende Erfahrung gemacht. Sie erzählten von ihren Männern, die sich nach der Scheidung nicht mehr um die Kinder kümmerten. Sie zahlten regelmäßig Unterhalt, und die Frauen konnten keinen erkennbaren Grund für den Kontaktabbruch nennen.

Wenn ich sie dann fragte: „Hat Ihr Mann vielleicht selbst keinen Vater gehabt?" erschraken sie meistens und mußten die Vermutung bestätigen. „Daran habe ich noch nie gedacht." Plötzlich schienen sie zu begreifen, daß sich hier etwas wiederholte, was sich der rationalen Einsicht entzog. Es ist mehr als wahrscheinlich, daß den Männern selbst der Zusammenhang nie bewußt geworden ist. Einfach formuliert könnte ihre unbewußte Losung lauten: Wenn ich selbst vaterlos großgeworden bin und meinen damaligen Schmerz verdrängt habe, um zu überleben, kann ich mir auch nicht mehr vorstellen, was es bedeutet, das eigene Kind zu verlassen.

Sozialpsychologisch erscheint recht plausibel, daß sich auf diese Weise das wiederholte Trauma des millionenfachen Vaterverlustes als innerlich abgekapselte Erfahrung von Generation zu Generation „vererbt". Daraus kann sich in genügend langen Zeiträumen in der Gesellschaft eine kollektive Abwehrformation aus Gleichgültigkeit, Desinteresse, Gefühllosigkeit, Gewöhnung und Abstumpfung entwickeln, bei der die Vaterentbehrung kaum noch zur Kenntnis genommen, geschweige denn als traumatisches Geschehen erlebbar wird.

Zur speziellen Variante der kollektiven Abwehr gehört auch die Ideologie von Teilen der Frauenbewegung, die das Trauma der Vaterentbehrung nicht nur verleugnet, sondern in ihr Gegenteil verkehrt, indem sie die Vaterlosigkeit als Ideal darstellt. Deswegen kann hier nicht eindringlich genug das Fazit unterstrichen werden, zu dem Fthenakis nach Auswertung der vorliegenden Literatur gelangt: „Unter bestimmten Voraussetzungen kann die (alleinerziehende) Mutter die Anpassung des Kindes an die durch die Vaterabwesenheit entstandene neue Situation zwar erleichtern, eventuell aber auch erschweren; eine vollständige Kompensation der Folgen der Vaterabwesenheit läßt sich jedoch durch die Mutter allein nicht erreichen."[80]

Eine zusätzliche Gefahr dieser kollektiven Abwehr liegt nicht nur in der prinzipiellen Abwertung des väterlichen Prinzips, sondern in der unfreiwilligen Unterstützung noch bestehender Tendenzen in der Männerwelt, die Bedeutung der Vaterrolle für die heranwachsenden Kinder weit zu unterschätzen und ihren entsprechenden Aufgaben auszuweichen. Letztlich wird damit die

Ideologie von der Verzichtbarkeit der Väter zu einer sich selbst erfüllenden Prophezeiung, die die Spirale der Vaterentbehrung hochschraubt.

Es kann nur eine Vermutung bleiben, daß die mangelnde Aufarbeitung der millionenfachen Vaterverluste nach dem Zweiten Weltkrieg und die Zementierung der Abwehr dieses gesellschaftlichen Traumas nicht unerheblich mitbeteiligt an den Scheidungslawinen waren, die vor zirka dreißig Jahren losgetreten wurden und sich seitdem in Ausmaß und Tempo beschleunigen. Es kann hier nicht darum gehen, diese Entwicklung rückgängig machen zu wollen, aber durch Bewußtmachung des Traumas in eine Richtung zu bringen, bei der der Preis des Vaterverlustes reduziert statt inflationiert wird. Die Kette der „transgenerationalen Weitergabe des Traumas" läßt sich nur unterbrechen, wenn die Vaterentbehrung nicht weiterhin im kollektiven Unbewußten abgespalten bleibt, sondern als Katastrophe für den einzelnen wie für den Frieden in der Gesellschaft erkenntlich gemacht und durch präventive Maßnahmen eingedämmt werden kann.

VI. Die Heilung des Traumas

Erinnern, wiederholen, durcharbeiten! Diese Formel empfahl Freud zur Aufdeckung unbewußt gemachter traumatischer Erfahrungen und ihrer Heilung. Die bisherige Darstellung hat im Sinne der „Erinnerungsarbeit" die vielen Facetten der Vaterentbehrung entfaltet und durch die Beschreibung von Behandlungsverläufen, biographischen Skizzen, literarischen Beispielen und zuletzt durch den historischen Rückblick „wiederholt", um das Drama für alle Betroffenen bewußt zu machen und seine Bedeutung für die Gesellschaft zu erhellen. Wenn der österreichische Scheidungsforscher Helmuth Figdor schreibt: „Das Problem abwesender oder fehlender Väter ... hat (bisher) keinen verallgemeinerten theoretischen Niederschlag gefunden"[81], so sind wir im Verlauf der Untersuchung unversehens zu einer Theorie gelangt, die einen brauchbaren Bezugsrahmen darstellen dürfte: die Theorie vom psychischen Trauma der Vaterentbehrung. Diese Theorie liegt auch dem vorliegenden Kapitel zur „Durcharbeitung" zugrunde. Erst wenn das Trauma erinnert und häufig genug wiederholt worden ist, wobei der Schmerz des Verlustes erneut durchlebt wird, kann man es auch „durcharbeiten", das heißt nach Wegen seiner Überwindung suchen. Nur durch die Ergänzung aller drei Schritte läßt sich eine Heilung bewirken.

1. Entwurf eines neuen Geschlechtervertrages

Von allen Schritten zur Heilung und Prävention traumatischer Vaterverluste dürfte ein neuer Geschlechtervertrag der erste und wichtigste sein. Er ist die entscheidende Voraussetzung, damit auch andere Maßnahmen wirklich erfolgreich sind. Unter den gesellschaftlichen Umbrüchen der letzten Jahrzehnte ist die

Frauenbewegung eine Kraft, der es zum erstenmal in ihrer Geschichte gelungen ist, tiefgreifende Veränderungen des Gesellschaftsgefüges zu erreichen. Derzeit befinden wir uns in einer Übergangsperiode vom Patriarchat zu einer Geschlechterdemokratie. Sie entspricht einem revolutionären Prozeß, der, wie alle ähnlichen Umwälzungen, nicht ohne Opfer zu haben ist. Das derzeitige Chaos in den Geschlechterbeziehungen kreativ zu gestalten, statt es dem weiteren Zerfall zu überantworten, ist eine Aufgabe, die nur gemeinsam gelöst werden kann.

Dazu soll mit Blick auf die Vaterentbehrung ein Phänomen genauer betrachtet werden, das in der Auseinandersetzung der Geschlechter eine entscheidende Rolle spielt: die Macht-Ohnmacht-Balance zwischen Müttern und Vätern. Einen wichtigen Ausgangspunkt für die Diskussion des Themas in der Frauenbewegung bildete die Kulturtheorie Freuds, die noch heute im Kreuzfeuer feministischer Kritik steht.

Für Freud bildet der Mann das Zentrum des Weltgeschehens. Das durch ihn repräsentierte Über-Ich bricht die Kraft der Triebe und sublimiert sie zu Kulturleistungen. Als Vertreter von gesellschaftlicher Ordnung, Gesetz und Rationalität gewinnt er Macht über alle Materie, über alle Natur und, als deren Verkörperungen – über die Frauen. In dieser Herrschaftsideologie scheint die Frage von Macht und Ohnmacht, Unterdrückung und Unterwerfung, Sadismus und Masochismus auch in der Familie klar geregelt.

Von Simone de Beauvoir bis zu der amerikanischen Psychoanalytikerin Jessica Benjamin ist die Liste der Frauen lang geworden, die bis heute gegen diese Bastion Sturm laufen. Dabei wird meist übersehen, daß das Macht-Ohnmacht-Gefälle in der Familie, so wie es Freud konzipiert hatte, noch nie existierte. Das patriarchale Wunschbild scheiterte schon immer an der psychischen Realität der beteiligten Subjekte. Die Bastion väterlicher Herrschaft wurde von Dichtern viel früher und scharfsichtiger als von Analytikern zum Kartenhaus entzaubert, das bei einem Anstoß von innen ebenso zusammenbrechen kann wie bei einem Stoß von außen. Bereits am Beginn der abendländischen Kulturepoche hat Euripides die Dialektik von Macht und Ohnmacht zwischen Müttern und Vätern im Medea-Mythos radikalisiert. Er stellt wie an früherer Stelle beschrieben die ultimative Rache einer gedemütigten und verohnmächtigten Mutter an ihrem treulosen Ehemann dar. Nach der Ermordung ihrer Kinder geht der Vater, der Herrscher Jason, jämmerlich an seinem Kummer zugrunde. Die Macht der Ohnmacht wird zur Ohnmacht der Macht.

Erst die Weiterentwicklung der Psychoanalyse und die Etablierung der Familientherapie und Säuglingsforschung haben auch in der Wissenschaft die Einseitigkeit von Freuds Kulturtheorie erschüttert und die Macht-Ohnmacht-Dialektik im Familiensystem transparenter gemacht. Nach allen neuen Erkenntnissen stellen dabei die Kinder die eigentlichen Schlüsselfiguren dar. Sie bilden das Zünglein an der Waage, das das Gleichgewicht von Macht und Ohnmacht in der Mutter-Vater-Beziehung anzeigt. Bis heute spannt sich eine lange Reihe literarischer Familiendramen, in denen nicht zufällig die Kinder als Opfer mißbrauchter Macht vom Untergang des Familiensystems künden.

Aber vor die pathologische Entgleisung der Balance haben die Götter, falls sie gnädig waren, die harmonische Familie gesetzt. Welche Bedingungen sind notwendig, damit dieser Wunschtraum aller Menschen in Erfüllung geht, wo doch bekannt ist, wie stark die Machtfrage in alle Beziehungen hineinspielt? Die systemische Familientheorie faßt die Familie als ein Gesamtsystem auf, dessen Regeln sein ökologisches Gleichgewicht garantieren sollen. Harmonie stellt sich unter der Voraussetzung ein, daß alle Mitglieder die Regeln als verbindliche Verpflichtungen des Zusammenlebens akzeptieren. Ein ausbalanciertes System verfügt über eine relativ gleiche, wenn auch qualitativ unterschiedliche Machtaufteilung unter den einzelnen Mitgliedern.

Im klassischen Familienmodell vertrat der Vater die Macht nach außen, indem er die Familie vor äußeren Gefahren schützte, ihre ökonomische Basis sicherte und als Träger gesellschaftlicher Normen Einfluß auf die moralische Struktur der Familie nahm. Die Macht der Mutter war im Zentrum der Familie angesiedelt. Sie war für die Geburt, die Versorgung und Erziehung der Kinder und für die Gestaltung des innerfamiliären Lebensraumes zuständig. Die Macht der Kinder definiert sich im wesentlichen durch die Unbedingtheit ihrer Bedürfnisse, die einen entscheidenden Einfluß auf die Regeln des Systems und auf das elterliche Verhalten ausüben.

Dieses Modell, heute wieder von vielen als Ideal beschworen, macht zumindest deutlich, daß das psychoanalytische Paradigma von der Dominanz des Vaters über die Mutter schon immer ein verzerrtes Bild widerspiegelte, weil es noch nicht über die Kenntnisse systemischer Gesetze verfügte. Diese sorgen unter durchschnittlich zu erwartenden Bedingungen für eine ausreichende Machtbalance und gleichen einseitige Machtgefälle aus, um das System zu erhalten. Auch wenn sich das klassische Familienmodell durch neue Rollendefinitionen und Aufgabenverteilungen dramatisch gewandelt hat, gilt nach wie vor die Tatsache, daß zwischen Müttern und Kindern eine dichtere Kommunikation besteht als in der Vater-Kind-Beziehung. Besonders das intensive Nähebedürfnis von Säuglingen und Kleinkindern stimuliert Mütter zu ständigen Reaktionen; ebenso muß das Kind die mütterlichen Angebote aufnehmen und verarbeiten. Auf diese Weise entsteht ein enger wechselseitiger Dialog von Gefühlen, Sprache und Handlungen, der die Regeln ihrer averbalen und verbalen Kommunikation und Interaktion festlegt.

Da jeder flüchtige Blick auf die Praxis der Verhaltensmuster zwischen Mutter und Kind einen davon überzeugen kann, wie stark diese von gegenseitigen Machtansprüchen durchmischt sind, bedarf der Machtfaktor hier keiner ausführlichen Illustration. Der Zusammenhang kann jedoch darüber aufklären, wie systematisch das Machtgefüge zwischen beiden von Geburt an aufgebaut und im Laufe der Jahre als feste Machtstruktur verinnerlicht wird. Hier bahnen sich jedoch in den letzten Jahrzehnten Umgestaltungen an, die erheblichen Einfluß auf die Macht-Ohnmacht-Balance im Elternsystem nehmen.

Das ausführlich beschriebene Triangulierungskonzept über die bereits im ersten Lebensjahr einsetzende Dreiecksbeziehung Mutter-Vater-Kind hat nicht zufällig die Familientheorie zu einem Zeitpunkt erweitert, als sich auch in der Praxis ein radikaler Wandel der frühen Vater-Kind-Beziehung anbahnte. Gemessen an den jahrhundertelang verfestigten Patriarchatsstrukturen und der konservativen Beharrungstendenz gesellschaftlicher Systeme konnte ihn niemand in dieser Geschwindigkeit ernsthaft erwarten. Paradox dazu vollzieht sich für viele Frauen der Wandel zu langsam. Ungeduld diktiert ihre Erwartungen, Reaktionen und Kampfschriften. Da empfiehlt sich der Satz von Sten Nadolny: „Ohne Langsamkeit kann man nichts machen, nicht einmal Revolution."[82]

Aber sind die Konsequenzen des Wandels so dringlich er eingefordert wird, auch schon recht bedacht? Es dürfte klar sein, daß durch das veränderte Rollenverständnis der Väter und ihre verbesserte Beziehungsqualität zu den Kindern eine Umverteilung zwischen mütterlicher und väterlicher Macht in der Eltern-Kind-Beziehung stattfindet. Diese Umverteilung könnte tatsächlich einen evolutionären Schritt für das Gleichgewicht des familiären Systems einleiten und die Polarität der Geschlechter zugunsten einer dualen Elternschaft abmildern. Aber die Stolpersteine liegen in den Verwerfungen, die die Familie unter dem Einfluß gesellschaftlicher Veränderungen erfaßt haben. Dadurch ist die Machtbalance, wie sie in der traditionellen Familie durch die klare Aufgabenteilung zwischen Müttern und Vätern garantiert war, aus dem Gleichgewicht geraten.

Vor allem die Frauenbewegung hat die Familie aus ihrer Ghettoisierung herausgeführt und als sozialen Ort kenntlich gemacht, in dem sich die Gesetze gesellschaftlicher Ordnung widerspiegeln und reproduzieren. Der Kampf um Gleichberechtigung in Kindererziehung, Partnerschaft, Sexualität, öffentlichen Rechten, politischer Mitentscheidung und Beruf hat die Grenzen zwischen Familie und Gesellschaft bis zur Auflösung verwischt. Damit sind zwangsläufig Turbulenzen in der Macht-Ohnmacht-Balance zwischen Müttern und Vätern aufgetreten, die völlig neue Anforderungen an die Erhaltung des Systems Familie stellen.

Eine solidarische Lösung läßt heute noch auf sich warten, weil beide, Mütter und Väter, durch die Entwicklung in einen verhängnisvollen Macht-Ohnmacht-Komplex geraten sind. Seine psychologische Besonderheit besteht darin, daß jeder einzelne nur seine eigene Ohnmacht erlebt und erleidet, während er seine Macht verleugnet und auf den anderen projiziert. Die dabei erzeugten Feindbilder sind unausrottbar, solange die innere Spaltung nicht aufgehoben und die eigene Macht nicht als identitätsstiftendes Selbstgefühl wahrgenommen wird.

Durch einen zweiten psychologischen Mechanismus kann der Macht-Ohnmacht-Komplex gefährlich eskalieren. Reale oder vermeintliche Ohnmachtserfahrungen verstärken den Gebrauch und besonders den Mißbrauch eigener Macht. Dadurch kommt es zwischen den Partnern zu einer Machtkonkurrenz, an deren Ende nicht selten die endgültige Zerstörung des Systems steht.

Für heutige Mütter existieren viele Gründe, sich ohnmächtig zu fühlen. Der Spagat zwischen Kindererziehung, Haushalt, Partnerschaft, Beruf und Selbstverwirklichung außerhalb familiärer und beruflicher Verpflichtungen ist der viel beklagte Angelpunkt mütterlicher Ohnmachtserfahrungen. Aber hinter dieser veräußerlichten Überforderung reicht die eigentliche Ohnmacht tiefer. Bei allen Erfolgen, die die Frauenbewegung in Familie und Gesellschaft erkämpft hat, läßt sich nicht leugnen, daß unsere gesamte Kultur noch weitgehend von der Herrschaftsideologie des Mannes geprägt wird. Und diese bleibt nicht äußerlich, sondern ist über viele Epochen ins Subjekt eingewandert und bestimmt von dort aus die Selbstwahrnehmung und die Auffassung von der Außenwelt. Die viel propagierte Gleichberechtigung der Frauen ist bei Lichte betrachtet nicht viel mehr als das Ergebnis von Zugeständnissen. Gleichberechtigung bleibt solange äußerlich, wie sie nicht durch das tiefere Bewußtsein einer Gleichwertigkeit getragen wird. Der Entwicklung dieses Bewußtseins bei Frauen stellt unsere Kultur und die verinnerlichten Bilder des Subjekts noch immer einen hartnäckigen Widerstand entgegen.

Charlotte Wiedemann analysierte die Ursachen für die geringe Machtkompetenz von Frauen auf der Politikerbühne. Sie machte dafür die „Frauenverachtung" hinter der Fassade weichspülerischer Gleichberechtigungsphrasen ihrer männlichen Kollegen fest und schreibt: „Verachtung ist ein sanftes Gift, es nistet in den Seelen der Frauen und ändert dort heimtückisch seinen Namen: Selbstzweifel."[83] Selbstzweifel als Ausdruck mangelhaft erlebter Gleichwertigkeit bedeuten eine tiefe Demütigung und Verletzung des weiblichen Selbstgefühls. Hierin dürfte der eigentliche Grund für die mütterlichen Ohnmachtserfahrungen liegen.

Und der Vater? Ist er noch Herr und Gebieter im eigenen Haus, innerlich und äußerlich, noch Unterdrücker von Frauen und Kindern, zu dem er weiterhin stilisiert wird? An seine Macht glaubt jeder, obwohl sich seine Ohnmacht längst herumgesprochen hat. Auch er kann den Drahtseilakt zwischen Beruf, Partnerschaft, Kindern und frei verbleibender Zeit für sich reklamieren. Auch er fühlt sich überfordert. Aber auch bei ihm liegen die Gründe für seine Ohnmachtsgefühle tiefer. Von der patriarchalen Herrschaftsideologie haben sich die meisten offiziell abgekoppelt, und doch hat sie sie weiterhin fest im Griff. Es geht ihnen wie jenem zum Stereotyp gewordenen Ganoven, der aussteigen will, um ein „anständiges" Leben zu führen, aber die „Organisation" holt ihn immer wieder unerbittlich ein. Die Ohnmacht des Mannes und Vaters rührt daher, daß er sich gesellschaftlich einem anonymen Machtapparat männlich geprägter Herrschaftsansprüche ausgeliefert fühlt, gegen die jeder Widerstand zwecklos ist, so teilchenhaft, wie er sich erlebt. Wie soll er ihm gegenüber seine Identität und sein Selbstwertgefühl behaupten?

Die Krise des heutigen Vaterseins resultiert aber nicht nur aus seiner gesellschaftlichen Entfremdung, sondern in gleichem Maße aus dem Verlust an Autorität, Kompetenz und Zuständigkeit in der Familie bezüglich seiner ursprünglichen Funktionen als Beschützer und Ernährer. Der entthronte, in doppelter Weise verohnmächtigte Vater verliert Stück um Stück die Haltestrukturen, die ihn als Mann legitimieren.

Wer ist heute mächtiger, wer ist ohnmächtiger, Frauen oder Männer? Das ist die Frage. Sicher scheint nur: Die Macht der Frauen nimmt zu, die der Männer ab. Das wäre nur gerecht. Ohnmächtig sind beide, Mütter und Väter, und damit in ihrer Identität tief verunsichert. Die Macht-Ohnmacht-Balance zwischen Müttern und Vätern völlig aus dem Gleichgewicht geraten, eine einzige Katastrophe am Übergang ins nächste Jahrtausend? Wenn man die wachsenden Scheidungslawinen betrachtet und das Heer der vaterverlassenen Kinder stehen die Zeichen tatsächlich auf Sturm. Deswegen muß man nicht gleich die Apokalypse beschwören. Jedes kreative Chaos hält Chancen offen.

Das Gleichgewicht in den heute vielfältig modulierten Familiensystemen läßt sich durch einen neuen Geschlechtervertrag

herstellen, der die Forderung nach einer „Geschlechterdemokratie" ernstnimmt. Erste Schritte auf diesem Weg sind bereits gegangen. Folgende Steine müssen noch gewälzt werden:
1. Jeder gibt von seiner Macht soviel ab, daß daraus ein Machtgleichgewicht entsteht, Mütter hauptsächlich von ihrer Macht über die Kinder, Väter von ihrer gesellschaftlich gesicherten Macht.
2. Jeder anerkennt die Ohnmacht des anderen in einem wechselseitigen Dialog gleichberechtigter und autonomer Partner.
3. In gemeinsamen Teilen des Leidens an den gesellschaftlichstrukturellen Bedingungen akzeptieren Frauen und Männer, bei allem Respekt vor ihrer Verschiedenheit, ihre Gleichwertigkeit als Menschen.
4. Die Polarität zwischen Frauen- und Männerbewegung arbeitet der psychischen und ökonomischen Ausbeutung des Individuums durch die bestehenden Machtverhältnisse in die Hände. Nur ein solidarisches Handeln im Rahmen eines Emanzipationsbündnisses von Frauen und Männern wird jenseits der Jahrtausendwende die Herrschaftsstrukturen schrittweise umwandeln und mehr Gleichberechtigung und Gleichwertigkeit innerhalb und außerhalb der Familie für alle schaffen.

Ganz im Sinne dieser Programmatik hat die amerikanische Psychoanalytikerin Jessica Benjamin in ihrem Buch „Fesseln der Liebe" eines der leidenschaftlichsten Plädoyers zur Überwindung der Spaltung der Geschlechter vorgelegt. In ihrer kulturkritischen Analyse über den Zusammenhang von Herrschaft und Liebe entwickelt sie statt der Geschlecherpolarität das Konzept einer „Komplementär-Beziehung" zwischen Frauen und Männern, das auf dem Prinzip der „Intersubjektivität" im Sinne „gegenseitiger Anerkennung und Fürsorge" basiert. Eine neue Kultur des Dialogs, die diesem Prinzip folgt, schafft eine stabilere Balance zwischen den Systemen Familie und Gesellschaft und verändert das unterschiedliche Verhältnis von Frauen und Männern zu den Grundformen des Daseins von Vernunft, Trieben und Natur. Nur dadurch könne, so die Hoffnung der Autorin, die unversöhnte Beziehung der Geschlechter in eine produktive Gemeinsamkeit umgewandelt werden.

Natürlich bedarf es jenseits solcher theoretischen Entwürfe und der zuvor formulierten, recht idealistischen Forderungen konkreter Schritte, damit die Hoffnung auf Verständigung nicht in der erneuten Zerstörung von Illusionen endet. Sicher ist, daß nur durch eine grundlegende Neugestaltung der Geschlechterbeziehung auch das Trauma der Vaterentbehrung in seiner Dramatik entschärft und seine Heilung gefördert werden kann.

2. Allgemeine Rahmenbedingungen

Die Umstrukturierung der Arbeitswelt

Ideologische Gegensätze haben meist eine materielle Wurzel und berühren darin Fragen der Macht unmittelbar. Daher ist verständlich, daß die noch immer bestehende berufliche Benachteiligung von Frauen und insbesondere von Müttern ein Hauptthema im Geschlechterkampf bildet. Konkrete Schritte zu einer Verständigung müßten deshalb zuallererst von einer Umstrukturierung der Arbeitswelt ausgehen.

Im November 1998 starteten vierzig namhafte Vertreterinnen und Vertreter aus Gewerkschaften, Wissenschaft, Medien und Politik eine Initiative für einen Paradigmenwechsel in der Geschlechterpolitik.[84] In einem „Offenen Brief" an die Bundesministerin für Familie, Senioren, Frauen und Jugend, und in Pressemitteilungen stellten sie die Arbeitsmarktlage ins Zentrum ihrer Argumentation. Danach hat die seit zwanzig Jahren engagierte Frauenförderpolitik nur wenig an den Rollenzuweisungen der Geschlechter geändert. Die weibliche Berufsarbeit konnte im Gesamtvolumen kaum zunehmen. Dagegen stieg der Anteil der Frauen an der Erwerbstätigkeit vor allem in der Teilzeitarbeit und bei ungeschützten Arbeitsverhältnissen. In vielen Bereichen wird Frauenarbeit schlechter entlohnt als die von Männern. In den höheren Verdienstklassen sind Männer weit überrepräsentiert.

Die Orientierung der Steuer- und Rentenpolitik am Alleinverdienermodell, so die Initiatoren, lege Männer auf die Ernährerrolle fest. Das erkläre, warum Männer, entgegen ihren deklarierten Absichten, Teilzeitarbeit, Erziehungsurlaub und

Arbeitszeitverkürzungen, soweit diese überhaupt angeboten werden, kaum in Anspruch nehmen. Im Gegenteil wächst bei ihnen auf Grund der gegenwärtigen Arbeitsmarktlage und der wirtschaftlichen Rezession der Trend zur Mehrarbeit.

Die Initiatoren machen für diese Stagnation eine Politik verantwortlich, die es versäumt hat, Männer stärker an der Debatte des Geschlechterverhältnisses zu beteiligen und, bereits von Kindheit an, in familiäre Rollenmuster einzuüben. Wenn die Männer- und Väterfrage nur in Form von Forderungen und Kritik thematisiert werde, sei das defensive und konservative Desinteresse der Männermehrheit nicht verwunderlich.

Der eindringliche Appell der Initiative macht klar: Die Chancen der Frauen auf gleiche Teilhabe am Arbeitsleben sind nur zu verwirklichen, wenn für Männer Wege aus ihrer eindimensionalen Ausrichtung auf die Erwerbsarbeit geöffnet werden. Diese Wechselseitigkeit ist allein durch eine „Geschlechterdemokratie" im Rahmen eines Bündnisses von Frauen und Männern erreichbar.

Leider steht der gute Wille solcher Initiativen noch lange nicht auch für die Tat. Ich habe sie hier aber stellvertretend für eine breiter werdende Gegenbewegung zitiert, die dem bisherigen Konfrontationskurs eine Absage erteilt. Sie fordert einen gleichzeitigen Einstellungswandel bei Frauen und Männern ein, weil der Preis der derzeitigen Entwicklung für alle zu hoch geworden ist – für Frauen, Männer, Kinder und für die Gesellschaft. Diese Gegenbewegung zielt besonders auf eine Emanzipation der Männerwelt; sie will es nicht mehr dem Engagement und dem Mut des einzelnen überlassen, sich einen Ausweg aus der Sackgasse einseitiger Berufsorientierung zu bahnen. Und sie möchte die fortschrittlichen Kräfte in der Gesellschaft bündeln, um in gemeinsamer Verantwortung die Steine wegzuräumen, die noch den Weg in eine wirkliche Geschlechterdemokratie verlegen.

Falsche Illusionen wären allerdings an dieser Stelle kontraproduktiv, weil sie die noch bestehenden Widerstände unterschätzen und die Kraft dann leicht in Resignation erlahmen lassen. Schließlich befinden wir uns in einer Phase der dramatischen Umgestaltung der Arbeitswelt. Die Hochleistungsgesellschaft fordert vom einzelnen ein immer höheres Maß an Einsatz, Flexibilität, Durchsetzungsfähigkeit und Willenskraft, um in der Konkurrenz um einen Arbeitsplatz überleben zu können. Darin wurden Männer seit Jahrtausenden besser trainiert. Außerdem sind von dem allgemeinen Arbeitsplatzabbau bei knapper werdenden Ressourcen besonders Berufsgruppen in den sozialen, erzieherischen und gesundheitlichen Sektoren betroffen, in denen traditionell Frauen überrepräsentiert sind.

Alle diese Faktoren können die Hoffnung auf einen schnellen Wandel nur enttäuschen. Es stellt sich auch die Frage, ob die oben zitierte Initiative richtig adressiert war. Arbeitsplatzbedingungen werden nur drittrangig von der Politik bestimmt. Die wichtigsten Adressaten sind die Industrieunternehmen und zweitrangig die Gewerkschaften. Ein Hoffnungsschimmer geht immer wieder von Berichten über Firmen aus, die für ihre Belegschaft familienfreundliche Arbeitsbedingungen geschaffen haben, und die eine dadurch gestiegene Motivation und Leistungsfähigkeit von Mitarbeitern konstatieren. Zweifellos tragen solche Erfahrungen zum allgemeinen Einstellungswandel von Männern bei. Skepsis bleibt zunächst bei der Frage, inwieweit Großunternehmen in der Lage und bereit sind, dem Beispiel solcher mittelständischen Betriebe zu folgen. Die einzige realistische Hoffnung richtet sich bei ihnen wegen der knapper werdenden Arbeit auf langfristig notwendige Arbeitszeitverkürzungen und den gesetzlichen Abbau von Überstunden. Die dabei freiwerdende Kapazität könnte als wichtiger Beitrag zu einer dualen Elternschaft genutzt werden.

Im Zusammenhang von Arbeitswelt und Vaterentbehrung stehen jedoch die Umverteilungsfragen nicht im Vordergrund. Das bedrohlichste aller Probleme stellt hier die wachsende Arbeitslosigkeit dar. Geschiedene oder getrennte Väter ohne Arbeit sind in hohem Maß gefährdet, von sich aus den Kontakt zu den Kindern vollständig abzubrechen oder von der Restfamilie ausgegrenzt zu werden. Entsprechend dürften sie einen großen Anteil an der Vätergruppe ausmachen, die ihre Kinder der definitiven Vaterentbehrung aussetzen. Ihre Schuld- und Schamgefühle sich selbst, der geschiedenen Frau und den Kindern gegenüber, beruflich „versagt" zu haben, ihre Unfähigkeit, für die Familie weiter zu sorgen, ihre beengten Wohnverhältnisse ohne eigenes Zimmer für die Kinder und ihre begrenzten finanziellen Mittel für Geschenke, die auch nur annähernd den Erwartungen der Kinder und dem gesellschaftlichen Standard entsprechen würden – diese Kombination aus psychischer Belastung und materieller Not führt bei vielen fast zwangsläufig nach mehr oder weniger kurzer Zeit zum totalen Rückzug. Unterstützt und beschleunigt wird dieser durch die Reaktionen der Umwelt, besonders der Partnerin und der Kinder. Ein Vater, der nicht mehr zahlen kann, der seine Hauptpflicht nicht erfüllt, verwirkt auch seine Rechte.

Die wachsende Auflösung von Familien und Lebensgemeinschaften und der weitere Anstieg der Arbeitslosigkeit in der Bevölkerung ergänzen sich zu einer explosiven Mischung, von der eine reale Gefahr für die Gesellschaft ausgeht. Sie vergrößert nicht nur das Heer vaterverlassener Kinder, sondern überantwortet diese einer Desintegration von der Gesellschaft, wenn der Vater als positives Identifikationsobjekt und als Modell sozialen Lernens entfällt. Die seit Jahren steigende Kriminalitätsrate bei Jugendlichen und immer jüngeren Kindern dürfte eine wesentliche Ursache in diesem Zusammenprall familiärer und gesellschaftlicher Zerfallserscheinungen haben. Hier sind nicht mehr lediglich soziale, fürsorgerische und beratende Krisenintervention für die betroffenen Familien gefragt, sondern politische und wirtschaftliche Präventionsmodelle, vorbeugende Instrumente, die die Verantwortung der Gesamtgesellschaft für den sozialen Frieden der Gemeinschaft und die Rechte der Nachkommen auf beide Eltern ernstnehmen.

Vaterentbehrung, so müssen wir realisieren, ist nicht nur ein durch die Eltern selbst verschuldetes, sondern durch die Gesellschaft mitproduziertes Schicksal, in dem das Private und Öffentliche eine verhängnisvolle Allianz bilden. Die Arbeitswelt stellt dazu entscheidende Weichen. Entsprechend setzt eine Minderung des Traumas grundlegende strukturelle Veränderungen in diesem Bereich voraus.

Jedes Kind hat ein Recht auf beide Eltern – Das „Neue Kindschaftsrecht"

Neben der Arbeitswelt stellt das Scheidungsrecht einen weiteren Bereich dar, von dem konkrete Schritte zu einem Emanzipationsbündnis von Frauen und Männern bei der Vermeidung des Traumas der Vaterentbehrung ausgehen müssen. Hier zeichnen sich für die meisten europäischen Staaten positive Veränderungen ab, die in engem Zusammenhang mit den internationalen Bemühungen zur Stärkung der individuellen und gesellschaftlichen Rechte von Kindern zu sehen sind.[85] Die historisch neuartigen Grundlagen hierfür bilden die 1990 in Kraft getretene UNO-„Konvention über die Rechte des Kindes", die „Deklaration zum Überleben, zum Schutz und zur Entwicklung von Kindern" aus dem selben Jahr und die „Europäische Charta der Rechte des Kindes" des Europarats von 1996. Der Geist dieser Vertragswerke für eine verantwortliche Kinderpolitik im nächsten Jahrhundert hat auch die Reform des „Neuen Kindschaftsrechts" in Deutschland und entsprechende Bemühungen in Österreich und der Schweiz entscheidend angestoßen.

Im Zentrum des am 1. Juli 1998 in Kraft getretenen „Neuen Kindschaftsrechts" steht die seit langem fällige rechtliche Gleichstellung ehelicher und nichtehelicher Kinder. Wichtiger im hiesigen Zusammenhang ist der Teil des Gesetzes, der das Sorge- und Umgangsrecht entsprechend dem Vorbild in den skandinavischen Ländern grundlegend neu regelt. Die wichtigsten Neuerungen lassen sich stichwortartig in folgenden Punkten zusammenfassen:

1. Bei verheirateten Paaren behalten beide Eheleute nach einer Scheidung automatisch das „gemeinsame Sorgerecht".
2. Der Entzug des Sorgerechts für einen Partner kann nur auf Antrag des anderen vor Gericht erfolgen. Er muß den Nachweis erbringen, daß der Entzug für das „Wohl des Kindes" notwendig ist.
3. Unverheiratete Paare können das „gemeinsame Sorgerecht" beantragen.
4. Im Fall der Trennung kann auch hier nur auf Antrag einem der Partner das Sorgerecht wieder entzogen werden.

5. Der getrennt lebende Elternteil hat nicht nur ein „Umgangsrecht", sondern auch eine „Umgangspflicht" mit seinen Kindern. Diese Regelung gilt sowohl für Partner aus einer ehelichen als auch aus einer unverheirateten Gemeinschaft, und ist unabhängig davon, ob die „gemeinsame Sorge" besteht oder nicht.
6. Die Kinder haben im Fall von Scheidung oder Trennung ein Recht auf beide Eltern. Aber neben diesem „Umgangsrecht" besteht auch für sie eine „Umgangspflicht".

Diese Kernaussagen mögen genügen, um zu verdeutlichen, daß die Familienpolitik mit diesem Gesetz einen weit ins nächste Jahrhundert reichenden Maßstab gesetzt hat, der im europäischen Vergleich höchsten Modernitätsansprüchen genügt. Aus den deutschsprachigen Nachbarländern Österreich und der Schweiz blicken Fachleute mit großer Anerkennung auf dieses Reformprojekt und erhoffen sich von ihm eine schnelle Angleichung in ihrer Gesetzgebung.

Aber wie bei allen mutigen Reformen sind ihre Gegner nicht weit. In diesem Fall kommen sie hauptsächlich aus den Reihen der Frauenbewegung, die in dem Gesetz einen Rückschritt sehen. Das „gemeinsame Sorgerecht" ist spätestens seit der Einführung dieser gesetzlichen Möglichkeit 1982 zu einem Streitgegenstand erster Ordnung geworden. Nur zirka zehn Prozent der Scheidungspaare in Deutschland haben bisher davon Gebrauch gemacht. Die Gegner haben die positiven Erfahrungen mit diesem Recht im Ausland offenbar nicht zur Kenntnis genommen. Beispielsweise besteht in Schweden das „gemeinsame Sorgerecht" als Normalfall seit 1983. Seit dieser Zeit bis 1992 stieg der Anteil geschiedener Paare mit gemeinsamer Sorge von 37 auf 82 Prozent an. Entsprechend positiv veränderten sich die Kooperationsbereitschaft der Eltern und die Verantwortung und Verfügbarkeit der Väter für ihre Kinder.[86]

Die wichtigste Befürchtung deutscher Frauenverbände bei der Neuregelung betrifft die Einspruchsmöglichkeiten und Störmanöver der Väter bei der Wahrnehmung ihrer Rechte. Auf diese Weise würde unter der Hand der patriarchalen Machtausübung wieder Tür und Tor geöffnet. Ich möchte die kontroversen Argumente zwischen Befürwortern und Gegnern des „gemeinsamen Sorgerechts" hier nicht im einzelnen aufblättern. Zweifellos ist die Verabschiedung des Gesetzes als ein Sieg der Vernunft zu werten. Mit ihm trägt der Gesetzgeber nicht nur den gewandelten Strukturen in der Familiengestaltung Rechnung, sondern übergibt auch den Eltern eine größere Selbstverantwortung bei der Regelung aller Nachscheidungs- und Nachtrennungsfragen. Der ungute Streit, der darüber entbrannt ist, könnte den Eindruck erwecken, als sei das Gesetz zu früh gekommen, und daß es den selbstverantwortlichen Bürger noch nicht gibt. Auf jeden Fall wirkt es paradox, daß in dem Moment, in dem der Staat seinen Machtzugriff auf die Familie lockert, der Wunsch dringender wird, von ihm in privaten Angelegenheiten und Schwierigkeiten wieder stärker gelenkt und unterstützt zu werden. Deswegen wurde es höchste Zeit für das neue Recht, weil es alle dazu herausfordert, ihre Unmündigkeit aufzugeben und die Verantwortung für sich und die anderen neu zu begreifen.

Das „gemeinsame Sorgerecht", die praktische Regelung des „Umgangsrechts" und vor allem der „Umgangspflicht" sowohl für den getrennten Elternteil wie für die Kinder werden zunächst, wie wäre es anders zu erwarten, zu vermehrten Spannungen und Konflikten führen. Gesetze haben, vor aller konkreten Umsetzung, grundsätzlich ethischen Charakter. Sie sollen ethische Wertmaßstäbe zur Humanisierung zwischenmenschlicher Beziehungen schaffen. Auch das „Neue Kindschaftsrecht" wird Zeit brauchen, um sich mit diesem Gewicht gegen die Verwilderungen durchzusetzen, die unter dem Einfluß extremistischer Individualisierungsbedürfnisse und einer hedonistischen Gebrauchskultur derzeit weite Teile der Nachscheidungslandschaft beherrschen.

Im Zeichen dieser Verwilderung steht ein im deutschsprachigen Raum erst andiskutiertes Phänomen, das in Amerika bereits unter Strafe gestellt wird: das PAS. Das „parental alienation syndrom", wörtlich übersetzt, das „elterliche Entfremdungssyndrom" meint die verbreitete Tendenz alleinerziehender Elternteile, mehrheitlich von Müttern, ihre Kinder in einer Weise gegen den getrennt lebenden Partner zu indoktrinieren – viele sprechen in diesem Zusammenhang von systematischer „Gehirnwäsche" –, daß die Kinder von sich aus den Kontakt zu ihm abbrechen. Durch die Beeinflussung wird ihre Angst, auch den verbleibenden Elternteil durch Liebesverlust oder real zu verlieren, so groß, daß sie eine pathologische Loyalität zu ihm entwickeln und den getrennten Elternteil in ihrem Gefühlsleben abspalten. Die dabei eintretende Entfremdung wird in vielen Fällen zur Ursache des Kontaktabbruchs. Das inzwischen gut erforschte PAS macht deutlich, daß es nicht allein die Väter sind, die von sich aus die Flucht ergreifen; oft werden sie auch durch die gegen sie inszenierte Intrige in die Flucht getrieben.

Das „Neue Kindschaftsrecht" setzt diesen und ähnlich verbreiteten Formen der Verwilderung ethischer Grundsätze und des seelischen Mißbrauchs der Kinder eindeutige Grenzen. Damit wird es zu einem entscheidenden Instrument, das Drama der Vaterentbehrung umzuschreiben. Das Gesetz allein, darüber sind sich alle Fachleute einig, kann dieses Ziel nicht ohne unterstützende und vorbeugende Maßnahmen durchsetzen. Aber es bildet den wichtigsten Bezugsrahmen für alle zur Verfügung stehenden Hilfsangebote. Gesetzlich wurden die Bedingungen dafür bereits in dem neuen „Kinder- und Jugendhilfegesetz" (KJHG) von 1993 geschaffen. Es enthält einen breiten Katalog von Maßnahmen, die Familien in Trennungs- und Scheidungssituationen bei Bedarf beraten und unterstützen sollen. Durch die enge Zusammenarbeit von öffentlicher und freier Jugendhilfe besteht heute in Deutschland ein flächenübergreifendes Netz von Einrichtungen, die für die Wahrnehmung dieser Aufgaben verantwortlich sind. Ob die Hilfsangebote in Anspruch genommen werden, hängt in erster Linie von der Bereitschaft der Betroffenen selbst ab.

Die Herausforderung, die das „Neue Kindschaftsrecht" an die kooperative Bereitschaft getrennter Eltern stellt, wird langfristig, so ist zu hoffen, deren Motivation erhöhen und die Inanspruchnahme beratender und unterstützender Hilfen steigern. So werden das „Neue Kindschaftsrecht" und das neue „Kinder- und Jugendhilfegesetz" zu den beiden wichtigsten Stützpfeilern auf gesetzlicher Ebene, über die sich neue Brücken schlagen lassen, um dem Vaterverlust entgegenzuwirken.

Mediation, Beratung, Therapie, Selbsthilfe

Die Verhinderung oder Heilung der Vaterentbehrung ist oft nicht ohne professionelle Hilfe möglich. Mediation bedeutet Vermittlung. Es ist eine in Amerika entwickelte und inzwischen in vielen europäischen Ländern eingeführte Methode der Konfliktregelung, die sich besonders in der Vorscheidungsphase bewährt hat. Mediatoren sind speziell ausgebildete Fachleute verschiedener Berufsgruppen, meist Psychologen und Juristen, die mit den scheidungswilligen Partnern gemeinsame Strategien erarbeiten, wie die materiellen und rechtlichen Wünsche jedes einzelnen miteinander „vermittelt" und Meinungsverschiedenheiten einvernehmlich gelöst werden können.[87] Durch dieses Vorgehen lassen sich nicht nur Nachscheidungsstreitigkeiten und unversöhnliche Zerwürfnisse, sondern auch aufwendige Gerichts- und Rechtsanwaltskosten vermeiden. Aber vor allem: Mit diesem Ansatz stellt die Mediation bei der Vielfalt der heutigen Beratungs- und Therapieangebote eine besonders geeignete Methode dar, durch die gemeinsame Suche nach Kompromissen dem Verlust eines Elternteils, meist des Vaters, vorzubeugen. Es ist daher ein großer Glücksfall, daß die Neuregelung des Sorge- und Umgangsrechts zu einem Zeitpunkt in Kraft getreten ist, zu dem sie sich auf einen Berufsstand stützen kann, der bereits über die notwendigen Erfahrungen der praktischen Umsetzung verfügt.

Man sollte sich diese optimistische Einschätzung auch nicht durch die Tatsache trüben lassen, daß es trotz aller Reformbemühungen, neuer moralischer Wertsetzungen und konkreter Hilfsangebote immer Menschen geben wird, die aus seelischen oder intellektuellen Gründen an konstruktiven Konfliktlösungen scheitern.

Dies gilt auch für die Möglichkeiten von Beratung und Therapie in der Nachscheidungsphase. Wie bei vielen Fallbeispielen in diesem Buch deutlich geworden ist, setzen beide Methoden ein ausreichendes Maß an Mut, Angsttoleranz, Konflikt- und Einsichtsfähigkeit, Trieb- und Bedürfniskontrolle und vor allem die Bereitschaft zur Versöhnung voraus. Versöhnung meint hier nicht den Wunsch nach Wiederherstellung der ursprünglichen Gemeinschaft, sondern in einem weiteren Sinn die Fähigkeit des

Menschen, sein Schicksal annehmen zu lernen und sich mit ihm auszusöhnen. Dieser Anspruch ist hoch angesetzt, weil er eine erwachsene Struktur des Ich und eine stabile Sicherheit des eigenen Selbst voraussetzt. Das sind Kriterien, die über die Reife des Subjekts entscheiden. Keiner verfügt über dieses Ideal zur Gänze, vor allem nicht in einer Zeit, in der das Selbstgefühl durch das Trauma der Scheidung oder Trennung sein Gleichgewicht bis zum vorübergehenden Zusammenbruch einbüßen kann. Aber gerade in diesem Fall bieten Beratung und Therapie in der Person des Helfers den notwendigen Halt, das innere und äußere Chaos zu ordnen und die Balance wiederherzustellen. Versöhnung ist daher das Ergebnis einer oft schmerzhaften inneren Entwicklung. In diesem Prozeß muß die Konfrontation mit den eigenen Grenzen, dem eigenen Versagen und dem Unrecht ausgehalten werden, das man anderen zugefügt hat. Dieser erste Schritt leitet die Versöhnung mit dem Leid ein, das man durch andere erfahren mußte. Erst danach ist eine schöpferische Neugestaltung des Lebens möglich.

Figdor hat in seinem Buch „Scheidungskinder – Wege der Hilfe" den Begriff der „verantworteten Schuld" eingeführt. In dem von ihm entwickelten Konzept beschreibt er die Schwierigkeiten und die Chancen einer differenzierten Scheidungsberatung, an deren Ende im geglückten Fall alle Beteiligten in der Lage sind, ihre Schuldzuweisungen an den getrennten Partner zurückzunehmen und sich ihren eigenen Anteil am Scheitern der Beziehung als selbst-„verantwortet" einzugestehen. Erst dadurch wird auch für jeden die bis dahin verleugnete „Schuld" bewußtgemacht, den Kindern das Trauma der Trennung aufgebürdet zu haben. Dieser Schritt kann nicht hoch genug eingeschätzt werden, weil Fachleute immer wieder überrascht sind, wie gering bei vielen getrennten Paaren die Sensibilität für die Beschädigungen entwickelt ist, die ihre Kinder durch die Gewalt des Traumas davontragen. Die durch „Scheidungsrituale" und „Scheidungszeremonien" erleichterte Annahme der eigenen Schuld ist die Voraussetzung für eine neue Verantwortlichkeit, bei der der getrennte Elternteil nicht mehr entwertet, entfremdet, ausgegrenzt oder zerstört werden muß. Die „verantwortete Schuld" gehört ebenso wie die Fähigkeit zur Versöhnung zu den heilenden Kräften, die viele drohende Vaterverluste vermeiden und bereits entstandene rückgängig machen helfen.

Für die betroffenen Kinder, Jugendlichen und späteren Erwachsenen steht nicht die Schuldfrage im Vordergrund, obwohl auch sie viele Kinder nach der Trennung der Eltern bedrängt. Aber auch für sie stellt sich die schwierige Aufgabe der Versöhnung. Vor allem das Drama der Vaterentbehrung läßt sich langfristig nicht ohne die Entwicklung dieser Fähigkeit lösen. Nur wenige bewältigen diesen Schritt aus eigener Kraft. Ihre konstitutionellen Anlagen, ihre Begabungen und die Gunst überwiegend positiver Umweltbedingungen bilden in ihrer wechselseitigen Ergänzung eine Grundlage für ihr Leben, auf der sich kreative Prozesse der Selbstfindung und Selbstverwirklichung ausbilden können, die das Trauma langsam ausheilen lassen und die Versöhnung mit dem zugefügten Leid ermöglichen.

Den wenigen stehen die vielen gegenüber, die das Leben nicht so begünstigt. Die meisten Kinder und Jugendlichen benötigen nach einem durch Trennung, Scheidung oder Tod verursachten Vaterverlust dringend intensiver Beratung und therapeutischer Hilfe. Dafür bestehen hierzulande ungewöhnlich günstige Bedingungen. Wir verfügen nicht nur über ein engmaschiges Netz öffentlicher und privater Beratungs- und Therapieeinrichtungen, die für die Betroffenen kostenlos arbeiten; seit Jahrzehnten hat sich auch der psychoanalytisch ausgebildete Berufsstand der „Kinder- und Jugendlichenpsychotherapeuten" etabliert. Diese Berufsgruppe arbeitet entweder in öffentlichen Institutionen oder in freier Praxis.

Die Skizzierung dieser Sachlage soll deutlich machen, daß Beratungen und Therapien heute nicht mehr an einem mangelnden Angebot scheitern müssen wie noch vor wenigen Jahrzehnten. In diesem Bereich hat die Gesellschaft ihre Aufgabe nach besten Kräften erfüllt, im Rahmen eines umfassenden Gesundheitssystems auch die psychotherapeutische Versorgung der Bevölkerung zu garantieren. Die entsprechende Veränderung des öffentlichen Bewußtseins konnte allerdings mit dem Tempo dieser Entwicklung nicht Schritt halten. Es gibt noch immer größere Bevölkerungsschichten, die solchen Möglichkeiten der Hilfe teils aus mangelnder Aufklärung, teils aus Abwehr gegen die

„Psychologisierung" menschlicher Probleme und teils aus unüberwindlichen Ängsten einen starken Widerstand entgegensetzen. Besonders in Scheidungsfamilien wirkt sich dieser Widerstand oft zum großen Schaden für die Kinder aus. Auch diesbezüglich könnte das Sorge- und Umgangsrecht zu einer höheren Sensibilität und zu einem Einstellungswandel beitragen, weil Jugendämter, Rechtsanwälte, Gerichte und eine informierte Umwelt durch die veränderte Rechtslage ihren Einfluß stärker zur Geltung bringen werden, die Betroffenen im eigenen und im Interesse der Kinder zur Inanspruchnahme der Hilfe zu motivieren. Dabei ist zu berücksichtigen, daß Beratung und Therapie nur nach dem Prinzip der Freiwilligkeit erfolgreich sein können. Jeder „Zwang" wird die Widerstände verstärken. Allerdings zeigt die Erfahrung, daß es vielen Therapeuten durch Einfühlungsvermögen und ausreichende Kompetenz öfter gelingt, getrennte Eltern zur Mitarbeit zu gewinnen, als gemeinhin angenommen wird. Ob die Beratung oder Therapie im Einzelkontakt oder in speziellen Gruppen für Scheidungseltern erfolgen soll, muß in jedem Einzelfall neu geklärt werden.

Bei der mehrfach betonten Tatsache, daß sich das Trauma der Vaterentbehrung um so nachhaltiger auswirkt, je früher es eintritt, leuchtet die Notwendigkeit ein, das Trauma so früh wie möglich zu behandeln. Schon bei Kindern ab dem dritten bis vierten Lebensjahr kann eine gezielte Therapie das noch vorhandene kreative Potential lebendig erhalten und zur Überwindung des Traumas nutzen. Viele Therapeuten behandeln Kinder und besonders Jugendliche nach einem Vaterverlust in Scheidungsgruppen. Dieses Vorgehen eignet sich bevorzugt dazu, neue Bindungen zu Gleichaltrigen aufzubauen und durch gemeinsame Trauerarbeit den Verlust leichter zu bewältigen. Nicht behandelte Kinder und Jugendliche tragen die unverheilten Wunden in ihr weiteres Leben hinein. Als Erwachsene finden sie den Weg in eine Therapie oft erst, wenn die unverarbeiteten Konflikte zu schweren seelischen Symptomen, psychosomatischen Erkrankungen, immer wieder scheiternden Beziehungen oder sozialen Problemen geführt haben. Je länger das Trauma weiterwirkt, um so schwerer ist es später auch zu heilen. Die Möglichkeiten, den Leidensweg zu verkürzen, bieten sich heute jedem als Chance an.

Neben Mediation, Beratung und Therapie hat sich in den letzen Jahrzehnten durch die zunehmenden Scheidungskatastrophen eine breiter werdende Öffentlichkeit formiert, die durch Selbsthilfe nach Auswegen sucht. In diesem Rahmen haben sich im letzten Jahrzehnt auch vermehrt Gruppen alleinerziehender Eltern gebildet, Frauen-, Männer- oder gemischte Gruppen, in denen die Teilnehmer ihre Nöte, Sorgen und Belastungen dieser Lebensform austauschen können. Gruppen befreien aus der Isolation und Vereinzelung. Ihr Prinzip der Solidarität entfaltet ein hohes schöpferisches Potential, garantiert Verständnis und Unterstützung durch die anderen und läßt im Bewußtsein des geteilten Problems das eigene Los weniger drückend erscheinen. Durch diese Erfahrungen können eigene Kräfte reaktiviert werden, die zur Stabilisierung der inneren Harmonie und zur praktischen Bewältigung der äußeren Aufgaben beitragen.

Die Gefahr besonders von getrenntgeschlechtlichen Gruppen besteht in ihrer Anfälligkeit für Ideologien. Sozialpsychologisch haben Gruppen die Tendenz, ein eigenes Gruppen-Ich herauszubilden, mit dem sie sich nach außen abgrenzen. Bei alleinerziehenden Mütter- oder Vätergruppen liegt es nahe, daß sie durch ihre persönlichen Erfahrungen und durch die Ideologie des Geschlechterdualismus ihre eigenen Konflikte nicht selbstkritisch betrachten, sondern für den Kampf gegen Außenfeinde instrumentalisieren. Bei genügender ideologischer Aufheizung können sowohl Frauen- als auch Männergruppen, wie die Gegenwart zeigt, ein erhebliches Maß an militanter Energie entwickeln. Diese Gefahr besteht bei gemischten Gruppen kaum, weil in ihnen die ideologischen Spannungen und die Interessenkonflikte zwischen Müttern und Vätern schneller sichtbar werden und durch die Korrektur einseitiger Positionen besser zu klären sind.

Zu wünschen wäre, daß alle Scheidungsselbsthilfegruppen den Kampf der Geschlechter nicht zementieren, sondern ihr Selbstverständnis an den Anforderungen eines neuen Geschlechtervertrages orientieren. In diesem Fall könnten sie zu einer treibenden Kraft werden, das Emanzipationsbündnis von Frauen und Männern zu stärken. Dazu müßten auch sie die „verantwortete Schuld" und die Fähigkeit zur Versöhnung in den Katalog ihrer Gruppenziele aufnehmen.

3. Erziehung, Bildung, Arbeit – wohin geht der Weg?

Das Buch hat wohl deutlich machen können, daß der Verlust des Vaters kaum jemals voll ersetzt werden kann, weder durch Mütter, noch durch Stiefväter, Ersatzväter, Verwandtschaft oder Freunde. Der Grund hierfür, so sahen wir, liegt nicht nur in den konkreten Funktionen des Vaters für die psychosexuelle Entwicklung des Kindes, sondern vielleicht noch stärker in der symbolischen Vater-Repräsentanz, die als archetypische Vater-Imago im Inneren gespeichert wird und die für die Ganzheit der Person steht. Aus ihr speist sich die ewige Sehnsucht nach Materialisierung in Gestalt einer realen Vaterperson. Wenn die Einheit von innerem und äußerem Vaterbild, wie bei der Vaterentbehrung, zerbricht, geht das Gefühl für die eigene Ganzheit verloren.

Auch wenn der Verlust nicht ersetzt werden kann, so ist er doch insoweit kompensierbar, als positive Bindungen an andere Menschen gröbere Fehlentwicklungen verhindern können. Dieser für die Mutterentbehrung gesicherte Erkenntnisstand der Bindungsforschung gilt ebenso für die Vaterentbehrung. Von diesem Erkenntnisstand leiten sich Erwartungen ab, die an das weite soziale Umfeld der Familie nach einer Vaterentbehrung gerichtet sind. Wie bedeutend die Umwelt für die Bewältigung des Traumas ist, wurde ausführlich dargestellt. Hier sollen einige abschließende Gedanken über ihre heilende Wirkung das Bild abrunden.

Nach und neben der Familie übernehmen immer mehr außerfamiliäre Institutionen die Betreuung und Erziehung des Kindes, vor allem Krippen, Tagesmütter, Tagesstätten, Kindergärten, Vorschulen, Horte und Schulen. In ihnen treffen Kinder auf Gleichaltrige, entwickeln durch wechselseitige Identifikationen ein Gefühl für Gemeinschaft und bauen Freundschaften auf, kurz, es entstehen Bindungen. Besonders für traumatisierte Kinder sind sie elementar, weil sie die emotionale und soziale Isolation überwinden helfen. Die heilenden Kräfte sind zu einem Topos menschlicher Erfahrung geworden, der nicht nur für Eltern immer wieder zu einer Quelle teilnehmenden Glücks wird –

oder des Mit-Leidens bei häufigem Mißlingen, Kinderfreundschaften gehören auch bei den meisten Erwachsenen zum Erinnerungsschatz ihrer Kindheit, beherrschen die Kinderliteratur von Mark Twain bis Astrid Lindgren, durchziehen die Märchen und faszinieren Filmemacher. Nicht zufällig liefert bei vielen wahren oder erfundenen Kinderfreundschaften der Verlust eines Elternteils den biographischen Kontext und das tiefere Motiv für die Freundschaft. Kinderfreundschaften sind ein wesentlicher Teil einer Kinderkultur, durch die sich Kinder nicht zuletzt gegen die traumatischen Erfahrungen im Elternhaus abgrenzen und schützen.

In diesem Alter entstehen jedoch nicht nur Bindungen zu anderen Kindern. Ab jetzt begegnet ihnen eine Vielzahl fremder Erwachsener. Für vaterverlassene Kinder stellt sich hier jedoch das Problem, daß in diesem Sektor überwiegend Frauen arbeiten. Dadurch können Mädchen und Jungen ihr Bedürfnis nach Ersatzmüttern beliebig befriedigen. Aber männliche Vorbilder werden sie in der Regel vermissen. Dabei wären Bindungen an männliche Objekte in den posttraumatischen Entwicklungsphasen besonders wichtig. Wenigstens in den Grund- und Hauptschulen bahnt sich in den letzten Jahrzehnten ein langsamer Wandel mit einem höheren Anteil von Männern an. Aber bei der Zunahme vaterloser Schicksale werden sie neben ihren Unterrichtsverpflichtungen und durch die wachsende Klassengröße wegen des allgemeinen Stellenabbaus kaum in der Lage sein, zu den betroffenen Kindern, ob Mädchen oder Jungen, langfristige persönliche Bindungen aufzubauen.

Deswegen ist an dieser Stelle ein kritischer Nachtrag zu den „gesellschaftlichen Rahmenbedingungen" angezeigt. Die Sparpolitik im Erziehungs- und Bildungssystem, soweit sie die Sozialisation von der frühen Kindheit bis zur Pubertät betrifft, konterkariert alle positiv bewerteten Entwicklungen in der Kinder- und Jugendhilfe, im Gesundheitswesen und im „Neuen Kindschaftsrecht". Wo die Politik aufgefordert wäre, in einer Zeit des gesellschaftlich mitproduzierten Zerfalls der Familie für die betroffene Kindergeneration außerfamiliäre Entwicklungsbedingungen zu schaffen, die die schlimmsten individuellen und kollektiven Auswirkungen abmildern könnten, wird eben dieser Bereich am stärksten ökonomischen Interessen geopfert. Diese mangelnde Verantwortung wird sich, so ist zu fürchten, bitter rächen.

Das Versagen präventiver Vernunft und der Mangel an vorausschauender Phantasie gilt leider auch für die Zeit nach der Schulausbildung, die das Hereinwachsen des jungen Menschen in die gesellschaftlichen Aufgabenfelder betrifft. Woraus sollen die heilenden Kräfte für vaterverlorene Kinder erwachsen, wenn ihre durch den Vaterverlust mitbedingte soziale und bildungsmäßige Benachteiligung noch dadurch verschlimmert wird, daß sie durch die genannten Defizite von den mangelnden Berufschancen und der Jugendarbeitslosigkeit stärker als andere Altersgruppen betroffen sind? „In der Vaterlosigkeit steckt ein großes Gewaltpotential", las ich kürzlich im Programmheft eines Theaterstückes für Jugendliche zum selben Thema.[88] Es ist nicht die Vaterentbehrung allein, die die Gewalt produziert, sondern, wie mehrfach betont, die sozialen Bedingungen, die den Betroffenen keine verläßlichen Ersatzbindungen und keine identitätsstiftenden Zukunftsaufgaben anbieten. Wenn aber Trauer über die Vergangenheit nicht durch die Hoffnung auf eine menschenwürdige Zukunft aufgefangen wird, ist die gewaltsame Entlastung von Frustrationsspannungen vorgebahnt.

Feststeht: Die politischen Rahmenbedingungen für den außerfamiliären Erziehungs-, Bildungs-, Arbeits- und Freizeitbereich der jungen Generation erfüllen bei weitem nicht die Forderungen, die von den gesetzlichen Grundlagen und den in mehreren Konventionen festgelegten Rechten von Kindern und Jugendlichen abgeleitet werden können. Diese Defizite schlagen sich besonders nachteilig für jene mit einem vaterlosen Schicksal nieder.

Aber bei aller berechtigten Kritik sollte man die Kirche im Dorf lassen. Man darf nicht verkennen, wie viele neue Erfahrungsräume die außerfamiliäre Umwelt anbietet, in denen es zu reichen Begegnungen mit Erwachsenen, auch mit Männern kommt. Ob in der Schule, in der Lehre, im Studium, in Sportvereinen, Musikschulen, kirchlichen, politischen oder ökologischen Kinder- und Jugendgruppen, in Jugendfreizeiteinrichtungen oder in zahlreichen anderen Organisationsformen – überall sind Erwachsene tätig, deren berufliches Engagement den speziellen Bedürfnissen von Kindern und Jugendlichen gilt. Das wachsende demokratische Bewußtsein und die verantwortliche Berücksichtigung kindlicher Interessenlagen bilden inzwischen eine feste Koalition bei den Bemühungen, jungen Menschen durch gemeinsame Aktivitäten handlungsorientierte Selbsterfahrung zu vermitteln und dadurch ihr Selbstbewußtsein zu stärken. So sind auch die aus der Männerbewegung stammenden Initiativen zu sehen, in denen sich Väter freiwillig zusammentun, um mit kleinen oder größeren Kindergruppen kreative Freizeitgestaltungen zu entwickeln.

Besonders für vaterverlassene Kinder ist dieses breite Spektrum an Möglichkeiten von unschätzbarem Wert. Neben dem heilenden Faktor der Gruppenzugehörigkeit können sie bei diesen Formen der Kooperation zwischen den Generationen das notwendige Vertrauen und die Identifizierungsbereitschaft zu Erwachsenen aufbauen, aus denen sie ihr Selbstbild formen. Die dabei entstehenden Bindungen tragen entscheidend zur Milderung des Verlusttraumas bei.

Die skizzierte Entwicklung steht unter dem Vorzeichen eines „Neuen Generationenvertrages", der seit einigen Jahren in der öffentlichen Diskussion ist, und an dessen Verwirklichung Jugendverbände, Kinderschutzgruppen, politische und gewerkschaftliche Gruppierungen und freie Initiativen arbeiten. Der bisher gültige Generationenvertrag als ungeschriebenes Gesetz des Zusammenlebens der Generationen bedeutet in seiner allgemeinen Form lediglich die Verpflichtung der Erwachsenen für den Schutz und die Erziehung der Nachkommen und deren Verpflichtung, sich als spätere Erwachsene, um ihre alten Eltern zu kümmern. Die jetzige Diskussion um einen „Neuen Generationenvertrag" bemüht sich um eine Spezifizierung der Aufgaben und reflektiert die Bedrohung der psychischen, materiellen und ökologischen Zukunftschancen der jungen Generation auf dem Hintergrund des grundlegenden Strukturwandels der Gesellschaft. Nachdem nicht nur das ökologische Gleichgewicht der Natur aus den Fugen zu geraten droht, sondern auch die Ökologie des Familiensystems und der gesellschaftlichen Balance, wird die Dimension der Verantwortung für eine Erwachsenengeneration sichtbar, die diese Entwicklung mitverschuldet hat.

Die kollektive Vaterentbehrung ist Teil und Ausdruck dieser ökologischen Gleichgewichtsstörungen. Ein „Neuer Generationenvertrag" wäre daher im Zusammenspiel mit einem „Neuen Geschlechtervertrag" eine wichtige Voraussetzung, um die zwischenmenschlichen und sozialen Grundlagen zur Prävention und Heilung des Traumas zu schaffen.

Wir befinden uns am Ausgang dieses Jahrhunderts in einer äußerst gespaltenen Situation, in der zwei Kräfte konkurrierend gegeneinander stehen. Das Bewußtsein für demokratische Rechte wächst. Werte wie Fairneß, Gleichberechtigung, ganzheitliches Fühlen und Denken, friedliche Konfliktlösungen und solidarisches Handeln werden von immer mehr Menschen eingefordert. Die sozialen Bewegungen der letzten Jahrzehnte basieren auf diesen Prinzipien. In ihrem Geist wachsen neue Generationen heran, die ihre Lebenspraxis entsprechend gestalten. Ihnen stehen Kräfte mit einem hohen destruktiven Potential gegenüber. Der Krieg in den Köpfen maskiert sich in brachialem Egoismus, manischem Narzißmus, ausbeuterischer Profitgier, hedonistischer Verantwortungslosigkeit und in einer süchtigen Ideologiegläubigkeit, die die kämpferische Durchsetzungspotenz über die Erfordernisse eines sozialen Zusammenlebens stellt.

Ist dieser Dualismus jemals überwindbar, oder gehört die Spaltung zur conditio humana von Liebe und Haß, Versöhnung und Rache, Mitleid und Erbarmungslosigkeit? Die Psychoanalyse als die anthropologische Wissenschaft, die das Wesen der menschlichen Natur im Wechselspiel mit ihrer sozialen Umwelt am tiefsten erforscht hat, konnte bisher auf diese Frage keine Antwort finden. Sie mußte sich darauf beschränken, immer wieder Wege aufzuzeigen, wie die heilenden Kräfte des Eros gestärkt und die Verheerungen des Aggressionstriebes abgemildert werden können. In dieser Tradition steht auch der vorliegende Versuch, die einzelnen Bedingungen aufzuzeigen, die zur Vermeidung oder zur Überwindung des Traumas der Vaterentbehrung erfüllt sein müßten. Der Versuch wäre aber zu idealistisch geraten, wenn er die widerstreitenden Kräfte unberücksichtigt gelassen hätte. So fällt die Antwort schließlich ambivalent aus: es gibt zahlreiche Anzeichen für Erkenntnis und

Fortschritt sowohl auf der individuellen und zwischenmenschlichen Ebene als auch auf der Ebene gesellschaftlicher Institutionen und Gesetzesinitiativen. Die Hoffnung, daß sie sich durchsetzen mögen, wird durch viele Phänomene subjektiver und objektiver Realität eingeschränkt. Wie sich diese beiden Tendenzen weiterentwickeln werden, ob sie nach einer Konvergenz streben oder weiter auseinanderfallen, ist kaum vorherzusagen.

Sicher ist nur: Keiner kann sich seiner Verantwortung entziehen, ob er von der Vaterentbehrung persönlich betroffen ist, ob er sie verursacht hat oder ob er nur Zeuge dieses persönlichen und gesellschaftlichen Dramas wird – immer ist er aufgerufen, die heilenden Kräfte zu nutzen oder zu unterstützen, die als Möglichkeit in reicher Form zur Verfügung stehen. Die Sicherung der Beziehung des Kindes zu seinem Vater wäre die bessere Lösung. Sie kann nur gelingen, wenn das Bewußtsein dafür wächst, daß das Recht auf das der Mutter gleichwertige Liebesobjekt zu den Grundrechten jedes Kindes gehört.

Persönlicher Abschluß

Wie kommt ein Autor zu diesem Thema? Die Frage beschäftigt nicht nur Leser, sondern am intensivsten den Autor selbst. Jetzt, da die lange Wanderung durch oft steiniges Gelände abgeschlossen ist, möchte ich mit dem Leser noch einige Augenblicke bei den persönlichen Erfahrungen verweilen, die während dieses Abenteuers für mich am wichtigsten wurden.

Einige Zeit nach Erscheinen meines ersten Buches über Väter bekam ich eine Vortragseinladung zum Thema „Der abwesende Vater". Ich bedankte mich, bat um Verschiebung auf einen späteren Zeitpunkt, ich müsse erst ein neues Buch darüber schreiben. Noch ahnte ich nicht, warum mich das Thema so unmittelbar erfaßt hatte. Das Thema erschien mir sachlich sehr wichtig. Aber wo lag das subjektive Motiv?

Das erste Erschrecken überfiel mich bei der vorbereitenden Durchsicht der Protokolle über die Patienten, die ich in den letzten drei Jahrzehnten behandelt habe. Bei der Lektüre mußte ich mir eingestehen, bei manchen Patienten die Tragweite der Vaterentbehrung für ihr Lebensschicksal nicht richtig ermessen und deshalb nicht in der notwendigen Tiefe durchgearbeitet zu haben. Dadurch konnte die wichtige Trauerarbeit nicht ausreichend stattfinden, wodurch der Heilungsprozeß behindert wurde.

Das irreparable Bedauern über diesen blinden Fleck konfrontierte mich mit der Frage, die ich mir vorher nie gestellt hatte, ob ich eventuell selbst „vaterlos" gewesen war, und sich daraus manche meiner Schwierigkeiten erklärten, die ich im Rahmen einer „Lehranalyse" soweit wie möglich abzubauen versuchte. Das Nachdenken löste das zweite Erschrecken aus. Was ich bisher als „völlig normal" ansah und deswegen auch in meiner Analyse nicht bearbeitet wurde, erwies sich bei genauerem

Nachrechnen zwar nicht als Vaterentbehrung im hier verstandenen Sinne, aber als eine langjährige, kriegsbedingte Vaterabwesenheit zwischen meinem dritten und neunten Lebensjahr, deren Auswirkung auf meine weitere Entwicklung ich jetzt besser erkannte. In dieser Zeit lebte ich nur unter Frauen und sah meinen Vater ganz selten, eineinhalb Jahre gar nicht.

Das dritte Erschrecken setzte ein, als ich während der Arbeit an dem Buch immer häufiger auf Menschen meiner Umgebung traf, die eine reale Vaterentbehrung erlitten hatten. Warum war mir das früher nie aufgefallen? Wenn man sich intensiv mit einem Thema beschäftigt, entwickelt man bekanntlich eine „selektive Aufmerksamkeit". Sie kann einen täuschen, weil man plötzlich hinter jedem Gebüsch ein Gespenst vermutet. Aber jetzt bestand die gespenstische Situation darin, daß es nicht um Einbildung, sondern um nachprüfbare Tatsachen ging. Ich hatte bereits angefangen, mich zu fragen, warum das Thema so häufig in der Literatur und in Filmen anzutreffen ist, während es in den realen Beziehungen zwischen Menschen und in der öffentlichen Diskussion kaum eine Rolle spielte. Wie würde wohl die Öffentlichkeit reagieren, wenn statt der Vaterverluste eine millionenfache Mutterentbehrung unsere Alltagsrealität bestimmte?

Das vierte Erschrecken war dann vorhersehbar. Seit zirka zehn Jahren arbeite ich als Supervisor von acht bis zehn Teams aus dem Bereich der psychosozialen Versorgung: psychiatrische Akutstationen, Suchtstationen, Kriseninterventionszentren, Tageskliniken für psychisch Kranke, kinderpsychiatrische Dienste und Zentren für suizidgefährdete Kinder und Jugendliche. Sie umfassen das gesamte Spektrum schwerer psychischer Erkrankungen aller Altersstufen. Das, worauf ich und die Fachkräfte verschiedener Berufsgruppen vorher kaum geachtet hatten, wurde plötzlich zu einer brennenden Wahrheit: Mit einer geradezu erdrückenden Häufigkeit hat ein großer Teil dieser Patienten den Vater nie kennengelernt, ihn meist schon in der frühen Kindheit verloren oder danach nur selten Kontakt gehabt.

Nach diesen Erfahrungen ist mir klargeworden, wie tief die Verdrängung des Problems reicht. Deswegen bin ich in dem Buch ihren möglichen Ursachen genauer nachgegangen. Vorwürfe und Schuldzuweisungen werden nicht dazu beitragen, einen geschärften Blick zu entwickeln. Wird die Aufklärung, wie sie mit der vorliegenden Darstellung angestrebt ist, etwas verändern? Wenigstens sollte sie als Mahnung für alle gelten, die in unbewußt fahrlässiger Leichtfertigkeit zur großen Vateraustreibung angetreten sind, all diejenigen, die in der kämpferischen Propaganda der Geschlechterauseinandersetzung die Kinder mit dem Bade ausschütten, indem sie sie ihres Rechtes auf den Vater berauben. Wenn diese Mahnung ankommt und ein ähnlich heilsames Erschrecken auslöst wie bei mir selbst, hat sich der steinige Weg gelohnt.

Anmerkungen

1. Freud, S.: Totem und Tabu. Zitate S. 171 und 180.
2. *Der Spiegel*, Nr. 47 vom 17.11.1997.
3. Matussek, M.: Die vaterlose Gesellschaft. S. 32.
4. Sophokles: König Ödipus. Verszeilen 778-785.
5. Einen guten Literaturüberblick zum Thema „Vatersuche" liefert Frenzel, E.: Motive der Weltliteratur. 1988.
6. Freud, S.: Die Traumdeutung. S. X.
7. Eine glänzende Übersicht zu „Frühe Mutterentbehrung bei Mensch und Tier" findet sich bei Schmalohr, E., 1968.
8. Mitscherlich, M.: Ein Leben für die Psychoanalyse. Alle Zitate aus Kap. I, S. 9-56.
9. Roggenkamp, V.: „Täter waren mir nicht wichtig. Der Dokumentarfilmer Thomas Mitscherlich und sein Werk". *Die Zeit*, Nr. 39 vom 20.9.1996.
10. Mit dieser Thematik habe ich mich ausführlich in dem Buch „Guter Vater – Böser Vater" auseinandergesetzt.
11. Mahler, M. S. u. a.: Die psychische Geburt des Menschen. 1978.
12. Vergl. Abelin, E. L., 1975, Rotmann, M., 1978.
13. Vergl. Dornes, M.: Der kompetente Säugling. 1993.
14. Die Begriffe „gute" und „böse" Mutter wurden von der Kinderanalytikerin Melanie Klein in die psychoanalytische Theorie eingeführt. Sie bezeichnen die Tendenz des Kindes, das Mutterobjekt, ursprünglich die mütterliche Brust, in einen liebevollen und versorgenden Teil und in einen aggressiven und verfolgenden Teil aufzuspalten. Solche Spaltungsprozesse sind ubiquitär und finden sich auch im späteren Leben jedes Menschen mehr oder weniger stark ausgeprägt.
15. Freud, S.: Aus der Geschichte einer infantilen Neurose.
16. Vergl. Jung, C. G., 1913.
17. Der Mythenstoff findet sich in verschiedenen Tragödien von Aischylos und Sophokles dargestellt. Eine psychologisch eindrucksvolle Bearbeitung in zeitgenössischer Form stammt von O'Neill, E.: Trauer muß Elektra tragen.
18. Petri, H.: Guter Vater – Böser Vater.
19. In dem Buch „Umweltzerstörung und die seelische Entwicklung unserer Kinder" habe ich mich ausführlich mit den letztgenannten Bedrohungen auseinandergesetzt.

[20] Bei allen im folgenden zitierten Krankengeschichten wurden einige Angaben so verfremdet, daß die Patienten von Dritten nicht identifizierbar sind. Zur Methodik der Auswahl: Ich habe für dieses Buch die Behandlungsprotokolle aller Patienten gesichtet, die ich in den zirka dreißig Jahren meiner Berufspraxis als Analytiker z. T. in langjährigen Analysen, z. T. in Kurztherapien bis zu 50 Stunden behandelt habe. Der Anteil der Frauen entsprach fast genau dem der Männer. Ein Drittel aller Patienten litt unter Vaterentbehrung, ein im Vergleich zur Normalbevölkerung deutlich erhöhter Prozentsatz. Dabei waren Männer häufiger von diesem Schicksal betroffen als Frauen. Für das vorliegende Buch habe ich einige Patienten ausgewählt, bei denen sich ein spezifischer Aspekt der Folgen der Vaterentbehrung besonders markant hervorhob.
[21] Böll, H.: Haus ohne Hüter. Zitiert aus der dtv Ausgabe S. 5, 15 f., 20, 24, 28 und 81.
[22] Fthenakis, W. E.: Väter. Beide Zitate Bd. I, S. 328.
[23] Dostojewski, F.: Der Jüngling. Zitiert aus der insel Ausgabe S. 28, 32, 108, 163, 166, 172, 175, 669.
[24] Dostojewski, F.: ebd. S. 126 ff.
[25] Ovid: Metamorphosen. S. 75.
[26] Wallerstein, E. und Blakeslee, S. (1989) haben in ihrer bekannten Längsschnittschudie über Scheidungskinder eindrucksvolle Beispiele für solche Verläufe beschrieben.
[27] In dem Kapitel „Die Rolle des Geldes" in dem Buch „Guter Vater – Böser Vater" habe ich die symbolische Gleichstellung von Geld und Liebe im Eltern-Kind-Verhältnis ausführlich dargestellt.
[28] Cierpka, M., 1999.
[29] Einen guten Überblick über den neuesten Stand der Säuglingsforschung gibt Dornes, M., 1993.
[30] Bowlby, J.: Verlust, Trauer und Depression. 1987.
[31] Lichtenberg, J. D., 1988.
[32] Vergl. Anm. 20.
[33] Euripides: Medea. S. 640.
[34] Euripides, ebd., S. 662.
[35] In dem Buch „Verlassen und verlassen werden" habe ich die Zerreißprobe der Trennung für Mütter und ihre Kinder ausführlich beschrieben.
[36] Grimm, Brüder: Schneeweißchen und Rosenrot. S. 599.
[37] In dem Buch „Geschwister – Liebe und Rivalität" habe ich die Geschwisterbeziehung als lebenslangen Prozeß dargestellt. In Abgrenzung von dem gängigen Konzept der Geschwisterrivalität liegt der besondere Akzent des Buches in der Ausformulierung eines Konzeptes der Geschwisterliebe.
[38] In dem Essayband „Lieblose Zeiten" habe ich den ersten Versuch unternommen, eine Theorie über den menschlichen Tötungstrieb in Abgrenzung zu Freuds Todestriebhypothese zu entwerfen. Der Begriff „leerer Platz" wurde von Theweleit in seinem Buch „Männerphantasien" entwickelt.

39 Ein Film von Morris, P., van Lawick, H. und Jackmann, B. aus der ARD Sendereihe „Expeditionen ins Tierreich". Die zitierten Textpassagen wurden dem Drehbuch entnommen.
40 Freud, S.: Der Familienroman der Neurotiker. 1909.
41 Freud, S.: ebd., S. 227.
42 Winnicott, D. W., 1957.
43 Schweitzer, A.: Die Ehrfurcht vor dem Leben. 1966.
44 Auf die Situation der Ausländer, die 1997 in Deutschland nur einen Anteil von 9 Prozent ausmachten (Österreich 9,1 Prozent; Schweiz 19,4 Prozent) soll im Rahmen dieses Buches nicht näher eingegangen werden, weil ihre traditionellen Familienstrukturen, besonders bei den Türken mit dem weitaus größten Anteil, das Thema der Vaterentbehrung weniger aktuell erscheinen lassen. So ist auch der leichte Geburtenüberschuß in allen drei Ländern der höheren Kinder- und Geschwisterzahl der ausländischen Bevölkerungsgruppen zu verdanken.
45 Der Fischer Weltalmanach '99, Spalte 201.
46 Boszormenyi-Nagy, I., Spark, G. M.: Unsichtbare Bindungen. 1981
47 Beck-Gernsheim, E.: Was kommt nach der Familie? S. 18.
48 Gaserow, V.: Wenn Papa nicht zahlt. *Die Zeit*, Nr. 51 vom 13.12.1996.
49 M. Matusseks Buch „Die vaterlose Gesellschaft" ist nur eine, wenn auch besonders pointierte Stimme im Chor der Ankläger. Die Antwort von Rubin, H., „Macchiavelli für Frauen" liegt als Bestseller bereits vor. Zur neuerlich angeheizten Debatte im Geschlechterkampf vergl. die ausführliche Rezension der neuesten Publikationen unter dem Titel „Vom Wühlen in Gefühlen" von Jörg Albrecht in *Die Zeit*, Nr. 49 vom 26.11.1998.
50 Casanova, G.: Mein Leben. Zitate S. 633 und 648.
51 Brunn, B.: Nachwort zu Casanova, G.: ebd. S. 631
52 Die Daten entstammen der Biographie von Rives Childs, J.: Casanova.
53 Casanova, G.: ebd. S. 637.
54 Wiggershaus, R.: George Sand. 1996.
55 So die Formulierung einer ihrer Biographinnen, Salber, S., 1990.
56 Biographische Angaben in Brennecke, D.: Tania Blixen.
57 Vergl. Salber, L. Anaïs Nin. Zitate S. 8f., 45, 63.
58 Lebelley, F.: Marguerite Duras. S. 14.
59 Lebelley, F.: ebd. S. 365.
60 Biographische Angaben in Grippenberg, M.: Agatha Christie.
61 Heuer, W.: Hanna Arendt. Zitat S. 13.
62 Über den neuesten Stand der Forschung informiert das „Lehrbuch der Psychotraumatologie" von Fischer, G. und Riedesser, P., 1998.
63 Bowlby, J.: Die Trennungsangst. S. 413.
64 Meierhofer, M., Keller, H.: Frustrationen im frühen Kindesalter. S. 223.
65 Meierhofer, M., Keller, H.: ebd. S. 225.
66 Zur streßpsychologischen Traumaforschung vergl. Lazarus, R. S., 1966; Engel, G. L., Schmale, A. H., 1972 und Seligman, M. E. P., 1975.

[67] Fthenakis, W. E.: Väter. Vergl. speziell das Kapitel „Auswirkungen der Vaterabwesenheit" in Bd. I.
[68] Wallerstein, J., Blakeslee, S.: Gewinner und Verlierer. 1989; Napp-Peters, A.: Familien nach der Scheidung. 1995.
[69] Zitiert wird aus *Focus* H. 5/95, H. 14/95 und H. 21/98.
[70] Matussek, M.: Die vaterlose Gesellschaft. Statistische Angaben S. 44, 114, 125.
[71] Fthenakis, W. E.: Väter. Bd. I, S. 373.
[72] Niederland, W. G., 1969.
[73] Bush, M., 1969.
[74] Gidion, H.: Was sie stark macht, was sie kränkt. S. 92.
[75] Bronfen, E.: Sylvia Plath, 1998.
[76] Härtling, P.: Nachgetragene Liebe. S. 7.
[77] Tisseron, S., 1998; Imber-Black, E., 1999.
[78] Statistische Angaben aus: „Statistisches Jahrbuch 1998 für die Bundesrepublik Deutschland", das die Daten bis zum Jahr 1996 erfaßt; Pressemitteilungen des Statistischen Bundesamtes Wiesbaden für das Jahr 1997; „Fischer Weltalmanach '99". Für Österreich und die Schweiz sollen hier nur folgende Vergleichszahlen genannt werden: Im Zeitraum 1989 bis 1993 betrug der Anteil der Familien mit nur einem Elternteil in Deutschland 16 Prozent, in Österreich 15 Prozent und in der Schweiz 12 Prozent. In beiden letztgenannten Ländern sinken, ähnlich wie in Deutschland, die Geburts- und Heiratsraten kontinuierlich, während die Scheidungsraten ansteigen. In Österreich kamen 1997 auf 100 Heiraten 43,7 Scheidungen. Hier betrug der Anteil der nichtehelichen Kinder 28 Prozent. Die zitierten Zahlen wurden zur besseren Lesbarkeit abgerundet.
[79] „Statistisches Bundesamt 1997: Gesundheitswesen. Fachserie 12, Reihe 4, Todesursachen in Deutschland 1996."
[80] Fthenakis, W. E.: Väter. Bd. I, S. 360.
[81] Figdor, H.: Scheidungskinder – Wege der Hilfe. S. 95.
[82] Nadolny, St.: Die Entdeckung der Langsamkeit. S. 308.
[83] Wiedemann, Ch.: Die Scheu vor der Macht. *Die Woche* vom 18.12.1998.
[84] Informationen über die Initiative sind bei der Heinrich-Böll-Stiftung Rosenthalerstr. 40-41, 10178 Berlin erhältlich.
[85] Über den Stand der Diskussion im europäischen Vergleich informiert der Tagungsband von Brauns-Hermann, Ch. u. a.: „Ein Kind hat das Recht auf beide Eltern". 1997.
[86] Björklund, A., 1997.
[87] Eine empfehlenswerte Einführung in die Mediation liefert das Buch von Maung, P. G., 1996. Darin findet sich auch ein Adressenverzeichnis von Ausbildungsinstituten, Praxisstätten und Einzelpersonen aus Deutschland, Österreich und der Schweiz, die Mediation anbieten.
[88] „Marie". Theaterstück von Mats Wahl. Deutsche Erstaufführung vom *Grips*-Theater, Berlin, 1998.

Literatur

Abelin, E. L. (1975): Some further observations and comments on the earliest role of the father. Int. J. Psycho-Anal. 56, 293-302.
Beck-Gernsheim, E. (1998): Was kommt nach der Familie? München: Beck.
Benjamin, J. (1988): Die Fesseln der Liebe. Frankfurt/M.: Fischer, 1993.
Björklund, A. (1997): Das Schwedische Sorgerechtsmodell nach Trennung und Scheidung. In: Brauns-Hermann, Ch. u. a. (Hg.), a. a. O., 134-143.
Böll, H. (1954): Haus ohne Hüter. München: dtv, 1998.
Boszormenyi-Nagy, I., Spark, M. (1981): Unsichtbare Bindungen. Stuttgart: Klett.
Bowlby, J. (1961): Die Trennungsangst. Psyche 15, 411-464.
Bowlby, J. (1987): Verlust, Trauer und Depression. Frankfurt/M.: Fischer.
Brauns-Hermann, Ch., Busch, B. M., Dinse, H. (Hg.) (1997): Ein Kind hat das Recht auf beide Eltern. Neuwied: Luchterhand.
Brennecke, D. (1996): Tania Blixen. Reinbek: Rowohlt.
Bronfen, E. (1998): Sylvia Plath. Frankfurt/M. Frankfurter Verlagsanstalt.
Brunn, B. (1998): Nachwort. In: Casanova, G., a. a. O., 631-653.
Bush, M. (1969): Psychoanalysis and scientific creativity – with special reference to regression in the service of the ego. J. Amer. Psa., 17, 136-196.
Casanova, G. (1790-1798): Mein Leben. Berlin: Ullstein, 1998.
Cierpka, M. (1999): Das geschiedene Familiengefühl in Scheidungsfamilien. In: Schlösser, A. M. (Hg.): Trennungen. Gießen: Psychosozial Verlag.
Dornes, M. (1993): Der kompetente Säugling. Frankfurt/M.: Insel.
Engel, G. L., Schmale, A. H. (1972): Conservation-Withdrawel: A Primary Regulatory Process for Organismic Homeostasis. In: Physiology, Emotion and Psychosomatic Illness. Ciba Foundation.
Euripides (431 v. Chr.): Medea. In: Friedrich, W. H., a. a. O.
Federn, E. (1919): Zur Psychologie der Revolution: Die vaterlose Gesellschaft. Wien: Anzengruber.
Figdor, H. (1997): Scheidungskinder – Wege der Hilfe. Gießen: Psychosozial Verlag.
Fischer, G., Riedesser, P. (1998): Lehrbuch der Psychotraumatologie. München: Reinhardt.
Frenzel, E. (1988): Motive der Weltliteratur. Stuttgart: Kröner.
Freud, S. (1900): Die Traumdeutung. GW Bd. II/III. Frankfurt/M.: Fischer.
Freud, S. (1909): Der Familienroman der Neurotiker. GW Bd. VII. Frankfurt/M.: Fischer.

Freud, S. (1913): Totem und Tabu. GW Bd. IX. Frankfurt/M.: Fischer.
Freud, S. (1918): Aus der Geschichte einer infantilen Neurose. GW Bd. XII. Frankfurt/M.: Fischer.
Fthenakis, W. E. (1988): Väter. 2 Bde. München: dtv.
Friedrich, W. H. (o. J.) (Hg.): Griechische Tragiker. Stuttgart: Winkler.
Gidion, H. (1993): Was sie stark macht, was sie schwächt. Töchter und ihre Väter. Freiburg: Herder.
Grimm, Brüder (o. J.): Kinder- und Hausmärchen. München: Winkler.
Gripenberg, M. (1994): Agatha Christie. Reinbek: Rowohlt.
Härtling, P. (1980): Nachgetragene Liebe. Darmstadt: Luchterhand.
Heuer, W. (1987): Hannah Arendt. Reinbek: Rowohlt.
Imber-Black, E. (1999): Die Macht des Schweigens. Stuttgart: Klett-Cotta.
Jung, C. G. (1913): Versuch einer Darstellung der psychoanalytischen Theorie. Jb. f. psychoanal. und psychopath. Forschungen, Bd. 5.
Klein, M. (1983): Das Seelenleben des Kleinkindes und andere Beiträge zur Psychoanalyse. Stuttgart: Klett.
Lazarus, R. S. (1966): Psychological Stress and the coping process. New York: McGraw-Hill.
Lesmeister, R. (1998): Die Vaterfigur in Mozarts „Don Giovanni". In: Frick, E., Huber, R. (Hg.): Die Weise von Liebe und Tod. Göttingen: Vandenhoeck & Ruprecht.
Lebelley, F. (1998): Marguerite Duras. Ein Leben. Frankfurt/M.: Suhrkamp.
Lichtenberg, J. D. (1988): Motivational-funktionale Systeme als psychische Strukturen. Forum Psychoanal. 7, 85-97.
Mahler, M. S., Pine, F., Bergmann, A. (1978): Die psychische Geburt des Menschen. Frankfurt/M.: Fischer.
Matussek, M. (1998): Die vaterlose Gesellschaft. Überfällige Bemerkungen zum Geschlechterkampf. Reinbek: Rowohlt.
Maung, P. G. (1996): Mediation – Wie wir uns einigen, wenn wir uns trennen. Freiburg: Herder.
Meierhofer, M., Keller, H. (1966): Frustrationen im frühen Kindesalter. Bern: Huber.
Mitscherlich, A. (1963): Auf dem Weg zur vaterlosen Gesellschaft. Ideen zur Sozialpsychologie. München: Piper.
Mitscherlich, A. (1980): Ein Leben für die Psychoanalyse. Frankfurt/M.: Suhrkamp.
Nadolny, St. (1983): Die Entdeckung der Langsamkeit. München: Piper.
Napp-Peters, A. (1995): Familien nach der Scheidung. München: Kunstmann.
Niederland, W. G. (1969): Klinische Aspekte der Kreativität. Psyche 23, 900-928.
O'Neill, E. (1931): Trauer muß Elektra tragen. Frankfurt/M.: Fischer.
Ovid: Metamorphosen. Frankfurt/M.: Fischer.
Petri, H. (1991): Verlassen und verlassen werden. Zürich: Kreuz, 1998.
Petri, H. (1992): Umweltzerstörung und die seelische Entwicklung unserer Kinder. Zürich: Kreuz.

Petri, H. (1994): Geschwister – Liebe und Rivalität. Zürich: Kreuz, 1998.
Petri, H. (1996): Lieblose Zeiten. Psychoanalytische Essays über Tötungstrieb und Hoffnung. Göttingen. Vandenhoeck & Ruprecht.
Petri, H. (1997): Guter Vater – Böser Vater. Psychologie der männlichen Identität. Bern: Scherz.
Rives Childs, J. (1960): Casanova. Reinbek: Rowohlt, 1996.
Rossier, C. (1997): Historische und statistische Daten in der Schweiz. In: Brauns-Hermann, Ch. u. a. (Hg.): a. a. O., 96-99.
Rotmann, M. (1978): Die „Triangulierung" der frühkindlichen Sozialbeziehung. Psyche 32, 1105-1147.
Rubin, H. (1998): Macchiavelli für Frauen. Strategien und Taktik im Kampf der Geschlechter. Frankfurt/M.: Krüger.
Salber, L. (1990): Lou Andreas-Salomé. Reinbek: Rowohlt.
Salber, L. (1992): Anaïs Nin. Reinbek: Rowohlt.
Schmalohr, E. (1968): Frühe Mutterentbehrung bei Mensch und Tier. München: Reinhardt.
Schweitzer, A. (1966): Die Ehrfurcht vor dem Leben. In: Schweitzer, A. (1988): Die Ehrfurcht vor dem Leben. Grundtexte aus fünf Jahrzehnten. München: Beck.
Seligman, M. E. P. (1975): Helplessness: On Depression, Development, and Death. San Francisco: Freeman.
Sophokles (428 v. Chr.): König Ödipus. In: Friedrich, W. H., a. a. O.
Theweleit, K. (1977): Männerphantasien. 2 Bde., Frankfurt/M.: Roter Stern.
Tisseron, S. (1998): Die verbotene Tür. München: Kunstmann.
Wallerstein, J., Blakeslee, S. (1989): Gewinner und Verlierer. Frauen, Männer, Kinder nach der Scheidung. Eine Langzeitstudie. München: Knaur.
Wardi, D. (1997): Siegel der Erinnerung. Stuttgart: Klett-Cotta.
Wiggershaus, R. (1982): George Sand. Reinbek: Rowohlt, 1996.
Winnicott, D. W. (1974): Reifungsprozesse und fördernde Umwelt. München: Kindler.